**Ich bin doch da**
Herausforderung Demenz
Grundlagen und Praxishilfen für die kirchliche und seelsorgliche Arbeit

Im Auftrag der Katholischen Kirche im Kanton Zürich
herausgegeben von Veronika Bachmann

**TVZ**

Zürcher Zeit Zeichen

2

Mit der Reihe Zürcher Zeitzeichen
bringt die Katholische Kirche im Kanton Zürich
ein für sie wichtiges Thema in das öffentliche Gespräch ein.
Sie leistet damit einen Beitrag zum Zusammenleben
in multikultureller Gesellschaft und interreligiöser Offenheit.

# Ich bin doch da

## Herausforderung Demenz

Grundlagen und Praxishilfen für die
kirchliche und seelsorgliche Arbeit

Im Auftrag der Katholischen Kirche
im Kanton Zürich
herausgegeben von Veronika Bachmann

EDITION **NZN**
BEI **TVZ**

Theologischer Verlag Zürich

Die Publikation wurde ermöglicht durch die
Katholische Kirche im Kanton Zürich.

Der Theologische Verlag Zürich wird vom Bundesamt für Kultur
für die Jahre 2021–2024 unterstützt.

Die Deutsche Bibliothek – Bibliografische Einheitsaufnahme
Die Deutsche Bibliothek verzeichnet diese Publikation in der Deutschen
Nationalbibliografie; detaillierte bibliografische Daten sind im Internet
über http://www.dnb.de abrufbar.

Umschlaggestaltung: Simone Ackermann unter Verwendung des Gemäldes
«Blaue Luft» (2015, Gouache auf Papier, 70 × 100 cm) von Katharina Rapp
Satz und Layout: Claudia Wild, Konstanz
Druck: gapp print, Wangen im Allgäu

ISBN Print 978-3-290-20249-1
ISBN E-Book (PDF) 978-3-290-20250-7

© 2024 Theologischer Verlag Zürich AG
www.edition-nzn.ch

Alle Rechte vorbehalten.

# Inhalt

Vorwort .................................................... 9
Zur Einführung ............................................ 11

### Medizinische und psychosoziale Grundlagen

Die Demenz beginnt schleichend
Fakten, Formen und Verläufe
Irene Bopp-Kistler ........................................ 19

Psychosoziale Folgen für Betroffene und Angehörige
Aspekte einer Altersmedizinerin – auch aus seelsorgerischer Sicht
Irene Bopp-Kistler ........................................ 43

Glossar: Medizinische Grundbegriffe
Irene Bopp-Kistler ........................................ 61

### Demenz im Fokus von Spiritual Care, Ethik und Theologie

Interprofessionelle Spiritual Care im Kontext demenzieller Erkrankung
Konzeptionelle Klärungen
Simon Peng-Keller ........................................ 71

«Der Schnee im Kopf wird dichter»
Demenz als Herausforderung und Gestaltungsaufgabe
für die spirituelle Begleitung
Melanie Werren .......................................... 79

«Ich bin ich – und fertig»
Selbstsorge als Horizonterweiterung kirchlicher Sorgekultur
Franzisca Pilgram-Frühauf ................................ 85

Demenz als Testfall für die Würde und Selbstbestimmung
Ethische Perspektiven
Melanie Werren .......................................... 95

Umnachtung
Wo das Leben an seine Grenzen stösst
Joachim Negel .................................................. 101

Leben im Gedächtnis Gottes
Das Versprechen der Theologie der Demenz
Ralph Kunz .................................................... 119

## Praxishilfen

### Keine Angst vor Begegnungen!

Jenseits von Stigma und Standardisierung
Menschen mit Demenz authentisch und einfühlsam begegnen.
Mit einem Exkurs zu Validierung
Samuel Vögeli ................................................. 135

Was brauchen An- und Zugehörige von Menschen mit Demenz?
Samuel Vögeli ................................................. 145

### Spirituelle Begleitung und Seelsorge

Seelsorge als einfühlsame, zugewandte Katastrophenhilfe
für Menschen mit Demenz und ihre Angehörigen
Tonja Jünger .................................................. 153

«Hört, es himmelt ja schon!»
Gottesdienst feiern mit Demenzbetroffenen
Susanne Altoè ................................................. 167

«Jede kleine ‹Fensteröffnung› der Seele zählt ...»
Zur Feier von Sakramenten mit an Demenz erkrankten Menschen
Birgit Jeggle-Merz ............................................. 181

Gottes Treue in alltäglichen Zeichen und Gesten
Tonja Jünger .................................................. 187

Von Vorsorge bis Inklusion: Demenz als Querschnittsthema

Pfarreien als Orte der Krisenprophylaxe und Resilienzförderung
Hella Sodies . . . . . . . . . . . . . . . . . . . . . . . . . . . . . . . . . . . . . . . . . . . . . 199

Räume für ein Miteinander ermöglichen
Demenz-Projekte der römisch-katholischen Pfarrei
Guthirt Zürich-Wipkingen und der Drehscheibe Demenz
der reformierten Kirchgemeinde Zürich
Marcel von Holzen, Petra Mühlhäuser, Monika Hänggi,
Roland Wuillemin, Daniel Johannes Frei . . . . . . . . . . . . . . . . . . . . . 207

Vom schlummernden Potenzial der Kirchen in Sachen Demenz
Interview mit dem Theologen und Synodalrat Daniel Otth . . . . . . . . . 223

Demenz auf der Leinwand
Film als Ressource und Medium der Auseinandersetzung
Kirsten Jäger . . . . . . . . . . . . . . . . . . . . . . . . . . . . . . . . . . . . . . . . . . 231


Weiterführende Informationen und Kontaktmöglichkeit . . . . . . . . . . 247
Dank . . . . . . . . . . . . . . . . . . . . . . . . . . . . . . . . . . . . . . . . . . . . . . . 248
Autorinnen und Autoren . . . . . . . . . . . . . . . . . . . . . . . . . . . . . . . . 249

# Vorwort

Kennen Sie diese Situation? Sie sind auf dem Weg aus der Wohnung, um den Bus zu einem wichtigen Termin nicht zu verpassen. Ausgerechnet jetzt liegt der Hausschlüssel oder die Sonnenbrille nicht mehr an dem Ort, an dem Sie sie – da sind Sie ganz sicher – gestern noch hingelegt haben. Oder Sie gehen in den Keller, um eine Flasche Blauburgunder zu holen, und stehen dann vor dem Weingestell und haben komplett vergessen, was Sie eigentlich vorhatten.

Für die meisten von uns sind das harmlose kurze Gedächtnislücken, über die wir uns im Moment kurz ärgern, bald aber lachen können. Für demenzkranke Menschen und ihre Angehörigen sind Ausfälle im Kurzzeitgedächtnis nur die ersten Boten in einem langen Leidensweg. Demenz betrifft nicht nur das Erinnerungs- und Konzentrationsvermögen, sondern lässt ehemals körperlich-robuste Personen zerbrechlich werden oder macht einst rationale, liebevolle Menschen unberechenbar oder kaum mehr ansprechbar.

Mit der steigenden Lebenserwartung wird in der Schweiz auch die Anzahl Demenzbetroffener und ihrer Angehörigen wachsen. Dies stellt auch die kirchliche Arbeit – nicht nur die Seelsorge – vor neue Herausforderungen. Wie können wir Betroffene und Angehörige unterstützen? Wie kann eine christliche Gemeinschaft für Demenzkranke einen Ort der Geborgenheit und Sicherheit gestalten? Wie gelingt es uns, angesichts von Demenz auch Freude und Hoffnung zu vermitteln? Ich freue mich, dass es mit diesem zweiten ZÜRCHER ZEITZEICHEN gelingt, sich als katholische Kirche dieses gesellschaftlich und persönlich sensiblen Themas anzunehmen und es aus verschiedenen Perspektiven über den religiösen Kontext hinaus zu beleuchten.

Ich danke allen, die an der Entstehung dieses Buches mitgewirkt haben. Mit ihren Impulsen und Überlegungen tragen sie dazu bei, uns als Kirche in unserem Auftrag zum Dienst an den Menschen weiterzubringen.

Ihnen, liebe Leserinnen und Leser, wünsche ich eine gewinnbringende und inspirierende Lektüre.

*Raphael J.-P. Meyer, Präsident des Synodalrats der Katholischen Kirche im Kanton Zürich*

# Zur Einführung

Demenz kann jeden treffen. Diese Erkenntnis ist banal, und doch waren unzählige Menschen erschüttert, als Emma Hemming Willis im Februar 2023 bekanntgab, ihr Mann, der Hollywood-Star Bruce Willis, leide an frontotemporaler Demenz (FTD). Es klingt fast wie eine Ironie des Schicksals, dass ausgerechnet der mit der Actionreihe «Stirb-Langsam» berühmt gewordene Star, der in seinen Film unzählige Male die ganze Welt rettete, jetzt seine «eigene Welt» nicht retten kann.

Im September dann, ein halbes Jahr nach der Diagnose, bestätigte Emma Hemming Willis in einem NBC-Interview die These, Demenz sei eine Familienkrankheit, und begründete, warum sie die Krankheit ihres Mannes vor der ganzen Welt ausbreitete: Sie wollte in ihrer Situation – mit einem kranken Partner und zwei Schulkindern – nicht auch noch das perfekte Heldenimage ihres Mannes aufrechterhalten müssen. Nach diesem Schritt war sie überwältigt vom riesigen Echo zahlreicher Angehöriger von Menschen mit Demenz. In ihrer Trauer darüber, ihren Mann, wie er einst war, täglich etwas mehr zu verlieren, ergriff sie die Flucht nach vorne und versucht nun wie viele andere, das gemeinsame Familienleben weiterzuführen. Damit sind wir schon mitten im Thema dieses Buches. Eine Erkrankung, die viele noch immer hauptsächlich mit alten Menschen in Verbindung bringen, hat inzwischen viele jüngere Gesichter und Geschichten erhalten.

Einer Demenzdiagnose geht in vielen Fällen ein längerer Leidensweg voraus. Das gesamte Familiensystem und Umfeld ist von Anfang an stark mitbetroffen. Hält man sich vor Augen, dass in der Schweiz laut Schätzungen des Bundes rund 153 000 Menschen mit Demenz leben und jährlich gegen 33 000 Neuerkrankungen hinzukommen,[1] so wird offenkundig, dass Demenz für unsere Gesellschaft eine in vielerlei Hinsicht wachsende Herausforderung ist. Die Bundespolitik hat sich dieser Herausforderung in den

---

[1] So die Schätzung des Bundes Stand 2023. Weitere Zahlen und Fakten in Zusammenhang mit Demenz bietet das Bundesamt für Gesundheit (BAG) unter URL: https://www.bag.admin.ch/bag/de/home/zahlen-und-statistiken/zahlen-fakten-demenz.html.

Jahren 2014–2019 angenommen und eine Demenzstrategie entwickelt.[2] Ein wichtiges Ergebnis ist Einrichtung der nationalen Plattform Demenz, die sich der Vernetzung und Koordination sowie der Verankerung inhaltlicher Ergebnisse in der Praxis widmet. Auch die Katholische Kirche im Kanton Zürich hat den Ball aufgenommen. Die Dienststelle Spital- und Klinikseelsorge in Zürich bietet seit 2022 den dreitägigen Kurs «Demenz und Seelsorge» an, bisher ökumenisch ausgerichtet, ab 2025 interreligiös geöffnet. Auch mit dieser Publikation will die Katholische Kirche Zürich die Demenzsensibilisierung weiter voranbringen.

Hauptziel dieses Buches ist es, Grundlagen und Praxishilfen für die kirchliche und seelsorgliche Arbeit zu bieten. Das Besondere der Beiträge ist, dass sie die spirituell-religiöse Ebene des Menschseins grundsätzlich mitdenken, weil sie untrennbar mit der leiblich-körperlichen und sozialen Ebene verwoben ist. Primär angesprochen sind Menschen, die in kirchlichen Kontexten tätig sind, sei es im karitativ-sozialdiakonischen Bereich, in der Seelsorge, aber auch in der Verwaltung. Das breite Zielpublikum ergibt sich vom Grundanliegen her. Kirche soll nicht nur in der bereits professionalisiert aufgestellten Spezialseelsorge demenzsensibel unterwegs sein, sondern auch auf der Ebene ihrer eigentlichen Grundstruktur, den Kirchgemeinden und Pfarreien, demenzfreundlicher werden und ihr «schlummerndes Potenzial» nutzen, wie es Synodalrat Daniel Otth in diesem Buch formuliert. Dazu braucht es Sensibilisierung und Wissen auf allen Ebenen.

Kirchliche Tätigkeitsfelder weisen an vielen Punkten Schnittstellen mit professionellen Diensten auf. Bei einer demenziellen Erkrankung kommen insbesondere medizinische und pflegerische Institutionen ins Spiel. Hier möchte das vorliegende Buch Hand bieten und über das kirchliche Zielpublikum hinaus etwa auch Fachleute mit gesundheits- und pflegewissenschaftlichem Hintergrund ansprechen. Ihnen soll das Buch z. B. vermitteln, wo die seelsorgliche Begleitung Demenzbetroffener ansetzt oder welche Stossrichtungen ein christlicher Reflexionshintergrund in der Auseinandersetzung mit Demenz verfolgt.

Das Buch ist in drei Teile gegliedert: Im *ersten Teil* vermittelt Irene Bopp-Kistler medizinisches und psychosoziales Grundlagenwissen zum Thema

---

2   URL: https://www.bag.admin.ch/bag/de/home/strategie-und-politik/nationale-gesundheitsstrategien/demenz/nationale-demenzstrategie.html.

Demenz. Die renommierte Zürcher Altersmedizinerin erklärt Formen und Verläufe von Demenz, geht aber auch darauf ein, was Erkrankte und ihre An- und Zugehörigen auf psychosozialer Ebene beschäftigt. Ein Glossar, das Fachbegriffe aufschlüsselt, schliesst diesen Teil ab.

Der *zweite Teil* beleuchtet das Phänomen Demenz aus unterschiedlichen Fachdisziplinen mit Bezug zu Seelsorge, spiritueller Begleitung und christlicher Theologie. Während Simon Peng-Keller im engeren Sinn die Interprofessionalität zum Thema macht, widmen sich die Beiträge von Melanie Werren und Franzisca Pilgram-Frühauf dem heutigen Forschungsstand darüber, was spirituelle Begleitung im Kontext von Demenz ausmacht und wie wichtig nicht zuletzt der Aspekt der Selbstsorge ist. Ein weiterer Text von Melanie Werren reflektiert Demenz in ethischer Hinsicht als Testfall für Würde und Selbstbestimmung eines Menschen. Joachim Negel und Ralph Kunz stellen sodann zwei theologische Sondierungen in den Raum, indem sie analysieren, inwiefern Demenz christliche Theologie – gerade in ihrem starken Fokus auf das Erinnern – herausfordert. Beide beleuchten allerdings auch die andere Seite, nämlich die Ressourcen im Umgang mit Demenz, die sich von einem explizit christlichen Blick her auf die Welt und aufs Menschsein ergeben.

Das Schwergewicht des Buches liegt auf dem *dritten Teil*. In drei Unterkapitel gegliedert geht es hier um konkrete Praxishilfen. Den Auftakt machen zwei Beiträge des Pflegeexperten Samuel Vögeli. Sie zielen insbesondere darauf ab, Leute mit noch wenig Erfahrung im Umgang mit an Demenz erkrankten Menschen und ihren An- und Zugehörigen darin zu unterstützen, Berührungsängste abzubauen.

Die vier sich anschliessenden Texte vermitteln Hilfestellungen im Bereich spiritueller Begleitung und Seelsorge, wozu auch das Feiern von Gottesdiensten gehört: Mit einer «einfühlsamen, zugewandten Katastrophenhilfe» vergleicht Tonja Jünger als Auftakt dieses Buchteils Seelsorge im Kontext von Demenz. Anhand vieler konkreter Beispiele erläutert sie, was diese Art von Seelsorge ausmacht. Wie es funktionieren kann und warum es sich unbedingt lohnt, zusammen mit Menschen mit Demenz Gottesdienste zu feiern, legt der Beitrag von Susanne Altoè dar. Gerade durch solches Feiern, so die Autorin, werde «eine Realität erfahrbar, die die Grenzen des Alltags und seiner Last übersteigt und hinweist auf eine Hoffnung, die trägt». Mögliche Bedenken, dass es im römisch-katholischen Kontext heikel sein könnte, mit Demenzerkrankten Sakramente zu feiern, entkräftet die Liturgiewissenschaftlerin Birgit Jeggle-Merz. «Jede kleine ‹Fensteröffnung› der Seele zählt», so denn auch der Titel ihres Beitrags. Tonja Jünger weitet danach den Blick auf Rituale aus: Ihre Ausführungen legen dar, wie sich Begleitpersonen von Menschen mit Demenz gerade dann als Botschafterinnen und Botschafter von Gottes Treue bewähren, wenn sie alltäglichen Zeichen und Gesten Beachtung schenken.

Die letzten vier Buchbeiträge widmen sich der Frage, was es bedeutet, Demenz in kirchlichen Kontexten grundsätzlich ernst zu nehmen. Auf die Frage, ob es in Zusammenhang mit Demenz so etwas wie eine vorsorgende Pastoral gibt, geht Hella Sodies ein – und stellt die wertvolle Rolle heraus, die ein Pfarreileben in prophylaktischer und resilienzfördernder Hinsicht spielen kann. Mehr Räume für ein Miteinander zu schaffen, das hat in Zürich die reformierte Kirchgemeinde über die sogenannte Drehscheibe Demenz gewagt. Auf römisch-katholischer Seite kann diesbezüglich die Pfarrei Guthirt als Vorreiterin gelten. Wie es jeweils dazu gekommen ist und um welche Räume und Formate es genau geht, erläutern Mitarbeitende beider Institutionen. Neun Kurzportraits konkreter Projekte laden ein, auch andernorts Initiativen zu ergreifen oder Angebote auszubauen, z. B. in Kooperation mit der lokalen Alzheimer-Sektion.[3] Dass Demenz unbedingt ein Thema in kirchenpolitisch engagierten Gremien sein sollte, unterstreicht ein Gespräch mit dem Theologen und Synodalrat Daniel Otth. Er ortet auf verschiedenen Ebenen einen Bedarf an stärkerer Vernetzung und Koordination, binnenkirchlich und ökumenisch, aber auch im Dialog mit zivilgesellschaftlichen und behördlichen Strukturen.

Beim lockeren Durchblättern des Buches lassen sich sieben farbige Filmseiten entdecken. Inzwischen gibt es viele Spiel- und Dokumentarfilme, die um das Thema Demenz kreisen und Anlass bieten, aus unterschiedlichen Perspektiven auf die Krankheit zu blicken. Eine thematische Sichtung und Sortierung ausgewählter Filme inklusive praktischer Hinweise zu Filmvorführungen bietet der letzte Buchbeitrag. Die Autorin, Kirsten Jäger vom ökumenischen Medienzentrum Relimedia, hat auch die Zitate und Filmstills für die Filmseiten ausgewählt. Die sieben ins Zentrum gerückten Filme sind stark, weil sie Demenz trotz aller Schwierigkeiten, die damit verbunden sind, hoffnungsvoll ins Gespräch bringen. Das verbindet

---

3  Vgl. für eine Übersicht der Sektionen URL: https://www.alzheimer-schweiz.ch/de/ueber-uns/beitrag/sektionen.

sie mit dem Grundanliegen dieses Buches. Die hier geteilten Erfahrungen und Reflexionen belassen uns nicht in unseren Ängsten vor dem Unausweichlichen; vielmehr helfen sie bei allen Schwierigkeiten, die diese schwere Erkrankung mit sich bringt, unser zerbrechliches Leben in einem neuen Licht zu deuten.

*Veronika Bachmann, Herausgeberin, und Sabine Zgraggen, Leiterin Dienststelle für Spital- und Klinikseelsorge der Katholischen Kirche im Kanton Zürich*

# Medizinische und psychosoziale Grundlagen

## Die Demenz beginnt schleichend
### Fakten, Formen und Verläufe

Irene Bopp-Kistler

Bevor die Menschen zu mir in die Sprechstunde kommen, liegt eine lange Zeit der Verunsicherung und schliesslich der Verzweiflung hinter ihnen. Ein Name wird vergessen, ein Schlüssel nicht gefunden, die Wörter liegen nicht mehr auf der Zunge. Wir alle kennen die Reaktion auf solche Fehlleistungen: Wir sind verunsichert, spüren auch eine leichte Angst, die mit jeder weiteren Situation des Vergessens noch stärker wird. Solchen Situationen begegnen wir nur ab und zu, doch bei Menschen mit einer ↗Demenz gehören solche Momente zum ständigen Erleben.

Eine Demenzerkrankung ist eine Hirnerkrankung, die zu Einschränkungen von mehreren Hirnfunktionen führt, was Einbussen im Alltag zur Folge hat. So lautet die kürzeste medizinische Definition der Demenz. Der Selbstwert und das Selbstverständnis der Betroffenen werden schon zu Beginn der Erkrankung erschüttert, die Angst ist ein ständiger Begleiter, und diese wird mit jeder noch so kleinen Fehlleistung immer grösser. Menschen mit einer beginnenden Demenz haben enorme Angst, über ihre Aussetzer zu sprechen, weil sie sich vor der Reaktion ihres Gegenübers fürchten. Und das lässt die Angst noch grösser werden. Erst wenn wir uns vor Augen halten, wie einsam und unverstanden sie sich fühlen müssen, können wir uns in die Menschen mit einer beginnenden Demenzerkrankung hineinversetzen.

Bei fast allen Patient:innen beginnen die Leidensgeschichten nahezu gleich.

> Ständige Vergesslichkeit begleitet mich: Ich suche nach Namen, bin weniger speditiv, am Arbeitsplatz bringe ich nicht mehr die gewohnten Ergebnisse. Ich befinde mich in einer permanenten Stresssituation. Das Mitarbeiter:innengespräch fällt, nach Jahren der Zufriedenheit und der Wertschätzung, plötzlich schlecht aus. Ich fühle mich benachteiligt, nicht verstanden, alleine gelassen.

> Am Morgen habe ich keine Lust aufzustehen. Ich habe keine Motivation, zur Arbeit zu gehen, bin erschöpft und lustlos. Ich bin wütend, mache andere für meine Situation verantwortlich. Ich fühle mich von Kolleginnen und Kollegen gemobbt. Hinter meinem Rücken wird über mich geredet, aber nicht mit mir. Ich lasse mich krankschreiben, Burnout, da hat man das Recht dazu. Trotzdem fühle ich mich nicht

20 Medizinische und psychosoziale Grundlagen

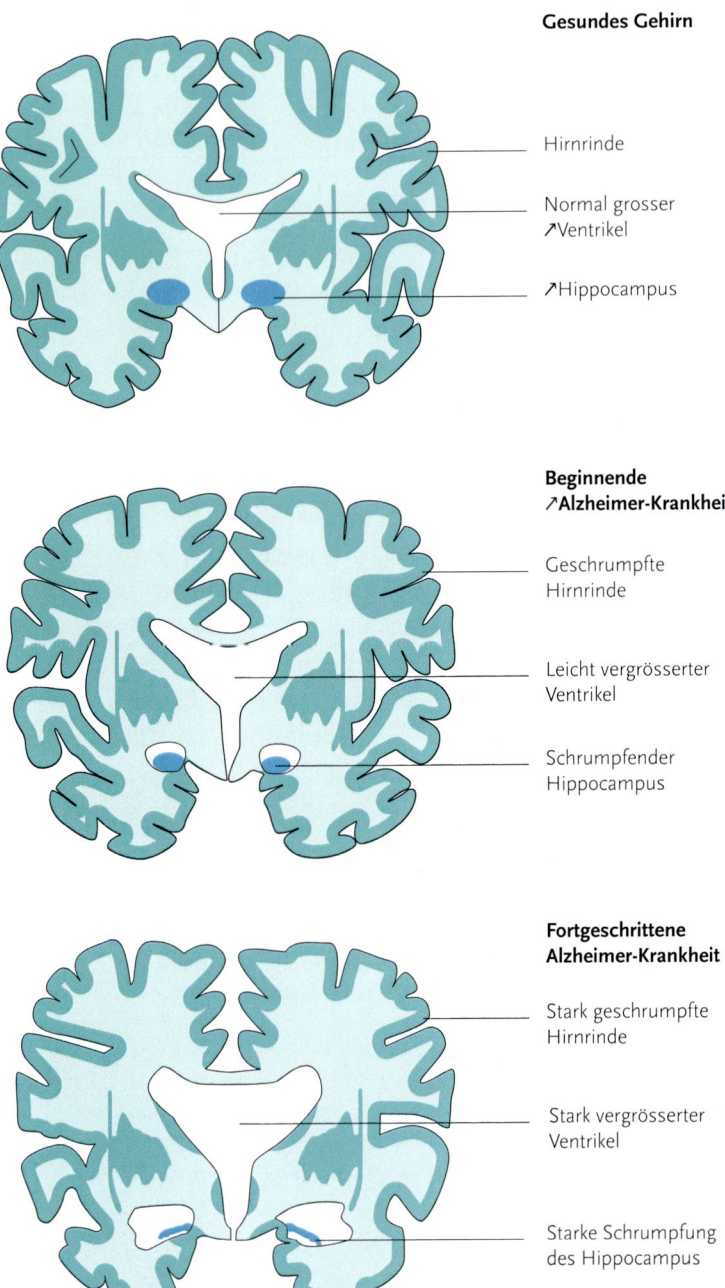

Abb. 1

besser. Auch zu Hause treten Fehler auf, auch hier werde ich nicht verstanden, es kommt ständig zu Streit. Ich wehre mich gegen alles, möchte einfach in Ruhe gelassen werden.

Ob ich ↗Alzheimer habe? Doch ich verdränge diesen Gedanken sofort. Die Menschen würden mit dem Finger auf mich zeigen. Ich stecke in einer Sackgasse. Alle machen mir Vorwürfe, wollen alles besser wissen. Es ist dicke Luft im Haus. Ich werde wieder krankgeschrieben, zuerst vom Hausarzt, dann von einem Psychiater wegen einer ↗Depression. Ich weiss nicht, ob ich depressiv bin, ich mag nicht mehr, mag auch nicht mehr unter die Leute.

Ich schäme mich, bin aber gleichzeitig froh, dass mich meine Frau endlich darauf anspricht, dass mit mir etwas nicht stimmt. Ich streite es ab, und dennoch nehme ich wahr, dass etwas anders ist. Erneut Streit, Argumente und Gegenargumente.

Und dann die Aufforderung meines Hausarztes, zu einer Abklärung in eine ↗Memory Clinic zu gehen. Ich sträube mich dagegen, doch so kann es auch nicht weitergehen. Anderseits: Endlich wird meine Situation ernst genommen. Doch was kann es sein? Hoffentlich nicht Alzheimer, ich bin doch erst 56? Ich hoffe auf eine Ursache, die man behandeln kann ...

Ein Erleben, das Unzählige mitten unter uns durchmachen. Eine Geschichte, die nicht in den Zeitungen steht; eine Geschichte, die in keinem Lehrbuch zu finden ist, und dennoch ist sie lehrbuchhaft.

Jede Demenzerkrankung beginnt unmerklich, die Betroffenen spüren Veränderungen an sich, können diese aber nicht richtig einordnen. Angehörige nehmen Defizite wahr, ein eigenartiges Verhalten, wagen aber nicht, darüber zu sprechen. Doch die Veränderungen lassen sich nicht länger ignorieren. Eine Abklärung wird immer dringlicher.

Überweisungszeugnis eines 58-jährigen Ökonomen in verantwortungsvoller Position: Die überweisende Psychiaterin schreibt, dass sich der Patient umbringen würde, wenn ich ihm allenfalls die Diagnose der Demenz übermitteln müsste.

Vor mir sitzt eine starke Persönlichkeit, die im Berufsleben zunehmende Kränkungen erfährt, weil es immer wieder zu unangenehmen Vorfällen kommt. Es fällt die Diagnose eines Burnouts, der Patient versucht trotzdem wieder 50% zu arbeiten, aber es geht nicht, er fühlt sich müde und antriebslos. Nach intensiven Abklärungen zeigt sich, dass es sich bei ihm um eine beginnende ↗Alzheimer-Demenz handelt.

Im Beisein seiner Ehefrau sage ich: «Sie haben Alzheimer-Demenz.» Nach einer kurzen Pause fahre ich fort: «Ihre Psychiaterin schreibt, dass Sie nun Ihrem Leben ein Ende setzen möchten.» Der Patient schaut mich an und erwidert: «Endlich kann ich meine Defizite richtig einordnen, ich möchte krankgeschrieben werden.»

Was hat diesen Menschen fast in den Suizid getrieben? Es war nicht die Diagnose einer ↗Alzheimer-Demenz, sondern die unklare Situation, die an seinem Selbstwertgefühl rüttelte. Der gestandene Ökonom wurde nur noch auf seine Defizite aufmerksam gemacht und nicht mehr auf seine Stärken.

Zwei Jahre später geht es dem Patienten subjektiv gut, für seine Ehefrau waren es Jahre des Wachstums und des Lernens. Der Patient braucht keine Antidepressiva mehr, er arbeitet nicht mehr und hat sich neue Aufgaben gesucht: mehr Sport, Mitwirken in einem Historikerclub (er wird dort geschätzt, hat seine Situation offen dargelegt), Reisen nach Amerika, wo er sich immer schon wohlfühlte. Auf meine Empfehlung hin hat er sich im Geschäft zu seiner Krankheit bekannt und darauf nur positive Reaktionen erhalten.

Immer wieder wird postuliert, dass man Menschen mit der Diagnosestellung Alzheimer in den Suizid treiben könnte. Genau das Gegenteil ist der Fall: Die Unsicherheit, das Verlorensein in einer nicht einzuordnenden Situation führt zu suizidalen Gedanken.

Eine offene Kommunikation über die Diagnose Demenz ermöglicht es Angehörigen und Betroffenen gleichermassen, das Leben neu an die Hand zu nehmen, auch wenn die Diagnose zunächst schockiert. Und in der Mehrheit der Fälle führt die Diagnosestellung zu einer Milderung der Symptome.

**Eine Abklärung erfindet keine Diagnose, sondern gibt Symptomen einen Namen!**

Eine klare Diagnosestellung ist essenziell, weil sich nicht hinter jeder ↗kognitiven Einbusse eine Alzheimer-Demenz versteckt. Umso unverständlicher ist die Tatsache, dass oft geäusserte Symptome, die von Patient:innen als beunruhigend empfunden werden, von ihrer Umgebung und leider auch von Hausärztinnen und -ärzten zu wenig ernst genommen werden.

Wieso werden ausgerechnet Beschwerden, die die Hirnleistung betreffen, von vielen Ärztinnen und Ärzten bagatellisiert? In einem Workshop für Hausärztinnen und Hausärzte habe ich genau diese Frage gestellt; die offene Antwort, von mehreren Kolleg:innen bestätigt: Im Vordergrund steht die Befürchtung, dass nach einer Demenzdiagnose ein riesiges Case Management nötig ist, für das sie kaum Zeit finden. Dazu gehören beispielsweise die Besprechung der ↗Fahreignung, die Abklärung der Urteilsfähigkeit, die Organisation von Hilfe, der Miteinbezug von Angehörigen.

Diese längst nicht vollständige Liste zeigt, wie komplex die Situation nach einer Demenzdiagnose ist. Die Antworten zeigen aber auch, dass unser Gesundheitssystem sehr stark auf die Behandlung der Somatik (= körperliche Beschwerden) ausgerichtet ist und dass zeitintensive sozialmedizinische Betreuung finanziell nicht adäquat abgegolten wird. Das muss sich ändern, denn Demenzkranke werden eine Realität in allen Praxen sein. Das Gesundheitssystem sollte die praktizierenden Ärztinnen und Ärzte unterstützen, die sich bereiterklären, solche Patient:innen ganzheitlich zu betreuen, und die auch die Bereitschaft mitbringen, Krisensituationen zu managen. Denn: Krisen sind bei allen Demenzbetroffenen vorprogrammiert.

Ein weiterer Grund, wieso Grundversorger:innen vor der Diagnosestellung zurückscheuen: Die medikamentösen therapeutischen Möglichkeiten sind begrenzt. Immer wieder höre ich: Keine Therapie, wieso also eine Abklärung? Ein solcher Satz zeugt von einem medizinischen Denken, das nur auf «Machbarkeit» ausgerichtet ist.

Ein hochbetagter Mensch mit einer leichten Hirnleistungsstörung, der bereits über ein breites Unterstützungsnetz verfügt und bei dem keine grösseren sozialmedizinischen Schwierigkeiten vorhanden sind, braucht auch aus meiner Sicht nicht dieselbe intensive Abklärung wie ein jüngerer, der noch im Arbeitsprozess steht. Doch auch ältere Menschen mit kognitiven Problemen haben das Recht auf Abklärung und Wissen. Es ist immer wieder erstaunlich zu sehen, dass bezüglich technischer Abklärungen und Eingriffe keine Altersbeschränkung vorhanden ist, doch wenn es um Hirnleistung geht, dann wird nicht mit der gleichen Elle gemessen.

Die Abklärung einer Hirnleistungsstörung ist nicht nur wegen des ganzheitlichen therapeutischen Ansatzes gefragt, sondern vor allem um mögliche Ursachen zu identifizieren, die behandelbar sind. Dazu gehören unter anderem Stoffwechselstörungen, Vitaminmangelzustände und Entzündungen. Neben einer breiten internistischen Abklärung sollte auch immer eine Bildgebung (↗MRI oder ein ↗CT) gemacht werden, die eine Suche nach Tumoren oder Blutungen ermöglicht. Speziell soll an dieser Stelle das ↗Subduralhämatom erwähnt werden, das oft unerkannt bleibt oder mit einer Demenzerkrankung verwechselt wird.

> Die Assistenzärztin ruft mich zu einem älteren, leicht verwirrten Mann. Die Ehefrau berichtet, dass er sich in den letzten Monaten mehr und mehr zurückgezogen habe und eine deutliche Störung des Gedächtnisses zeige. Er könne aber immer noch gut gehen, sie unternehmen noch lange gemeinsame Spaziergänge.

24   Medizinische und psychosoziale Grundlagen

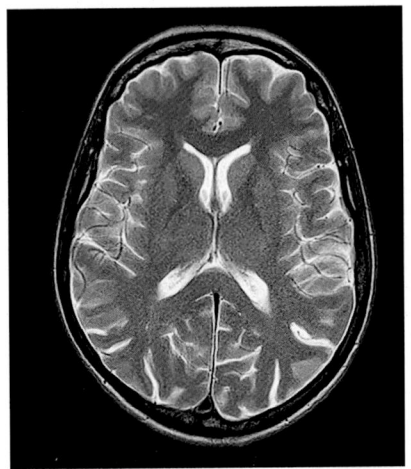

Normales Hirn

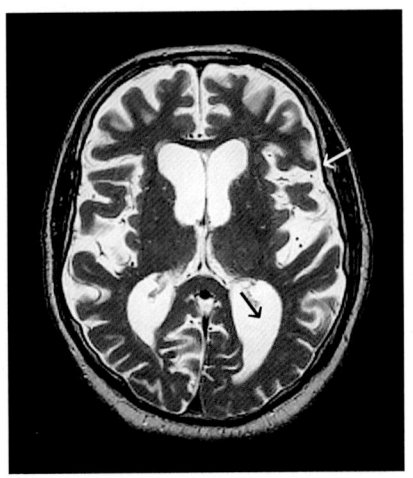

Schwere ↗Atrophie: Hirnrinde stark geschrumpft, vergrösserte Ventrikel

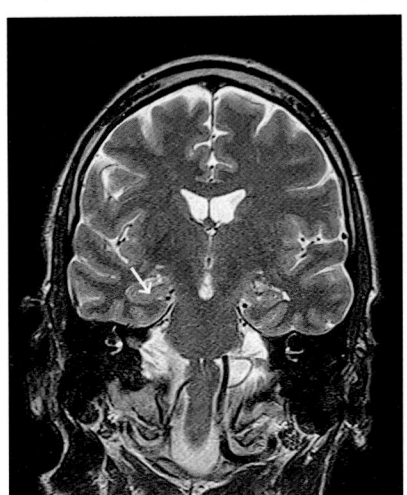

Normales Hirn (coronarer Schnitt):
↗Hippocampus normal gross

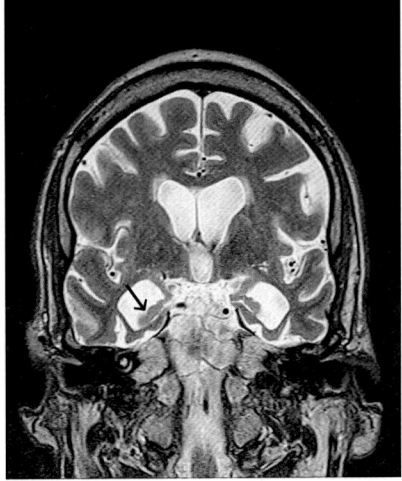

Schwerste hippocampale Atrophie:
Hippocampus ist stark geschrumpft

Abb. 2.1–4

Die Demenz beginnt schleichend 25

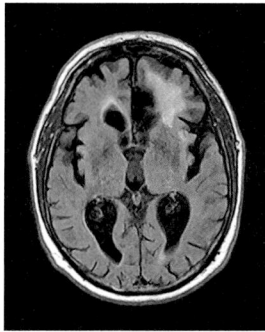
Frontalinfarkt: Durchblutungsstörungen von grossen Hirngefässen

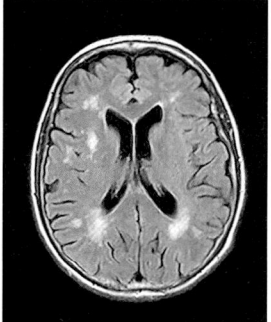
Mirkovaskuläre Veränderungen: Durchblutungsstörungen von kleinen Hirngefässen

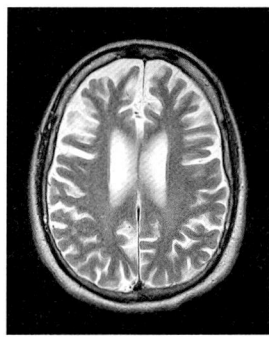
↗Frontotemporale Demenz

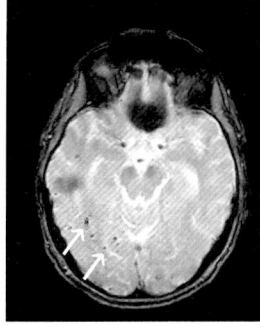
Multiple Mikroblutungen

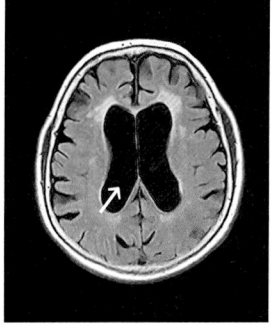
Normaldruckhydrocephalus

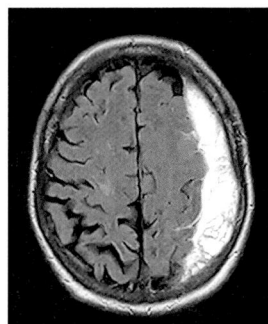
↗Subduralhämatom: grosse Blutung

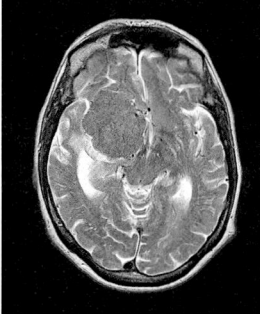
Riesiges Meningeom (gutartiger Tumor)

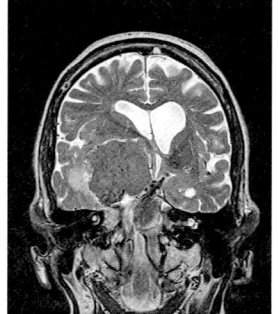
Meningeom drückt auf Hippocampus

Abb. 3.1–8

Das in unserer Klinik routinemässig durchgeführte MRI des Hirns zeigt zu unserem Erstaunen zwei ausgedehnte Subduralhämatome, obwohl das klinische Bild überhaupt nicht dazu passte. Nach einem operativen Eingriff erholte sich der Patient.

Mit der Untersuchung der Hirnflüssigkeit (↗Liquor) kann einerseits eine Entzündung ausgeschlossen oder gefunden werden, andererseits ist es auch möglich, gewisse Marker zu identifizieren, die spezifisch bei der Alzheimer-Krankheit vorkommen.

Ein Mann, 70-jährig, verwirrt, sturzgefährdet, völlig wesensverändert, soll in einem Pflegeheim betreut werden. Der sanfte Grossvater bedrohte plötzlich seine Enkelkinder. Von der Memory Clinic hatte er gehört und war bereit für eine Abklärung, weigerte sich jedoch, ins Pflegeheim einzutreten.

Meine erste Frage: «Was stört Sie am meisten?» Die Antwort lautete: «Meine Kopfschmerzen, und dass ich plötzlich zuckerkrank bin.» Gedächtnisstörungen erwähnte er nicht. Ich ging auf seine Schmerzen ein, der Patient fasste Vertrauen und willigte schliesslich in alle Abklärungen ein.

Die Liquoruntersuchung ergab eine schwere Entzündung, hervorgerufen durch ↗Borrelien. An einen Zeckenbiss konnte sich der Patient allerdings nicht mehr erinnern. Die Zuckerkrankheit war durch die Infektion ausgelöst worden. Kopfschmerzen sind kein Leitsymptom der Alzheimer-Krankheit. Der Patient wurde während drei Wochen mit Antibiotika behandelt, die Symptome haben sich mehrheitlich zurückgebildet. Er fährt nun wieder mit seinem Auto in sein geliebtes Rustico im Tessin.

Vermutlich gibt es wenige Gebiete in der Medizin, in denen man mit so grosser Unsicherheit und auch schlechter Prognosefähigkeit umgehen muss, wie in der Abklärung von Hirnleistungsstörungen. Selbst wenn die Ergebnisse aller Untersuchungen auf eine beginnende Demenz hinweisen, taucht umgehend die Frage auf, ob das wirklich sein kann.

Jede Demenzerkrankung beginnt Jahre zuvor mit einer subjektiven Gedächtnisstörung (↗SCI). Diesem Stadium folgt eine ganz leichte Einbusse verschiedener Hirnleistungen, auch *mild cognitive impairment* (↗MCI) genannt, oder nach neuer amerikanischer Nomenklatur auch ↗*mild neurocognitive disorder* (NCD). Die Sachlage wird noch komplizierter, wenn man bedenkt, dass nur ein kleiner Bruchteil der Patient:innen mit einer subjektiven Gedächtnisstörung und etwa die Hälfte der Patient:innen mit einer milden ↗kognitiven Beeinträchtigung nach Jahren an einer Demenz erkranken werden. Demgegenüber steht die Tatsache, dass es sich bei einem Teil der Patient:innen sogar spontan verbessern kann; bei einem anderen Teil bleiben die leichten Defizite bestehen, werden aber nicht stärker. Dieser unklare Umstand belastet und kann zu ↗Depression und Verzweiflung führen, insbesondere dann, wenn die Betroffenen noch im Berufsleben stehen. Deshalb ist es angebracht, weitere, auch kostspielige Abklärungen (↗Liquorpunktion, ↗PET) durchzuführen. Leider zeigen Studien, dass ausgerechnet die Menschen, die Angst vor einer Demenzerkrankung haben und tatsächlich eine leichte Hirnleistungsstörung aufweisen, wirklich gefährdet sind, im Laufe der Jahre eine Demenzerkrankung zu entwickeln.[1] Die Forschung ist noch nicht so weit, dass die Diagnose zu Lebzeiten mit 100-prozentiger Sicherheit gestellt werden kann, wir können uns ihr mit 70- bis 90-prozentiger Sicherheit annähern.

Eine Diagnosestellung setzt sich wie ein Puzzle zusammen: Am Anfang steht die ↗Anamnese, die wichtiger ist als jede medizinische und ↗neuropsychologische Abklärung. Zuhören, Nachfragen, die geschilderten Beschwerden und Symptome richtig einordnen, zeitliche Zusammenhänge erfragen, verschiedene Wahrnehmungen aufnehmen. Das Geheimnis des guten ärztlichen Gesprächs: sich einlassen auf die Patient:innen und Angehörigen und nicht nur die technischen Abklärungen im Auge haben. Letztere sind notwendig und aussagekräftig, doch heutzutage verliert man sich oft in technischen Abklärungen und vergisst dabei den Menschen mit seinen ureigenen Sorgen und Beschwerden.

**Das Ziel eines Diagnosegesprächs**

Das Verständnis von Krankheitsprozessen und deren Auswirkungen ist sowohl die Grundlage jeder rationalen Therapieplanung als auch die Voraussetzung für die Kommunikation mit den Patient:innen und deren Angehörigen. Eine längerfristige Therapieplanung darf nie nur aus einer medikamentösen Therapie bestehen, sondern muss ↗milieutherapeutische und sozialmedizinische Massnahmen beinhalten.

Die Übermittlung einer Demenzdiagnose entspricht der Übermittlung einer schlechten Nachricht. Aus der Onkologie ist seit Jahrzehnten bekannt, dass das Wie der Diagnoseeröffnung für die weitere Verarbeitung der so herausfordernden Situation von grösster Wichtigkeit ist. Alzheimer Europe[2]

---

1   Vgl. Peterson u. a., Mild Cognitive Impairment; Rüegger-Frey u. a., Mild cognitive Impairment.
2   URL: https//www.alzheimer-europe.org.

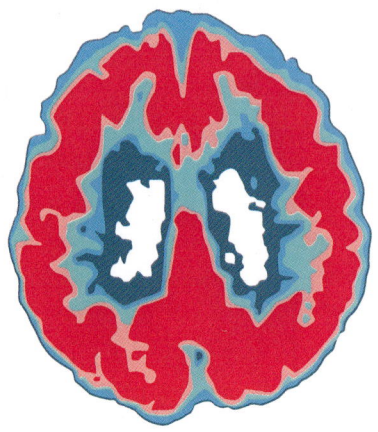 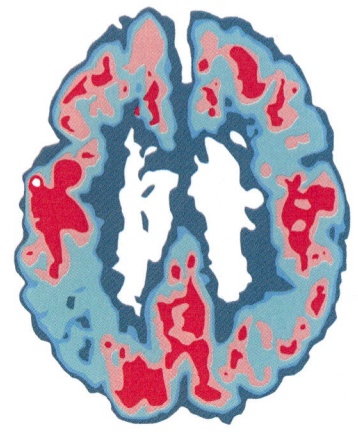

**Gesundes Hirn:**
Normaler cerebraler Glukose-Stoffwechselprozess

**Hirn mit leichter bis mittlerer Alzheimer-Krankheit:**
Abnehmender cerebraler Stoffwechselprozess

Abb. 4.1–2: PET-Untersuchung

stellt seit Langem die Forderung, dass der/die Patient:in primär das Recht auf eine klare Information bezüglich seiner Diagnose hat und dass ihm/ihr dieses Recht nur in dem Fall nicht zukommen soll, wenn er/sie dies nicht wünscht. Manchmal braucht es etwas Überzeugungskunst, doch es ist hilfreich, wenn sowohl Betroffene wie auch die Angehörigen die Diagnose gleichzeitig hören. Die Erfahrung zeigt, dass die Angehörigen nicht früh genug mit einbezogen werden können. Dennoch ist es äusserst wichtig, dass nicht über die Demenzerkrankten gesprochen wird, sondern mit ihnen. Nur so können gemeinsame Lösungsstrategien gefunden werden, auch wenn der/die Patient:in seine Symptome nicht gleich wahrnimmt wie das Umfeld (↗Anosognosie).[3]

In der Praxis sieht es aber oft anders aus: Man spricht mit den Angehörigen über die Patient:innen, auch in deren Gegenwart. Immer wieder hört man die Aussage von Angehörigen: «Diese Diagnose kann man doch den

---

[3] Vgl. Bopp-Kistler, Diagnoseeröffnung und Begleitung.

Betroffenen nicht zumuten.» Man versucht den/die Patient:in zu schonen, doch die Folge davon ist die Unmöglichkeit gemeinsamer Gespräche. Die gleichzeitige Information aller Beteiligten hat mit Respekt und Wertschätzung dem/der Patient:in gegenüber zu tun und mit einer partnerschaftlichen Arzt-Patient-Angehörige-Beziehung.

Zu klären ist, ob die Betroffenen und die Angehörigen die Diagnose tatsächlich wissen wollen. Dieser Frage ist man auch in unzähligen Studien nachgegangen, und in nahezu allen wurde der Wunsch nach Information sowohl von Betroffenen wie auch von Angehörigen bestätigt.[4] Es konnte zudem gezeigt werden, dass Paare, die bereits eine Demenzerkrankung befürchteten, mit Erleichterung auf die Diagnose reagierten, auch wenn sie gehofft hatten, dass eine andere Erklärung für die Symptome gefunden werden könnte.[5] Nur die Menschen, die in keiner Weise mit einer Demenzdiagnose gerechnet hatten, reagierten teils schockiert. Meine Erfahrung deutet aber darauf hin, dass sich im Laufe der Erkrankung auch bei solchen Paaren eine offene Kommunikation als positiv erweisen wird. Auch wenn schlimmste Befürchtungen bestätigt werden, ist dies besser als die nagende Ungewissheit.

Schwieriger ist die Diagnoseübermittlung bei Alleinstehenden, besonders wenn sie keine ↗Krankheitseinsicht haben. In solchen Situationen ist es unumgänglich, Hilfe durch ↗Spitex, aufsuchende Beratung oder auch durch Involvierung der Behörden zu organisieren.

Wichtig ist, Betroffene und Angehörige nach dem Diagnosegespräch mit ihren Ängsten nicht alleinzulassen, sondern ihnen eine von menschlicher Anteilnahme und fachlichem Wissen geprägte Begleitung anzubieten. Die Erfahrung zeigt, dass Aussenstehende die Demenzerkrankung oft sehr wohl wahrgenommen haben und dass nach erfolgter Diagnoseeröffnung eine wesentlich offenere Kommunikation im Familien- und Freundeskreis möglich ist.

Auch einige Ärztinnen und Ärzte vertreten die Meinung, dass Demenzerkrankte nicht über die Diagnose informiert werden sollten. Dies kann mehrere Gründe haben, zum Beispiel Unsicherheit, was die Diagnosestellung bei den Betroffenen auslösen könnte, insbesondere ob sie mehr scha-

---

4  Vgl. Borasio, Über das Sterben.
5  Vgl. Derksen u. a., Impact of diagnostic disclosure of dementia on patients and carers.

den als nützen würde.[6] Zudem fürchten sich Ärztinnen und Ärzte davor, dass sie die Betroffenen damit verärgern könnten, dass diese noch hilfloser würden, ihren Selbstwert verlieren könnten oder dass die Diagnoseübermittlung eine Krise, wenn nicht gar Stigmatisierung auslösen könnte.[7] Doch die Realität sieht anders aus: In keiner Arbeit konnte bisher gezeigt werden, dass durch die Bekanntgabe der Diagnose die Betroffenen neu eine Depression entwickelten oder Suizid begingen.[8] Es zeigt sich vielmehr, dass vor der Diagnosestellung das Unwissen, die Unsicherheit, die Kränkungen und die Ungewissheit, die Krisensituation und der Kampf um das Verstecken der Symptome die Menschen in die Depression und Suizidalität treibt.

Der Suizid von Gunter Sachs könnte dafür ein Beispiel sein. In seinem Abschiedsbrief begründet er den Entscheid, seinem Leben ein Ende zu setzen, wie folgt: «Der Verlust der geistigen Kontrolle über mein Leben wäre ein würdeloser Zustand, dem entschieden entgegenzutreten ich mich entschlossen habe.» Im Brief geht es um Begriffe wie Würde und Lebenssinn, wenn die kognitiven Funktionen nicht mehr in dem Mass vorhanden sind wie zuvor. Eine klare Diagnosestellung fand vermutlich nicht statt. Es wird somit für immer offen bleiben, ob es sich wirklich um eine beginnende Demenzerkrankung handelte oder nicht vielmehr um eine Depression, die häufig auch von kognitiven Ausfällen begleitet wird.

Selbst wenn die Ärztinnen und Ärzte keine durchschlagende medikamentöse Therapie anbieten können, löst die Diagnoseübermittlung nur dann Hoffnungslosigkeit und Hilflosigkeit aus, wenn die Mediziner:innen nicht fähig sind, den Patient:innen trotz der Schwere der Erkrankung Wege aufzuzeigen, wie auch mit einer Alzheimer-Krankheit ein gutes Leben möglich ist.

### Das Diagnosegespräch als erster therapeutischer Schritt

Die Therapie beginnt mit der Diagnoseeröffnung. Das Diagnoseeröffnungsgespräch, an dem alle wichtigen Bezugspersonen anwesend sind, sollte in einem ruhigen Rahmen und mit genügend Zeit durchgeführt werden. Zwar müssen die wichtigsten Befunde erklärt werden, doch viel wichtiger ist, dass auch die Betroffenen und Angehörigen Raum erhalten, um ihre Gefühle

---

6   Vgl. Keightley/Mitchell, What factors influence mental health professionals.
7   Vgl. Bamford u. a., Disclosing a diagnosis of dementia.
8   Vgl. Jha/Tabet/Orrell, To tell or not to tell.

auszudrücken. Der ↗Palliativmediziner Gian D. Borasio[9] weist darauf hin, dass die Zufriedenheit der Patient:innen nach einem Gespräch direkt mit der Dauer des eigenen Gesprächsanteils zusammenhängt. Dieser Anteil sollte idealerweise grösser als derjenige der Ärztin oder des Arztes sein. Eine hohe Messlatte, neigen Ärztinnen und Ärzte doch dazu, möglichst alle medizinischen Details zu übermitteln. Das führt dazu, dass komplizierte medizinische Sachverhalte oft in einer Sprache erläutert werden, die für die meisten Patient:innen unverständlich ist. Dabei rückt das Wesentliche in den Hintergrund: die Übermittlung der schlechten Nachricht.

Die ersten Emotionen und Sätze nach der Diagnoseeröffnung sind für die weitere Gesprächsführung äusserst wichtig und sollten nicht durch das rasche Aufzählen medizinischer therapeutischer Möglichkeiten unterbunden werden, nur weil sich die Diagnoseübermittler:innen unsicher fühlen. Es ist beispielsweise eindrücklich zu erfahren, was eine Pause im Gespräch auslösen kann, wenn nicht sofort von ärztlicher Seite Lösungen vorgeschlagen werden.

Es ist essenziell, dass in erster Linie mit den Betroffenen direkt gesprochen wird und in einem zweiten Schritt mit den Angehörigen. Die Demenzerkrankten fühlen sich ernst genommen, was sie erleichtert. Wertschätzung, Betonung der Stärken, positive Formulierungen und Spiegeln der Gefühle stärken sie. Der Einbezug der Biografie, die Menschen zu denen macht, die sie sind, ist eine Möglichkeit, Lösungsstrategien aufzuzeigen, weil sich Demenzerkrankte damit nicht nur als Patient:innen wahrnehmen, sondern als ebenbürtige Gesprächspartner:innen.

> Eine ehemalige Spitexfachfrau kommt in die Memory Clinic, sie wird von ihrer Nichte dazu gezwungen. Die Diagnose: eine leichte bis mittelschwere Demenz. Die Nichte kann nicht zuschauen, wie der Haushalt ihrer Tante zunehmend verwahrlost. Die Patientin lehnt jede Hilfe ab, auch von der Spitex. Sie meint, dass sie es besser könne, sie habe ja die Spitex mit aufgebaut. Jede Argumentation der Nichte wird mit einem Gegenargument beantwortet.
>
> Ich wende mich an die Patientin: «Das muss eine Herausforderung sein, Sie als Pionierin der Spitexdienste sollen nun selber Hilfe annehmen. Und hier sitzen zwei Frauen: Sie eine Powerfrau, und ich eine Powerfrau, und nun soll die eine Powerfrau der anderen vorschreiben, was sie zu tun hat. Ich bewundere Sie für alles, was Sie gemacht haben, aber auch dafür, wie Sie mit der jetzigen Situation umgehen. Sie

---

9   Vgl. Borasio, Über das Sterben.

kämpfen und geben nicht auf, und dennoch verstehe ich, dass sich Ihre Nichte Sorgen macht ...»

Die Patientin wurde ganz ruhig und meinte, dass sie verstehen kann, dass wir uns Sorgen machen, und sie willigte kurz danach ein, dass die Spitex organisiert wurde.

Durch sogenanntes ↗aktives Zuhören, durch das Spiegeln ihrer Gefühle, fühlte sich die Patientin plötzlich verstanden und konnte ihre ablehnende Haltung ablegen. Bereits in diesem Erstgespräch brachte ein validierendes Verhalten den gewünschten Erfolg. ↗Validation ist in allen Phasen der Demenz möglich. Die Patientin musste sich nicht mehr rechtfertigen und war auch erleichtert, dass der Kampf mit der Nichte, die sie eigentlich liebte, ein Ende fand.

Im Diagnosegespräch sollten auch die Angehörigen zu Wort kommen. Schon zu Beginn der Erkrankung tritt fast unmerklich eine Änderung der Persönlichkeit bei den Betroffenen auf, die zu Konflikten führt. Bereits im ersten Gespräch sollten Themen angesprochen werden, die die Nöte und Gefühle der Angehörigen spiegeln, denn sie sind äusserst dankbar für Erklärungsmodelle. Antriebslosigkeit nicht mehr als Provokation oder Desinteresse zu erleben, sondern als Teil der Erkrankung zu verstehen, hilft ihnen und verhindert Wut und Aggressionen gegenüber den Erkrankten.

Jede Geschichte ist einzigartig. Worte wie «Sie sollten», «Sie brauchen», «nehmen Sie doch Hilfe an» verletzen mehr, als sie helfen. Fragen hingegen wie «Was schmerzt am meisten?» oder «Wie kann ich Ihnen helfen?» berühren auf der persönlichen Ebene. Ein junger Ehemann einer Patientin antwortete auf die Frage, was ihn am meisten schmerzt: «Dass ich mich nicht mehr anlehnen kann.»

Die individuelle Beratung und Begleitung der Angehörigen ist wichtiger als jeder andere therapeutische Ansatz.[10] Patient:innen sind das «Spiegelbild» der Angehörigen. Gehen die Angehörigen nicht argumentativ, sondern verstehend mit den demenzerkrankten Personen um, fühlen sich die Betroffenen sicher, und es entstehen weniger Verhaltensstörungen. Und das ist möglich, wenn von Anfang an Kommunikationshilfen aufgezeigt werden. Angehörige sind dankbar für jeden Hinweis, eine von ihnen brachte es auf den Punkt: «Es ist mehr zu lernen als in der Schule.» Wenn die Angehörigen zum Beispiel erkennen, dass es die Krankheit ist, die dazu

---

10 Vgl. Olazaran u. a., Nonpharmacological Therapy in Alzheimer's Disease.

führt, dass der/die Patient:in seine Symptome nicht wahrnimmt, müssen sie sich nicht verletzt fühlen. Ein Angehöriger meinte ein halbes Jahr nach dem Diagnosegespräch:

> «Seit Sie mir gesagt haben, dass es für meine Frau immer wie das erste Mal ist, wenn sie mich das Gleiche fragt, kann ich damit umgehen. Und wenn sie x-mal dasselbe fragt, dann denke ich einfach an Sie und unser Gespräch, und es geht mir wieder gut, weil ich weiss, dass meine Frau es nicht extra macht. Auch ihr geht es viel besser, weil ich sie nicht ständig daran erinnere, dass sie dasselbe schon unzählige Male gefragt hat.»

Inzwischen ist allgemein bekannt, dass noch keine wirksame Therapie bei einer Alzheimererkrankung existiert. Dennoch gibt es Hilfestellungen – manchmal nur ein liebevolles Wort –, das einen enormen Unterschied bewirkt. Ich habe grosse Hochachtung vor den Angehörigen, mit wie viel Liebe und Achtsamkeit sie die Hinweise umsetzen, die Ärztinnen oder Ärzte und Therapeut:innen anzubieten haben. Das ist allerdings nur möglich, wenn der Boden dafür gelegt wurde. Und darin besteht die Kunst des Diagnosegesprächs: Es ist der Schlüssel, mit dem die Angehörigen, aber auch die Betroffenen in der so herausfordernden Situation wachsen und neue Hoffnung finden können. Dies verlangt grosse Empathie vonseiten der Professionellen, Verständnis für Trauer und Tränen und vielleicht auch einmal eine Umarmung oder ein kurzes Händehalten, was in den klassischen Therapiebüchern tabuisiert wird. Wird hingegen die Diagnoseübermittlung lediglich als Bekanntgabe der Befunde abgehandelt, können ein solches Gespräch und die schlechte Nachricht für immer als traumatisch in Erinnerung bleiben.

Bereits im ersten Gespräch sollten weitere Konsultationen vereinbart werden, in denen Themen wie ↗Vorsorgevollmacht, Testament, ↗Patientenverfügung u. a. besprochen werden. Zudem muss oft auch die ↗Fahreignung angesprochen werden. Es ist bekannt, dass von einem Gespräch zwischen Ärztin oder Arzt und Patient:in weniges «ankommt», doch was vom ersten Gespräch in Erinnerung bleiben sollte, ist die Tatsache, dass sich Betroffene und Angehörige verstanden fühlen und mit der Demenzdiagnose nicht alleingelassen werden. Die Erfahrung zeigt, dass man offen sprechen kann, auch im Beisein der Demenzerkrankten, selbst wenn diese nicht adäquat folgen oder reagieren können. Wichtig ist, dass sie sich nicht ausgeschlossen fühlen. Auch wenn die sprachliche Kommunikation schon erschwert sein sollte, nehmen Demenzerkrankte sehr wohl wahr, was emotional geschieht.

Borasio[11] spricht von einer generellen Gratwanderung zwischen Fürsorge durch die Ärztin oder den Arzt und Selbstbestimmung der Patient:innen. Bei Demenz ist die Sachlage noch etwas anders, weil die Wünsche der Patient:innen und ihrer Angehörigen häufig verschieden sind. Um in diesem Spannungsfeld allen gerecht zu werden, braucht es ein hohes Einfühlungsvermögen, um zu entscheiden, wie viel Fürsorge gerade im Moment benötigt wird.

Es ist beeindruckend, dass einzelne Sätze oder auch Bilder (z. B. ↗MRI) für immer erinnert werden. Somit muss man nachfragen, ob ein MRI-Bild wirklich gemeinsam angesehen werden soll. Dies kann das Verständnis für das Geschehen verstärken, es kann damit aber auch das Gegenteil bewirkt werden, weil das geschrumpfte Hirn ein Bild des Schreckens ist.

Welche Sätze in Erinnerung bleiben ist nicht vorhersehbar, weshalb Informationen behutsam weitergegeben werden müssen, und Angehörige und Betroffene müssen auf diese Sätze immer wieder von Neuem zurückkommen dürfen.

Ein Diagnosegespräch löst immer Emotionen aus. Was die Angehörigen besonders betroffen machen kann, ist das Verhalten der Patient:innen. Diese reagieren teils völlig unbeteiligt, was für die Angehörigen, die sich in einem emotionalen Ausnahmezustand befinden, verletzend sein kann. Es gibt jedoch auch das Gegenteil:

> Die Ehefrau ist nach der Diagnoseübermittlung in Tränen aufgelöst, der Ehemann nimmt ihre Hand: «Das schaffen wir schon.»

Am Schluss des Gesprächs stelle ich stets die Frage nach der Befindlichkeit. Nach einem konfliktbeladenen Familiengespräch erwarte ich eher aggressive Feedbacks, doch der Demenzerkrankte antwortet: «Jetzt weiss ich, dass meine Familie zu mir steht und nicht gegen mich ist.» Die Familie hatte mich zuvor gebeten, das Gespräch ohne den/die Patient:in zu führen, was ich stets ablehne.

**Formen der Demenz**

Der Begriff Demenz stammt vom Lateinischen «de mente» und bedeutet Abwesenheit des Geistes, des ↗Gedächtnisses. Ein Wort, abwertend, fast schon stigmatisierend, und dennoch ist es nicht mehr aus dem allgemeinen Sprachgebrauch zu entfernen, auch wenn inzwischen die amerikani-

---

11   Vgl. Borasio, Über das Sterben.

sche Nomenklatur versucht, Demenz durch *neurocognitve disorder* (↗DSM-5) zu ersetzen.

Bei der Alzheimer-Demenz kommt es zu Ablagerungen im Hirn. Dabei handelt es sich zum einen um sogenannte *senile Plaques*, die aus Eiweissbruchstücken (beta-Amyloid Peptid) bestehen, zum anderen um faserförmige Ablagerungen, den sogenannten Neurofibrillenbündel, die aus abnormem, verklumptem Eiweiss (Tau-Protein mit falsch angehängten Phosphatgruppen) bestehen. Die Alzheimer-Demenz beginnt fast immer mit Gedächtnisstörungen, schon bald treten weitere Störungen der Hirnleistung auf (Orientierungsstörung, Sprachstörung, Störung der Geschicklichkeit u. a.).

Die zweithäufigste Form ist die ↗vaskuläre Demenz, die durch Durchblutungsstörung, insbesondere der kleinen, aber auch grösserer Hirngefässe verursacht wird. Immer wieder auftretende Hirnschläge, die durch einen Verschluss grösserer Gefässe verursacht werden, können ebenfalls zu einer Demenz führen. Wer kennt nicht den Begriff «Arterienverkalkung des Hirns», der früher mit der Demenz gleichgesetzt wurde. Erst später wurde klar, dass nicht alle Zustände chronischer Verwirrtheit auf die Verkalkung der Gefässe zurückzuführen sind, sondern dass dafür in der Mehrzahl der Fälle die Alzheimer-Krankheit verantwortlich ist. Doch das Bild der Grosseltern mit Arterienverkalkung ist tief im Denken unserer heutigen Gesellschaft verankert. Ein Ausdruck, der zu früheren Zeiten gebraucht wurde, ist das POS, das psychoorganische Syndrom; in Zusammenhang mit der Demenzerkrankung wird er nicht mehr verwendet.

Bei der vaskulären Demenz handelt es sich nicht um eine ↗neurodegenerative Erkrankung, sondern um eine Erkrankung der Gefässe, die durch dieselben Risikofaktoren beeinflusst wird wie andere Herz-Kreislauf-Erkrankungen. Der grösste Risikofaktor bezüglich Arteriosklerose der Hirngefässe ist ein schlecht eingestellter erhöhter Blutdruck, aber auch Fettstoffwechselstörungen, Übergewicht, Rauchen und mangelnde Bewegung können auslösende Faktoren sein. Inzwischen weiss man, dass vaskuläre Veränderungen gar nicht so selten zusätzlich zu den typischen krankhaften Schäden bei der Alzheimererkrankung hinzukommen können. Deswegen geht man davon aus, dass eine Prävention von Gefässrisikofaktoren das Auftreten der Alzheimererkrankung positiv beeinflussen kann. Dennoch muss darauf hingewiesen werden, dass viele Alzheimererkrankte bis zum Zeitpunkt ihrer Erkrankung sehr gesund gelebt haben.

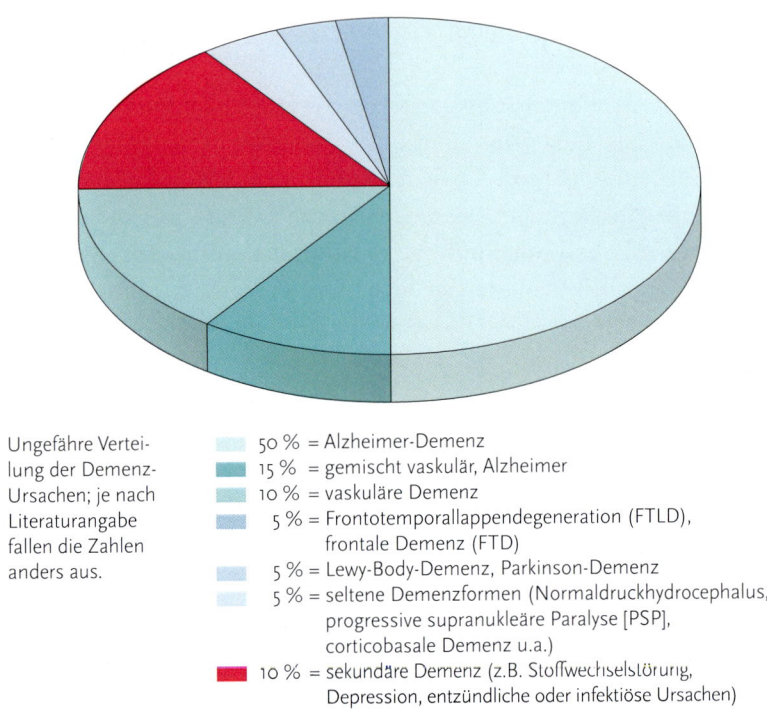

| | |
|---|---|
| Ungefähre Verteilung der Demenz-Ursachen; je nach Literaturangabe fallen die Zahlen anders aus. | 50 % = Alzheimer-Demenz<br>15 % = gemischt vaskulär, Alzheimer<br>10 % = vaskuläre Demenz<br>5 % = Frontotemporallappendegeneration (FTLD), frontale Demenz (FTD)<br>5 % = Lewy-Body-Demenz, Parkinson-Demenz<br>5 % = seltene Demenzformen (Normaldruckhydrocephalus, progressive supranukleäre Paralyse [PSP], corticobasale Demenz u.a.)<br>10 % = sekundäre Demenz (z.B. Stoffwechselstörung, Depression, entzündliche oder infektiöse Ursachen) |

Abb. 5: Wichtigste Demenz-Ursachen

Auch ↗okkulte Blutungen kleinerer oder grösserer Hirnareale können eine Demenz verursachen, wenn die Brüchigkeit der Gefässe erhöht ist, was im Rahmen einer ↗cerebralen Amyloid-Angiopathie (CAA) der Fall ist, bei der die Eiweissablagerungen (Amyloid) sich nicht im Hirngewebe selbst befinden, sondern in der Gefässwand.

Wichtige weitere Demenzerkrankungen sind die ↗frontale Demenz und die ↗Lewy-Body-Demenz. Letztere manifestiert sich völlig anders als eine Alzheimer-Demenz: Betroffene Patient:innen zeigen zuerst Probleme in der räumliche Orientierung, während das Gedächtnis noch lange erhalten bleibt. Sie können sich kaum mehr auf etwas konzentrieren, sodass das Autofahren schon in einem sehr frühen Stadium aufgegeben werden muss. Zudem entwickeln sie Symptome wie bei einer ↗Parkinsonerkrankung, und oft treten Halluzinationen auf. Bei der Lewy-Body-Demenz kommt es zur

Ablagerung von Eiweissen, den sogenannten Lewy-Körperchen, die sich vom Amyloid der Alzheimerpatient:innen unterscheiden. Diese wurden erstmals vom deutschen Arzt Friedrich Lewy im Jahre 1912 beschrieben, weswegen sie seinen Namen tragen. Erst viele Jahrzehnte später (1990) hat man diesem Krankheitsbild mehr Beachtung geschenkt. Nach wie vor denkt man aber auch heute noch viel zu wenig an diese Krankheit, wenn es um die Diagnosestellung geht. Dabei ist diese Form die zweithäufigste Demenzerkrankung! Helga Rohra[12] leidet an dieser Krankheit und hat ebenfalls die schmerzliche Erfahrung machen müssen, dass sie zu lange keine Diagnose erhielt: Menschen mit Lewy-Body-Demenz zeigen ganz andere Symptome als Alzheimerpatient:innen. Sie weisen meist Fehlwahrnehmungen und Halluzinationen auf, weswegen man sie oft als psychisch krank bezeichnet: «Ein paar Tage später geschah etwas Merkwürdiges, ich begann, vor mir einen Film zu sehen. Es waren Bilder in Farbe, Szenen aus meiner Jugend, von denen ich gar nicht wusste, dass es sie gibt ... Natürlich bekam ich es mit der Angst zu tun: Werde ich vielleicht verrückt?»[13]

Die Schilderungen von Fehlwahrnehmungen sind äusserst anschaulich: Einige meiner Patient:innen haben für Familienmitglieder oder auch für Fremde jeden Tag den Tisch gedeckt, weil sie Menschen in der Wohnung wahrnahmen. Menschen mit Lewy-Body-Demenz leiden zudem früh im Krankheitsverlauf unter Orientierungsschwierigkeiten, sie sind in ihrer Aufmerksamkeit eingeschränkt und extremen Schwankungen ausgesetzt: Innerhalb weniger Stunden können sich ihre geistigen Fähigkeiten ändern, Schläfrigkeit wechselt mit starker Agitation oder Verwirrung. Gedächtnisstörungen kommen im Gegensatz zur Alzheimer-Krankheit erst spät dazu; zudem treten bei der Lewy-Body-Demenz rasch Parkinsonsymptome wie Steifheit und Zittern auf. Die krankhaften Ablagerungen befinden sich sowohl in der Hirnrinde (v. a. in den hinteren Bereichen und in der Sehrinde) sowie in den tiefen Hirnstrukturen (in den sogenannten Basalganglien, die auch bei der Parkinsonerkrankung betroffen sind).

Die frontale Demenz ist vermutlich die herausforderndste Form, weil sich die Persönlichkeit der Patient:innen ganz stark verändert. Es gibt noch unzählige Demenzformen, die selten sind, alle zeigen typische Leitsymp-

---

12  Helga Rohra betreibt die Webseite trotzDEM, URL: https://trotzdem.org.
13  Rohra, Aus dem Schatten treten 22.

tome. So die ↗semantische Demenz, in der die Bedeutung der Sprache verloren geht, und die ↗primär progressive Aphasie, die zu einem Verlust der Sprachflüssigkeit führt.

**Seltene Demenzformen**

Beim Normaldruckhydrocephalus (Hydrocephalus malresorptivus) kommt es nach Blutungen, Infektionen oder auch ohne ersichtlichen Grund zu einer Verklebung der den ↗Liquor rückresorbierenden Membranen, sodass es ein Ungleichgewicht zwischen Liquorproduktion und Wiederaufnahme in die Zelle entsteht, was zu einer Vergrösserung der ↗Ventrikel führt. Die Betroffenen zeigen in der Folge die typische Trias einer Gangstörung, einer Inkontinenz und in der Folge auch kognitive Störungen. Eine ursächliche Therapie ist nicht möglich. Den Patient:innen kann aber mithilfe einer Shunteinlage geholfen werden: Bei diesem Eingriff wird ein flexibles Schlauchsystem von der Hirnkammer unter der Haut bis in die freie Bauchhöhle eingelegt. Zwischengeschaltet wird ein Ventil, womit die Durchflussmenge von aussen gesteuert werden kann. Vor einem solchen Eingriff sollte aber sorgsam abgewogen werden, ob dieser sinnvoll ist, weil sich auch im Rahmen einer Alzheimer-Demenz die Ventrikel durch die Schrumpfung des Hirngewebes vergrössern können.

Die progressive supranukleäre Paralyse (*progressive supranuclear palsy*, PSP oder Steele-Richardson-Olszewski-Syndrom nach den Erstbeschreibern) ist eine ↗neurodegenerative Erkrankung des Gehirns, speziell der Basalganglien. Die Basalganglien spielen eine wichtige Rolle bei der Steuerung automatischer Bewegungen. Ihre Schädigung kann zu Problemen beim Bewegen und beim Halten des Gleichgewichtes, bei der Augensteuerung (Blickrichtung nach unten, aber auch nach oben), der Schlucksteuerung und der Sprechsteuerung führen. Betroffene sehen verschwommen, fühlen sich unsicher, es kommt zu unvorhersehbaren Stürzen (auch nach hinten) und zu einer ausgeprägten Gangunsicherheit. Die Sprache wird leiser und unverständlicher, das Schlucken zunehmend schwierig. Im Laufe der Erkrankung entwickeln sie auch kognitive Probleme, es kommt zu einer Demenzerkrankung. Die supranukleäre Paralyse weist Ähnlichkeit mit der Parkinsonerkrankung auf, sie zählt zum Krankheitsbild der atypischen Parkinsonsyndrome. Betroffene sprechen deutlich weniger auf die Antiparkinsonmedikamente an. Im Gegensatz zu Parkinsonerkrank-

## «Ich bin ruhiger geworden. Ich nehme es gelassener. Ich lasse die Dinge auf mich zukommen und versuche einfach, das Beste aus jeder Situation zu machen.»

Zitat aus dem Film «Glück im Vergessen?» (bei 14:37–14:48; Filmstill: 16:53)

Verena Müller ist eine der im Film «Glück im Vergessen?» porträtierten Personen, die eine Alzheimerdiagnose erhalten haben. Auf eindrückliche Weise zeigt sie, dass in einem frühen Stadium der Erkrankung noch viele Tätigkeiten möglich sind. Je nach Person und Situation können dies ausgedehnte Wanderungen oder ein Computerkurs für Senioren oder die Erledigung des Haushalts sein. In der Szene auf dem Bild serviert Frau Müller ihrer Freundin (Elsi Preisig) gerade ein Mittagessen. Diese unterstützt sie bei den Dingen, die ihr inzwischen Schwierigkeiten bereiten. Im Gegenzug besorgt Verena Müller für sie den Haushalt.

**Glück im Vergessen? Geschichten von Demenzkranken und ihren Betreuern**
Dokumentarfilm
CH, 2009
50 Min.
Idee und Realisation, Regie: Marianne Pletscher

Zum Relimedia-Verleih mit Link zum Trailer:
https://www.relimedia.biz/NetBiblio/search/notice?noticeNr=DVD30843
Weitere Angaben zum Film finden sich auf S. 244 in diesem Band.

ten weisen Patient:innen mit PSP eine Schrumpfung im Bereich des Mittelhirns auf, diese kann im MRI nachgewiesen werden.

Bei der ↗corticobasalen Degeneration handelt sich um eine Erkrankung, in der nicht das Amyloid, sondern krankhafte Ansammlungen des Tau-Proteins das Hirn angreifen (Tauopathie). Betroffene haben einerseits Symptome wie Parkinsonerkrankte (atypisches Parkinsonsyndrom), andererseits auch weitere neurologische Symptome wie ↗Apraxie, Dystonien (Verkrampfungen und Fehlhaltungen der Muskulatur) und schwere Gleichgewichtsstörungen. Die Erkrankten haben grösste Mühe, gezielt Bewegungen auszuführen, oft wird eine Extremität als nicht mehr die eigene wahrgenommen, man spricht dann von einem *alien limb* Syndrom (Fremdes-Glied-Syndrom). Auf Aufforderung sind sie zwar fähig, die Extremität zu bewegen, oft hängt diese aber wie ein Fremdkörper herab. Die Krankheit führt obligat zu einer Demenz, sie wird in letzter Zeit vermehrt der Gruppe der ↗FTLD zugeordnet.

Die Erfahrung zeigt, dass sich Familien mit Alzheimer-Demenz gut informieren können, dass aber Betroffenen mit seltenen Formen wesentlich weniger Informationen zur Verfügung stehen. Obwohl es sich eingebürgert hat, dass sich Organisationen, die sich um Demenzerkrankte kümmern, überall Alzheimergesellschaft nennen, haben auch sie ausgezeichnetes Informationsmaterial für sämtliche Demenzformen erarbeitet.[14]

Leicht bearbeiteter Text, der erstmals veröffentlicht wurde in «demenz. Fakten, Geschichten, Perspektiven», 3. aktualisierte Auflage 2022, erschienen bei rüffer & rub Sachbuchverlag GmbH, Zürich, 13–35.

**Literatur**

Claire Bamford u. a., Disclosing a diagnosis of dementia. A systematic review, in: International Journal of Geriatric Psychiatry 19, 2004, 151–169; DOI: 10.1002/gps.1050.
Iren Bopp-Kistler, Diagnoseeröffnung und Begleitung, in: Therapeutische Umschau 72 (4), 2015, 225–231.
Gian Domenico Borasio, Über das Sterben. Was wir wissen. Was wir tun können. Wie wir uns darauf einstellen, Schweizer Ausgabe, München [7]2014.

---

14  URL: https://www.deutsche-alzheimer.de/publikationen.

Els Derksen, u. a., Impact of diagnostic disclosure of dementia on patients and carers. Qualitative case series analysis, in: Aging & Mental Health 10 (5), 2006, 525–531, DOI: 10.1017/s1041610205001316.

Arun Jha/Naji Tabet/Martin Orrell, To tell or not to tell; comparison of older patients' reaction to their diagnosis of dementia and depression, in: International Journal of Geriatric Psychiatry 16 (9), 2001, 879–885; DOI: 10.1002/gps.412.

John Keightley/Alex Mitchell, What factors influence mental health professionals when deciding wheter or not to share a diagnosis of dementia with the person?, in: Aging & Mental Health 8 (1), 2004, 13–20; DOI: 10.1080/13607860310 001613284.

Javier Olazaran u. a., Nonpharmacological Therapy in Alzheimer's Disease. A systmatic review of efficacy, in: Dementia and Geriatric Cognitive Disorders 30 (2), 2010, 161–178; DOI: 10.1159/000316119.

Ronald C. Peterson u. a., Mild Cognitive Impairment. Clinical characterization and outcome, in: Archives of neurology 56 (6), 1999 303–308; DOI: 10.1001/archneur.56.3.303.

Helga Rohra, Aus dem Schatten treten. Warum ich mich für die Rechte als Demenzbetroffene einsetze, Frankfurt a. M. ³2012.

Brigitte Rüegger-Frey u. a., Mild cognitive Impairment (MCI). Ein nützliches Konzept für die Praxis?, in: Hausarzt Praxis, 2009, 8–14.

# Psychosoziale Folgen für Betroffene und Angehörige
## Aspekte einer Altersmedizinerin – auch aus seelsorgerischer Sicht

Irene Bopp-Kistler

**Menschen mit Demenz haben die gleichen Bedürfnisse wie wir alle**

«Muss ich nun mein Leben lang mit ↗Alzheimer leben?» Das eine Frage, die mir immer wieder nach der Diagnosestellung gestellt wird.[1] Es gibt kein Entrinnen bei dieser Erkrankung, es gibt immer noch nicht den Durchbruch in der medikamentösen Therapie, den wir uns wünschen. ↗Demenzerkrankte werden herausgerissen aus ihrem gewohnten Leben, sie werden mit existenziellen Fragen des Lebens konfrontiert. Die Erkrankung ist auch eng mit der Sinnfrage nach unserem Leben verknüpft. Die Erkrankung betrifft genau den Bereich, der uns so wichtig ist: unser Denken und unsere Persönlichkeit, weswegen sich die Frage stellt, ob ein solches Leben noch Sinn ergibt.

Oft sprechen nach der Diagnosestellung Betroffene den Satz aus, dass sie Mitglied von Exit[2] seien. Der Wunsch, mit Exit dem Leben ein vorzeitiges Ende zu setzen, bedeutet die totale Verunsicherung angesichts der Demenzdiagnose: die Furcht, in Zukunft zur Last fallen zu können, die Angst eines Lebens in Abhängigkeit und Verlust der Autonomie. Betroffene sehen beängstigende Bilder vor sich. Sie denken an das soziale Umfeld, das sie nicht belasten möchten, sie sehen sich bereits im Pflegeheim, was sie nicht möchten. Wenn in diesem Moment existenzieller Verunsicherung nur über die Modalitäten von Exit gesprochen wird, werden die Betroffenen nicht in ihrer vollen Botschaft gehört. Es soll Platz da sein für alle Gedanken und Befürchtungen. Es soll der Beginn sein für weitere Gespräche, die immer wieder stattfinden und die einen Prozess initiieren, in dem das Leben neu überdacht wird. «Ich gehe mit Exit» kann auch gleichbedeutend sein mit der Aussage, dass ich als Demenzerkrankte(r) in dieser Gesellschaft keinen

---

1  In der Folge wird häufig Bezug genommen auf Bopp-Kistler, Demenz.
2  Bei Exit handelt es sich um die grösste Sterbehilfeorganisation der Schweiz.

Platz mehr habe. Der Wunsch nach Suizid oder assistiertem Suizid entspricht dann mehr einem Hilfeschrei nach Anerkennung und Getragenwerden auch in den tiefsten Abgründen des Lebens.

Hier beginnt der wichtige therapeutische Schritt, sowohl medizinisch, aber auch spirituell und seelsorgerisch. Die Menschen sollen spüren, dass die Möglichkeit eines assistierten Suizides nie, aber wirklich nie, zur Erwartungshaltung einer Gesellschaft werden darf. Es ist wichtig, dass diese Menschen getragen werden – auch spirituell –, wie immer sie sich entscheiden. Nur wenige meiner Patienten sind mit assistiertem Suizid aus dem Leben geschieden. Für diese Menschen war es die Wahl, die für sie stimmte. Auch diese Menschen haben das Recht auf eine ganzheitliche, auch seelsorgerische Begleitung, wenn sie das wünschen.

Menschen mit Demenz haben die gleichen Bedürfnisse wie wir alle: geliebt, akzeptiert und verstanden zu werden und Wertschätzung zu finden. Keinem Menschen kann seine Würde genommen werden, auch nicht einem Demenzerkrankten, solange ihn das Gegenüber in seinem veränderten Sein annimmt und versteht. Doch was bedeutet dieses veränderte Sein? Haben Demenzerkrankte weniger das Recht auf Leben als Menschen in unserer Gesellschaft, die durch das Leben hetzen? Die Demenzerkrankung ist eine der grössten Herausforderungen unserer Gesellschaft; sie kann aber auch eine Chance werden für unsere Gesellschaft, um Werte neu zu überdenken: die Werte, die unser Leben prägen. Demenzerkrankte und ihre Angehörigen brauchen gerade in Zeiten, in denen sie mit dem Schicksal hadern, in denen sie das Schicksalshafte nicht akzeptieren können, achtsame Zuwendung und eine Haltung der Gesellschaft, die trägt. Hier ist die Kirche gefragt, mit einer seelsorgerischen Haltung und Angeboten, die Menschen mit Demenz neue Sinnfindung schenken können.

Demenzerkrankte sind oft zufrieden, auch humorvoll und glücklich. Sie erleben gute Momente wie andere auch, sie erleben aber auch schwere Zeiten, weil die Erkrankung existenziell verunsichert und Angst auslöst bis hin zum Todeswunsch. Das subjektive Empfinden ist sehr verschieden: Es gibt einige Betroffene, die während des ganzen Krankheitsverlaufes stark leiden, weil ihnen bis zu einem späten Stadium bewusst ist, was sie alles verlieren und verloren haben. Viele tauchen aber ein in das «Land des Vergessens» und mit Fortschreiten der Erkrankung wird der subjektive Leidensdruck kleiner. Oft nehmen die Betroffenen das Vergessen nicht in vollem Umfang wahr. Könnte somit das Vergessen des Vergessens möglicherweise ein

Glücksfall sein? Diese Frage kann nicht so einfach beantwortet werden, auch wenn ein Patient sagte, dass das Vergessen auch etwas Gutes habe und man sich so auf das Wesentliche konzentrieren könne. Doch das ist nur die eine Seite des Vergessens, wie die folgende Aussage eines Patientenzeigt: «Es ist nichts Willkommenes, doch es geht mir gut. Andererseits stört das Vergessen zutiefst: Was kann ich vorbereiten, bevor ich ganz absacke?»

**Menschen mit Demenz haben eine andere Wahrnehmung**

Viele Betroffene haben keine ↗Krankheitseinsicht. Sie können kaum verstehen, wieso sich das Umfeld Sorgen macht. Unter ↗Anosognosie versteht man eine fehlende Wahrnehmung von Krankheitssymptomen bei Erkrankungen des Nervensystems. Ausgelöst wird diese Symptomatik durch Schädigung bestimmter Areale im Hirn. Die mangelnde Krankheitseinsicht ist eines der belastendsten Symptome für die Angehörigen. Und dennoch spricht kaum jemand darüber. Menschen mit einer klassischen Alzheimer-Demenz entwickeln zu einem Grossteil eine Anosognosie. Oft realisieren Patient:innen einen Teil ihrer Defizite, aber nicht alles. Wenn Defizite also nicht oder anders wahrgenommen werden als von der Aussenwelt, ist das als ein Teil der Krankheit zu deuten. Diese Erklärung kann sehr hilfreich sein für die Angehörigen, die die Anosognosie oft als totale Provokation empfinden. Entspricht das nicht Wahrnehmen von Krankheitssymptomen eventuell einer Verdrängungsstrategie? Immer wieder hört man solche Thesen, sowohl von Fachkräften wie von Angehörigen.

Kann es tatsächlich sein, dass die Anosognosie für die Betroffenen einen Schutzmechanismus darstellt, um das Krankheitsgeschehen in seiner ganzen schmerzlichen Dimension nicht wahrnehmen zu müssen? «Mir geht es gut», ist eine Antwort, die ich immer wieder höre. Unvorstellbar und unzumutbar ist es, wenn nach einer solchen Antwort die Patient:innen mit all ihren Defiziten konfrontiert werden und ihnen vorgehalten wird, dass es ihnen doch gar nicht gut gehen könne. Aus der Sicht der Angehörigen ist diese «Richtigstellung» durchaus verständlich, weil es ja gerade die fehlende Krankheitseinsicht und die so andere Wahrnehmung sind, die den Alltag derart erschweren. Die Tragweite der Defizite wird für die Angehörigen durch die Tatsache, dass diese von den Betroffenen nicht wahrgenommen werden, noch viel grösser und unerträglicher. Die Diskrepanz in der Wahrnehmung hat wenig mit einem aktiven Verleugnen der Betroffenen zu tun, sondern sie widerspiegelt vielmehr den Tatbestand, dass die Betroffenen in einer anderen biografischen Zeit stecken, in der sie tatsächlich noch imstande waren, ihrer Arbeit und ihren Aufgaben in voller Leistungsfähigkeit nachzugehen. Umso schwerer muss es für diejenigen Betroffenen sein, die keine Anosognosie haben und die ihre Defizite in vollem Umfang wahrnehmen.

**Die Reaktion auf die Krankheit: verändertes Verhalten, veränderte Persönlichkeit**

Ein grosser Teil des veränderten Reaktionsspektrums ist auf die Krankheit zurückzuführen, ein kleinerer Teil auf die Biografie und die Persönlichkeit. Doch vielleicht ist in den befremdlich erscheinenden Reaktionen auch ein Schutzmechanismus enthalten, der es den Betroffenen ermöglicht, in einem Zustand der Zufriedenheit mit dem Jetzt zu leben, der den Gesunden verborgen bleibt. Jeder Mensch – ob krank oder gesund – hat eine einzigartige Biografie, die ihn geprägt und zu der Person gemacht hat, die er vor Beginn der Erkrankung war. Er bleibt die Person, der Mensch von früher, auch wenn genau die Hirnleistungen entschwinden, die zur Stärke dieser Person gezählt haben. Es gilt zu unterscheiden zwischen Person und Persönlichkeit: Auch wenn die Persönlichkeit im Rahmen einer Demenz mehr und mehr verschwindet und Betroffene weniger Einfühlungsvermögen im Sinne einer verminderten Empathie zeigen, werden sie nicht zum Kind, obwohl im Laufe der Erkrankung gewisse Parallelen zur Rückwärtsentwicklung zum Kind nicht von der Hand zu weisen sind. Es gilt, das, was noch vorhanden ist, zu entdecken und zu fördern. Demenzerkrankten begegne ich im Wissen um ihr Leben, das sie zuvor gemeistert haben und das einzigartig ist. Daraus entsteht ganz selbst verständlich Respekt und das sorgfältige Bemühen, ihre Nachrichten aus dem «Durcheinandertal» zu verstehen, so wie mir ein Patient eindrücklich seinen Zustand geschildert hat.

Das vorausschauende Denken ist bei Menschen mit Demenz beeinträchtigt, weswegen sie mehr Direktiven und Vorschläge benötigen, diese aber meist strikte verweigern. Setzen sich Fachkräfte und Angehörige darüber hinweg und ordnen Hilfsmassnahmen an, spüren die Betroffenen doch eine grosse Erleichterung und zeigen sich dankbar, wenn ihnen gewisse Entscheidungen abgenommen werden. Das hat nichts mit respektlosem Verhalten zu tun, sondern fördert das Selbstwertgefühl der Betroffenen, weil sie weniger überfordert sind. Der Zürcher Gerontopsychiater Christoph

Held dazu: «Wenn eine Hilfestellung für einen Menschen mit fortgeschrittener Demenz vor dem Hintergrund der krankheitsbedingten Gegebenheiten geschieht, kann die Würde der Betroffenen durchaus gewahrt werden. Würdelos – weil Leid verstärkend – hingegen ist es, ihn zu überfordern.»[3] Überforderung endet in Rückzug, Resignation und auffälligem Verhalten, insbesondere Aggressivität. Menschen mit Demenz leiden mehr an der Reaktion der Umwelt auf ihre Defizite als an den Krankheitssymptomen. Trotz aller Defizite ist die Innensicht der Betroffenen immer wieder eine differenzierte. Dieser Tatsache sollte man sich stets bewusst sein, denn im «Durcheinandertal» herrscht nicht nur Chaos.

> «Ich möchte wieder mein Gedächtnis finden.»
> «Ich weiss, was ich tue, doch ich weiss nicht, was ich getan habe.»[4]

Das ist fast schon eine philosophische Annäherung an die Situation, die zeigt, was im Innenleben der Betroffenen passiert. Demenzbetroffene sprechen eine Sprache, die oft nicht mehr verstanden wird; ihr Tempo ist meist die Zeitlupe; sie spüren die Nervosität und Ungeduld der Angehörigen oder Betreuenden und wissen sich nicht mehr anders zu helfen als mit einem «Hilfeschrei»: mit Aggression, innerer Unruhe, Angst oder Reizbarkeit. Verändertes Verhalten kann aber auch eine direkte Folge der Hirnerkrankung sein: Wenn Demenzbetroffene sich verloren fühlen, hängen sie sich auf Schritt und Tritt wie ein Schatten an die Angehörigen (auch *Shadowing* genannt). In der Nacht kann es vorkommen, dass sie sich plötzlich anziehen, umherwandern, weil sie zeitliche Zusammenhänge nicht mehr einordnen können oder weil sie aus biografischen Gründen immer frühmorgens aufgestanden sind. Ihre Wahrnehmung ist im wahrsten Sinne des Wortes «ver-rückt». Dieses «Ver-rücktsein» zeitlich, biografisch, örtlich wie inhaltlich wird oft mit einem wahnhaften Zustand gleichgesetzt, doch es ist meist eine Folge der Erkrankung. Neben den sogenannten primären Symptomen der Erkrankung (beinhaltend Gedächtnisstörung, Sprachstörung, Störung der Wahrnehmung, Planungsstörung u. a.) kommt es im Laufe der Erkrankung oft zu Verhaltensauffälligkeiten, behaviorale und psychologische Symptome der Demenz (BPSD) genannt. Dazu gehören ↗Depressivität, Wahnvorstellungen, Sinnestäuschungen, Angstzustände, Aggressionen

---

3   Held, Was ist «gute» Demenzpflege? 19.
4   Zitate von Patientinnen und Patienten.

und Umkehrung des Tages- und Nachtrhythmus. Diese Symptome sind oft viel belastender als die primären Symptome, insbesondere auch für die Angehörigen. Die Depression kommt besonders in der Anfangsphase der Demenz vor, oft nimmt sie im weiteren Verlauf der Erkrankung ab. Noch häufiger als die Depression kommt die Apathie (Antriebslosigkeit) vor. Der Umgang mit Inaktivität, Passivität und fehlender Teilnahme am Leben stellt das Umfeld oftmals auf eine härtere Probe als das Auftreten von störendem aktivem Verhalten. Im Gegensatz zur Depression nimmt die Apathie im Krankheitsverlauf meist zu.

### Die frontotemporale Demenz: eine grosse Herausforderung

Bei keiner anderen Demenzform stehen Verhaltensauffälligkeiten wie mangelndes Einfühlungsvermögen, Distanzlosigkeit, Impulsivität und Enthemmung so im Zentrum wie bei der ↗frontotemporalen Demenz (FTD). Der Frontallappen ist dafür zuständig, dass wir uns sozial adäquat verhalten und unser Verhalten auch immer wieder neu überdenken, er prägt zudem unsere Persönlichkeit. Die meisten Patient:innen wirken zu Beginn zunehmend oberflächlich und sorglos, unkonzentriert und unbedacht, vernachlässigen ihre Pflichten und fallen im Beruf wegen Fehlleistungen auf. Viele Patient:innen ziehen sich allmählich zurück, verlieren das Interesse an Familie und Hobbys, werden antriebslos und apathisch. Einige entwickeln eine zunehmende Taktlosigkeit im Umgang mit Mitmenschen, sind leicht reizbar und manchmal aggressiv. Infolge der Enthemmung kommt es nicht selten dazu, dass sie soziale Normen verletzen oder sogar Delikte begehen. Sexuelle Muster ändern sich grundlegend, oft besteht das ständige Verlangen nach Sexualität. Manchmal entwickeln die Erkrankten merkwürdige Rituale oder sie wiederholen unablässig die gleichen Tätigkeiten. Häufig stellt sich ein Heisshunger ein, vor allem auf Süssigkeiten, und manche Patient:innen zeigen eine ausgeprägte Vorliebe für bestimmte Lebensmittel.

Es gibt keine andere Demenzerkrankung, deren klinisches Erscheinungsbild so bunt ist wie das der FTD, keine andere Demenzerkrankung ist so belastend wie die FTD. So werden immer wieder ganze Familien als Alkoholiker abgestempelt, weil die Betroffenen keine Kontrolle mehr über ihren Konsum haben. Angehörige von frontal betroffenen Demenzerkrankten werden oft stigmatisiert und sogar als Teil der Ursache für die Misere beschuldigt. Die FTD ist gar nicht so selten, denn sie ist die dritthäufigste sogenannte neurodegenerative Demenzerkrankung (an erster Stelle steht die ↗Alzheimer-Demenz, gefolgt von der ↗Lewy-Body-Demenz). Die Krankheit tritt meist zwischen dem 45. und dem 60. Lebensjahr auf, sie gehört somit meist zur präsenilen Demenz, was bedeutet, dass die Krankheit vor dem 65. Lebensjahr auftritt.

Die Demenzerkrankung führt somit nicht nur zu schweren Belastungen der Betroffenen, sondern es kommt zur Erschütterung von ganzen Familiensystemen. Die Krankheit Demenz stellt insbesondere jede Partnerschaft auf die grösste Probe. Alle, die an einer Beziehung beteiligt sind, verlieren zunehmend den Gesprächspartner, die Gesprächspartnerin. Es ist die Krankheit, die Partnerschaften, Freundschaften, Eltern-Kind-Beziehungen durcheinanderrüttelt und in Schieflage bringt.

> «Einmal nach nirgendwo», so die Aussage eines demenzerkrankten Patienten. Darauf reagierte die Ehefrau mit den Worten, dass sie in der genau gleichen Situation sei, es sei wie ein Aufbrechen nach nirgendwo, irgendwohin. Eine andere Partnerin meinte, dass es wie ein Albtraum sei, der nicht mehr aufhöre: «Ich bin Witwe, obwohl mein Mann noch lebt.»[5]

### Da und doch so fern: Folgen der Demenz auf Partnerschaft und Beziehung

Die Demenz macht keinen Unterschied: Sie stellt sich als Begleiter zwischen Menschen, die sich lieben, wie auch zwischen Menschen, deren Beziehung nicht gut ist. Sie kann damit Auslöser von Konflikten, Streit und Wut sein, kann ganze Familien destabilisieren und schwelende Auseinandersetzungen zur Eskalation bringen. Beziehungen können derart ins Wanken geraten, dass getrennte Lebenswege folgen. Manchmal geschieht es jedoch, dass die Erkrankung eines Mitglieds die Familienmitglieder neu zusammenführt und sich Beziehungen vertiefen, obwohl sich die Beziehungsqualität verändert. Die Demenz ist eine Krankheit, die keine Grenzen kennt und die zu einer Fragmentierung des Lebens führt: Somit ist alles möglich, auch auf Beziehungsebene. In einer scheinbar aussichtslos scheinenden Situation muss das Leben neu definiert werden, und zwar in allen Stadien der Erkrankung. Betreuende Angehörige müssen ihr Leben völlig neugestalten, die Demenzerkrankung zwingt sie dazu. Angehörige werden häufig bemitleidet, aber oft nicht verstanden. Sie müssen ihre Träume und Visionen zurückstellen, ihren Tagesablauf an die Demenzerkrankung anpassen,

---

5   Irene Bopp-Kistler, Einmal nach nirgendwo, in: dies. (Hg.), Demenz 131.

ihre Freizeit wird eingeschränkt. Die sozialen Kontakte nehmen ab, die Begegnungen mit Freund:innen ändern sich, weil sich die Gesprächsqualität ändert.

«Da und doch so fern»[6] lautet der deutsche Titel des Buches von Pauline Boss («Loving someone who has dementia»): Treffender kann die Situation der Angehörigen kaum beschrieben werden. Pauline Boss hat den Begriff *ambiguous loss* geprägt: ein Verlust, der nicht richtig einzuordnen ist. Angehörige von Demenzerkrankten erleben diesen unklaren Verlust rund um die Uhr. Man könnte fast von einem Prototyp eines uneindeutigen, unklaren Verlustes sprechen. Das Abschiednehmen von der Persönlichkeit, von der Streitkultur, des gegenseitigen einfühlenden Mitdenkens und Mittragens ist mit Schmerz erfüllt, denn die an Demenz erkrankte Person ist noch vorhanden, aber ein Teil von ihr ist verschwunden, entschwindet jeden Tag ein Stück mehr. Nicht nur der Partner, die Partnerin sind da und doch so fern, sondern auch ausgerechnet liebe Freund:innen oder auch Professionelle. Das Umfeld nimmt die betreuenden Angehörigen nicht mehr als Menschen mit eigenen Wünschen, Visionen und Bedürfnissen wahr, sondern eben nur noch als betreuende Angehörige. Sie werden konfrontiert mit Vorschlägen, Besserwisserei, obwohl sich niemand intensiver mit der Demenzerkrankung auseinandersetzt als sie. Diese Tatsache wird sehr schmerzlich erlebt. Dabei sind gerade sie auf verständnisvolle Gesprächspartner angewiesen, da sich der Partner, die Partnerin zunehmend entfernt und weil die Empathie, das feine Einfühlungsvermögen, das den Boden einer Beziehung legt, früh verloren geht. Werden Angehörige mit Ratschlägen – ob von Freund:innen oder Professionellen – überhäuft, empfinden sie genau diese als Schläge. Man fordert sie auf, für Entlastung zu sorgen, doch wie sollen sie sich Erleichterung von ihrer schweren Aufgabe verschaffen, wenn sie sich nicht verstanden fühlen? Möglicherweise wird gerade die aufgezwungene Entlastung zur Belastung. Entlastung ist wichtig, doch sie muss individuell definiert werden. Angehörige sind die erfahrensten «Professionellen», durch die Betreuung sammeln sie ein Wissen an, das grösser ist als jedes von Professionellen. Dennoch bedürfen sie des Schutzes, der Zuwendung und einer Sicht von aussen, die ihren Blick für neue Lösungswege öffnet; für solche Blickrich-

---

6   Boss, Da und doch so fern. Englische Originalausgabe: Pauline Boss, Loving someone who has dementia. How to find hope while coping with stress and grief, San Francisco CA/Chichester 2013.

tungswechsel sind sie dankbar. Äusserungen wie «Sie sollten ...», «Sie müssen sich helfen lassen» sollten vermieden werden. Es bedarf einer behutsamen Annäherung, um zu erfahren, wie und wann die Angehörigen Schmerz und Belastung erfahren. Für die einen Angehörigen kann es tatsächlich körperliche Erschöpfung und Übermüdung sein, für andere aber das ständige Beisammensein mit dem geliebten Menschen, der nicht mehr der ist, der er war. Entlastung kann somit bedeuten, dass Fragen angesprochen werden, die belasten, die tabuisiert sind, dass Raum gefunden wird für Themen, über die man bis anhin nicht sprechen wollte oder konnte, sei dies im Rahmen eines therapeutischen Gesprächs oder im Freundeskreis. Solche Gespräche könnten sicher auch wichtig im seelsorgerischen Setting sein – wobei auch Platz sein sollte für Tabuthemen: «In guten und schlechten Zeiten» – wer hat da an eine Demenzerkrankung gedacht, als diese Worte in der Kirche vor Jahrzehnten gesagt wurden. Damals kannte man den Begriff der Demenz noch nicht, man konnte sich nicht vorstellen, was eine Demenzerkrankung bedeutet: «Meine Frau bleibt immer meine Ehefrau, aber sie ist nicht mehr meine Partnerin», so die Aussage eines jungen Mannes, der die Situation nicht treffender beschreiben könnte. Von einer Partnerin erwartet er Verständnis, Empathie, Kommunikation über Probleme, die ihn belasten oder auch erfreuen. All das kann ihm seine demenzerkrankte, liebenswürdige Ehefrau nicht mehr geben, selbst wenn sie ihn anlächelt und ihm freundlich zugewandt ist. Dann kann sogar eine Dreiecksbeziehung stimmen, obwohl das nicht unseren gängigen moralischen Vorstellungen entspricht. Durch eine neue Partnerschaft können Kräfte freigesetzt werden, sodass die Zeit mit dem demenzerkrankten geliebten Menschen noch intensiver gelebt werden kann. Ich habe mehrfach beobachtet, dass neue Partner:innen sich äusserst liebenswürdig um die Patient:innen gekümmert haben. Christoph Harms dazu:

> «Ich weiss heute, dass ich zwei Frauen gleichzeitig lieben kann. Liebe ist keine absolute Grösse. Nicht wie ein Kuchen, von dem jeder ein Stück bekommt. Jeder nur einen Teil. Ich liebe Heidi (die Ehefrau) nach wie vor. Nicht ein bisschen, nicht 50%. Nicht weniger als Regina (die neue Partnerin). Und ich liebe Regina. Sie erhält wegen Heidi nicht weniger Liebe von mir. Es gibt keine Verliererinnen. Nur Gewinnerinnen.»[7]

---

7   Christoph Harms, Der Badezimmerspiegel, in: Bopp-Kistler (Hg.), Demenz 278.

Viele Paare bleiben aber bis zuletzt beisammen, Angehörige stehen trotz der Schwere der Situation zum/zur erkrankten Partner:in, sehnen sich aber gleichzeitig nach einer anderen Partnerschaft oder gehen eine solche kurz nach dem Tod des demenzerkrankten Menschen ein. Einmal nach nirgendwo – niemand kann voraussagen, was die Demenz in der Beziehung auslöst, und deshalb gibt es aus meiner Sicht kein Richtig oder Falsch. Schuldgefühle bleiben. Wie oft bin ich mehr Seelsorgerin als Ärztin. Seelsorge der Zukunft könnte bedeuten, mit den Angehörigen solche Themen offen zu besprechen, ohne zu moralisieren, damit ein Leben ohne ständige Schuldfrage möglich wird.

Wohnen betreuende Angehörige wie Kinder, Freund:innen, Patenkinder, Enkel, Geschwister nicht im gleichen Haushalt wie die Demenzerkrankten, entsteht eine Herausforderung der besonderen Art, weil sie sich zwar verantwortlich fühlen und Verantwortung übernehmen möchten, die Hilfe aber oft abgelehnt wird. Häufig erhalten sie nicht viel Wertschätzung, aber sie sollen ständig abrufbereit sein. Erschwerend kommt eine Veränderung der Beziehung hinzu, eine Rollenverschiebung (z. B. in der Eltern-Kind-Beziehung), die zu Konflikten führen kann. Es konnte gezeigt werden, dass betreuende Angehörige, egal, ob sie mit den Erkrankten zusammen oder entfernt wohnen, häufig an Schlafstörungen leiden. Daraus kann geschlossen werden, dass Belastung da ist, egal ob die betreuenden Angehörigen im gleichen Haushalt wohnen oder nicht. Wissenschaftlichen Resultate konnten veranschaulichen, welchem Stress die Angehörigen wirklich ausgesetzt sind. Angehörige haben ein erhöhtes Risiko für Depressionen, suizidale Gedanken, Infektionen und Herzkreislauferkrankungen, was zeigt, wie hoch der Stress sein muss.[8] Angehörige von Demenzerkrankten sind mit einem permanenten Abschiednehmen konfrontiert, es kommt zu einem Trauerprozess bereits zu einem Zeitpunkt, in dem der geliebte Partner, die geliebte Partnerin noch lebt. Ein bewusstes Abschiednehmen mit der Gewissheit, dass es nie mehr so sein wird, wie es war, sind wichtige Voraussetzungen zur Verarbeitung. So kann «Frieden geschlossen» werden mit der Situation, so wie es Pauline Boss formuliert. Das Hadern mit dem Schicksal kann umgewandelt werden in einen Miteinbezug des Schicksals ins eigene Leben. Traurige Momente dürfen auch ganz bewusst immer wieder gelebt werden: Momente, in denen den Angehörigen klar wird, dass wie-

---

8  Vgl. Janson u. a., Mortality; Solimando u. a., Suicide risk.

der ein Abschied angesagt ist, sei das etwas Konkretes im Alltag oder etwas Emotionales in der Beziehung. Rituale können in diesen Momenten sehr hilfreich sein. Hier ist Seelsorge gefragt.

> «Ich habe meinen ganzen Glauben verloren – all das was, in der Kirche gesagt wurde, hilft mir in dieser aussichtslosen Situation nicht mehr, wenn ich sehe, wie mein Mann hilflos ist.»[9]

Angehörige können im Leben zutiefst verunsichert sein, sie können den Blick für den Sinn des Lebens verlieren. In diesen Momenten bedürfen sie besonders der Fürsorge und brauchen auch seelsorgerische Unterstützung. Ich habe aber auch Angehörige als lebensfreudige, kreative Menschen kennengelernt, die grösste Offenheit zeigen für alles Neue; die bereit sind, sich immer wieder auf unerwartete Situationen einzulassen. Sie zeigen eine hohe Fähigkeit zur Resilienz (innere Stärke). Aber auch sie sind sehr zerbrechlich. Das Leben von Angehörigen wird viele Jahre lang von Stress und Trauer begleitet, die keinen Abschluss finden. In dieser Polarität des Lebens bedürfen sie unserer Fürsorge, unserer Hochachtung und Behutsamkeit und unseres Verständnisses für ihren einzigartigen individuellen Umgang mit der Demenzerkrankung eines geliebten Menschen.

**Therapie: auf das Menschsein eingehen, Kommunikation**

Es gibt Tage, an denen ich mehrfach die Diagnose Demenz übermitteln muss, auch jungen Patient:innen. Für diese bedeutet die Demenzdiagnose meist Aufgabe der Berufstätigkeit und somit Verlust des gewohnten sozialen Netzes und finanzieller Sicherheit – und das mitten im Leben. Die meisten Betroffenen wünschen sich, dass man Alltagsprobleme angeht, und sie hoffen, dass sie wieder – wo immer auch – gebraucht werden. Sie möchten nicht an den Rand der Gesellschaft gestellt werden, sondern ein Teil dieser Gesellschaft bleiben. So könnte der Chor für Menschen mit und ohne Demenz (Weischno-Chor) pionierhaft als Vorbild dienen, wie Inklusion aussehen könnte.[10] Die Erfahrung zeigt aber auch, dass ein Austausch mit anderen Betroffenen äusserst hilfreich sein kann, sei dies in einer Selbsthilfe-

---

9   Zitat einer Angehörigen.
10  Vgl. Weischno-Chor – Für Menschen mit und ohne Demenz, URL: https://www.alzheimer-schweiz.ch/de/zuerich/news/beitrag/weischno-chor-fuer-menschen-mit-und-ohne-demenz und Portrait S. 216 in diesem Band.

gruppe (z. B. Selbsthilfe Zürich) oder in anderen Gruppenaktivitäten, wie z. B. den Gipfeltreffen (Alzheimer Zürich)[11] oder Mosaik Demenz (Alzheimer St. Gallen, spezifisch für jung Betroffene)[12]. Zudem können auch digitale Plattformen hilfreich sein. Niemand versteht Betroffene besser als andere Betroffene.

Oft hilft die Biografie als Quelle für Selbstvertrauen und Sicherheit. Im Zentrum jedes therapeutischen Ansatzes steht die Lebensqualität im Alltag: der liebevolle Umgang mit den Defiziten, die feinfühlige Stärkung der Ressourcen. Demenzerkrankte sollten sich unterstützt fühlen, und dennoch nicht bemuttert. Stressreduktion ist ein weiterer wichtiger therapeutischer Schritt. Das vorgeschädigte Hirn reagiert äusserst sensibel auf alle Formen von Stress, sei er beruflich oder privat bedingt. Zu Stress führt aber auch das subjektive Gefühl, nicht verstanden zu werden. Menschen mit Demenz haben angesichts ihrer sogenannten Zeitgitterstörung das Gefühl, dass Vergangenes im Jetzt stattfinde. Sie haben auch das Gefühl, dass niemand Zeit für sie habe, weil Stunden als Tage oder Wochen wahrgenommen werden. Sie sind der Meinung, bestohlen zu werden, weil sie nicht mehr wissen, wo sie Gegenstände oder Geld abgelegt haben. Wenn sie in solchen Situationen auf die Realität, die nicht mehr ihre Realität ist, hingewiesen werden, führt das zu einem erhöhten Stresslevel. Dazu die Pflegeexpertin Andrea Mühlegg:

> «In solchen Situationen kann einfühlende Kommunikation sehr entlastend sein. Naomi Feil, Begründerin dieser Kommunikationsmethode, sagt: ↗Validation bedeutet für gültig erklären. Wir respektieren die Realität unseres Gegenübers und reagieren mit Wertschätzung und Empathie. Das heißt, wir versuchen uns in die Perspektive des andern Menschen zu versetzen, um zu verstehen, was er uns tatsächlich mitteilen will. Menschen mit kognitiven Einschränkungen drücken ihre Bedürfnisse und Ängste oft mit anderen Worten aus. Deshalb hilft nachfragen, bestätigen, umformulieren, sich ganz einlassen auf die andere Person. Wir müssen nicht jedes Wort verstehen, um in Beziehung zu treten. Hilfreich ist das Lesen der nonverbalen Signale. Indem wir ganz präsent sind, Blickkontakt aufnehmen, vielleicht mit einer leichten Berührung die Aufmerksamkeit wecken. Wir zeigen dem anderen Menschen mit unserer Mimik, Gestik und Körperhaltung, dass wir ganz

---

11  Vgl. Gipfeltreffen Alzheimer Zürich; URL: https://www.alzheimer-schweiz.ch/de/zuerich/angebote/beitrag/alz-gipfeltreffen. Siehe auch den Beitrag «Räume für ein Miteinander ermöglichen» in diesem Band.

12  Vgl. Mosa!k Demenz (St. Gallen): ein Angebot für jung Betroffene, URL: https://www.mosaik-demenz.ch.

bei ihm sind. Wenn es gelingt, den Rhythmus unserer Gesprächspartner:innen aufzunehmen, werden Verständnis und Austausch von Emotionen leichter möglich.»[13]

Wir sprechen auch von ↗aktivem Zuhören oder vom Spiegeln: aus meiner Sicht der Schlüssel zum Verständnis und zur Verhinderung von Eskalation. Angehörige geben damit aber auch die frühere Kommunikation auf, auch die Streit- und Konfliktkultur. Somit bedeutet die verstehende Kommunikation auch einen weiteren Schritt des Loslassens, der aber dazu beiträgt, dass sich Betroffene verstanden fühlen und Wertschätzung erleben in ihrer Welt, die von uns oft nicht mehr verstanden wird.

**Vom Loslassen**

Das Schicksalhafte des Loslassens kann geradezu als Metapher der Demenz angesehen werden. Das Loslassen von Fähigkeiten, von Beziehungsmustern, der Arbeitsstelle, vom Autofahren tut weh, doch diese Menschen haben keine Alternative. Jeder Mensch mit Demenz erlebt den Schmerz des Loslassens anders: Für die einen ist es die Tatsache, dass sie am Vereinsleben oder Kirchenleben nicht mehr teilnehmen können oder dass sie nicht mehr Karten spielen können. Für andere ist es der Sport, das Fahrradfahren, das Skifahren, Tennis oder Golf. Stets gehen wertvolle soziale Kontakte verloren oder die Möglichkeit, die Natur und den eigenen Körper wahrzunehmen. Demenz bedeutet ohne Unterbruch loszulassen, das gilt für die Betroffenen, aber auch für die Angehörigen: wenn bei einem Professor das Lesen nicht mehr geht, sich bei einem Lehrer die Sprache verabschiedet, sich bei einem Paar die Beziehung ändert oder sich ein Mensch zunehmend zurückziehen muss, der immer in der Öffentlichkeit stand. Loslassen bedeutet, mehr auf sich selbst zurückgeworfen zu werden, doch auch dieses Selbst verändert sich: Loslassen von der Erinnerung, Loslassen vom Denken an die Zukunft. Es bedeutet aber auch Loslassen vom eigenen Zuhause:

> «Für mich gibt es nur eines: Ich bleibe immer in meiner Wohnung, dieser Wunsch steht über allem!»[14]

Der Gedanke, das eigene Heim, das eigene Zuhause verlassen zu müssen, scheint unerträglich. Doch ich frage mich, ob sich Menschen mit Demenz

---

13 Andrea Mühlegg, Man muss es nehmen, wie es kommt – Einfühlende Kommunikation, in: Bopp-Kistler (Hg.), Demenz 268f.
14 Zitat aus der Sprechstunde.

ab einem gewissen Stadium in ihren eigenen vier Wänden wirklich noch zu Hause fühlen. Besonders Alleinstehende, aber nicht nur, fühlen sich zunehmend verloren und nicht mehr geborgen im eigenen Heim, auch wenn sie das nicht formulieren können. Es kommt zu einer Entfremdung, zu einer Desorientierung: Die eigene Küche kann als fremd empfunden werden, Erinnerungsstücke können nicht mehr richtig eingeordnet werden, Menschen können verwahrlosen. Sie sind zudem desorientiert im übergeordneten Sinn, weil sie eine innere Verlorenheit zeigen und seelisch vereinsamen, auch wenn sie das nicht wahrhaben wollen. Das Loslassen der gewohnten Umgebung kann deswegen auch Aufbruch zu einem neuen Zuhause sein. Zu Hause im Heim, das ist möglich.

> «Mein Mann ist im Heim angekommen. Er hat sein neues Zuhause gefunden. Ich bin froh, dass er sich im Heim wohlfühlt. Es ist für ihn, wie wenn er schon immer dort gewesen wäre. Doch ich muss mich erst wieder in der eigenen Wohnung zurechtfinden. Ohne meinen Mann ist es nicht mehr das Zuhause von zuvor. Doch es tröstet mich, dass es für meinen Mann der richtige Ort ist. Dort soll er bis zum Tod zu Hause sein.»[15]

Oft ist es für die Angehörigen viel schwieriger loszulassen, obwohl sie erschöpft sind und am Ende ihrer Kräfte. Das Loslassen von der Partnerin, vom Partner, die/der nun nicht mehr in der eigenen Wohnung präsent ist, verlangt nach einer neuen Orientierung. Das Ehebett ist leer, so wie nach der Beerdigung.

> «Es sind wie ständige Beerdigungen. Doch ich weiss nicht, ob ich es verkraften kann, wenn mein Mann nicht mehr bei mir ist.»[16]

Die Angehörigen müssen sich zuerst wieder zurechtfinden. In dieser Phase des Loslassens bedürfen sie der besonderen Fürsorge und seelischen und seelsorgerischen Unterstützung.

Die Demenz ist eine tödliche Erkrankung und führt meist acht bis zehn Jahre nach der Diagnosestellung zum Tod. Bis anhin wird der ↗Palliation bei Menschen mit Demenz wenig Beachtung geschenkt. Die Palliation beginnt bei dieser unheilbaren Erkrankung mit der Diagnosestellung. Demenzer-

---

15 Irene Bopp-Kistler, «Sie sollen doch erst einmal alle anderen aus dem Verkehr ziehen ...», in: dies. (Hg.), Demenz 267.
16 Zitat aus der Sprechstunde.

# «Das war der schönste Tag seit Langem – glaub' ich.»

Zitat aus dem Kurzfilm «Herbst» (bei 09:53–09:59; Filmstill: 09:50)

Diesen Satz sagt der 65-jährige Theo (Jörg Schüttauf) zu seinem Freund Hans (Markus John), nachdem die beiden einen ausgelassenen Kegelabend verbracht haben. Während Hans mit dem Kegeln an der Reihe ist, zückt Theo seine Kamera, um den Augenblick festzuhalten.
Der Kurzfilm von Greta Benkelmann (Regie) und Ellen Holthaus (Drehbuch) beginnt damit, dass Theo sich die Worte «Nicht reanimieren» auf den Oberkörper tätowieren lässt. Das Thema Selbstbestimmung zieht sich durch den ganzen Film, im dem sich verzweifelte, zuversichtliche, nachdenkliche und fröhliche Momente abwechseln.

**Herbst**
Tragikomödie
D, 2020
14 Min.
Regie: Greta Benkelmann
Drehbuch: Ellen Holthaus

Zum Relimedia-Verleih mit Link zum Trailer:
https://www.relimedia.biz/NetBiblio/search/notice?noticeNr=DVD32187
Weitere Angaben zum Film finden sich auf S. 241 f. in diesem Band.

krankte sterben mehrheitlich an den Folgen von Stürzen und einer Lungenentzündung, weil am Schluss fast immer Schluckstörungen dazukommen und die Betroffenen eine verminderte Immunabwehr haben. Es ist ein natürliches Sterben, sie nehmen oft im Endstadium keine Flüssigkeit und Nahrung mehr zu sich. Künstliche Ernährung durch Infusionen oder Sonden wirkt sich negativ oft auf den Sterbeprozess aus, wie viele Studien zeigen. Oft tut man Demenzerkrankten nichts Gutes, wenn noch technische und operative Eingriffe, Verlegungen auf Intensivstationen oder aus dem Pflegeheim in Akutspitäler durchgeführt werden.

Es ist wichtig, dass der natürliche Sterbensprozess nicht unnötig hinausgezögert wird. Somit sind ethische Entscheidungsfindungen möglichst rechtzeitig zu diskutieren. Eine ↗Patientenverfügung ist hilfreich, doch diese sollte auch im Sinne des Patienten oder der Patientin umgesetzt werden. Oft entstehen bei den Angehörigen Schuldgefühle, wenn nicht alles Mögliche noch unternommen wird (z. B. Antibiotikagabe, Verlegung vom Pflegezentrum ins Spital). Der Sterbensprozess von Demenzerkrankten (aber auch von vielen anderen Sterbenden) ist oft begleitet von einem Delir, einem zusätzlichen Verwirrungszustand im Rahmen der akuten Erkrankung, die zum Sterben führt. Es ist wichtig, dass die Angehörigen darüber informiert werden und auch diesbezüglich unterstützt werden. Eine seelsorgerische Begleitung kann äusserst hilfreich sein, weil im Sterbensprozess der Demenzerkrankten nicht bewusst gegenseitig Abschied genommen werden kann. Palliation bei Demenz sollte in Zukunft vermehrt thematisiert werden, auch in der Seelsorge. Ich erhoffe mir deshalb in Zukunft eine Medizin, in der der Begriff der Palliation weiter gefasst wird und auch die Demenzerkrankung mit beinhaltet, und zwar den ganzen Verlauf der Erkrankung.

Das Leben von Demenzerkrankten führt uns vor Augen, dass auch heute noch nicht alles machbar und berechenbar ist. Möglicherweise erhält das Wort Schicksal genau in diesem Kontext wieder eine neue Bedeutung, gerade in der modernen Gesellschaft, in der wir das Wort Schicksal zunehmend aus unserer Lebensperspektive verbannen. Der Medizinethiker Giovanni Maio meint dazu:

> «Die Medizin ist angetreten, um das Schicksal zu bekämpfen ... Aber gerade dieser erreichte Erfolg droht heute der Medizin zum Verhängnis zu werden, weil die

moderne Medizin in ihrer auf Machbarkeit orientierten Grundhaltung dem Irrglauben verfallen ist, dass sie überhaupt kein Schicksal mehr zu akzeptieren brauche.»[17]

Ein Grossteil der Bevölkerung wünscht sich, dass möglichst lange keine Hilfsbedürftigkeit eintritt und dass sie selbstbestimmt sterben können. Diesem Wunsch kann in einem gewissen Masse mit dem assistierten Suizid (z. B. mit Exit) entsprochen werden. Dadurch kann die Zeitspanne der Abhängigkeit und des allfälligen Leidens verringert werden. Ich möchte hier nicht werten und respektiere jede Person, die den Entschluss fasst, das Leben vorzeitig im Rahmen der Demenz zu beenden. Ich möchte dem aber meine Erfahrungen von Jahrzehnten der Sterbebegleitung entgegenstellen: Im natürlichen Sterben stellt sich ein Prozess ein, in dem so viele Fragen und Erlebnisse des Lebens nochmals thematisiert werden. Ich habe auch demenzerkrankte Menschen erlebt, die kaum mehr ansprechbar waren und plötzlich ganz luzide einen Satz äusserten. Worte, von den Sterbenden gesprochen, wurden für die Hinterbliebenen zu einem kostbaren Geschenk. «Das ist ja meine geliebte Tochter R.», dies die Aussage einer sterbenden Demenzerkrankten, nachdem sie ihre Tochter in der Pflegeinstitution während Monaten nicht mehr erkannt hatte. Ich erlebe die Zeit des Sterbens immer wieder als «heilige» Zeit, wobei ich das nicht nur im religiösen, sondern auch im übergeordneten Sinn meine. Aus meiner Sicht ist gerade im Sterbensprozess, wie lange dieser auch dauert, das Gegenüber gefragt, das Geborgenheit und Fürsorge vermittelt. Würde bedeutet in meinen Augen in erster Linie ein achtsamer Umgang mit Menschen, und zwar mit allen, ob gesund und leistungsfähig, krank, hilfsbedürftig oder kognitiv eingeschränkt. Achtsamkeit als Haltung einer Gesellschaft: Dazu gehört die Akzeptanz der Hilflosigkeit als Teil des Lebens.

---

17  Zit. aus: Maio, Gefangen im Übermaß an Ansprüchen und Verheißungen.

**Literatur**

Irene Bopp-Kistler (Hg.), Demenz. Fakten Geschichten Perspektiven, Zürich ³2022 (Erstauflage 2016).

Pauline Boss, Da und doch so fern. Vom liebevollen Umgang mit Demenzkranken, hg. von Irene Bopp-Kistler/Marianne Pletscher, aus dem Amerikanischen von Theda Krohm-Linke, Zürich 2014.

Christoph Held, Was ist «gute» Demenzpflege? Verändertes Selbsterleben bei Demenz – ein Praxisbuch für Pflegende, Bern ²2018.

Patrick Janson u.a., Mortality, Morbidity and Health-Related Outcomes in Informal Caregivers Compared to Non-Caregivers: A Systematic Review, in: International Journal of Environmental Research and Public Health 2022, 19 (10), 5864, DOI: 10.3390/ijerph19105864.

Giovanni Maio, Gefangen im Übermaß an Ansprüchen und Verheißungen. Zur Bedeutung des Schicksals für das Denken der modernen Medizin, in: ders. (Hg.), Abschaffung des Schicksals? Menschsein zwischen Gegebenheit des Lebens und medizin-technischer Machbarkeit, Freiburg i. Br. 2011 (u. ö.), 10–48.

Luisa Solimando u.a., Suicide risk in caregivers of people with dementia: a systematic review and meta-analysis, in: Aging Clinical and Experimental Research 34 (2022) 2255–2260.

# Glossar: Medizinische Grundbegriffe

Irene Bopp-Kistler

**aktives Zuhören**: Die gefühlsbetonte Reaktion einer Gesprächspartnerin oder eines Gesprächspartners auf die Botschaft einer Sprecherin bzw. eines Sprechers. Durch das in Worte Fassen der Gefühle und des Gesagten, durch sachliches Zusammenfassen und gezieltes Nachfragen fühlt sich der/die Patient:in verstanden.

**Alzheimer, Alzheimer-Demenz**: Häufigste Form der Demenz, beinhaltet etwa 50 % der Demenzen. Auf organischer Ebene führt sie zu Gehirnveränderungen, die hauptsächlich aus Eiweissablagerungen bestehen. Zu Beginn sind vor allem Hirnareale betroffen, die für das Gedächtnis mit verantwortlich sind. Mit Fortschreiten der Erkrankung kommt es zu einem zunehmenden Nervenzellenuntergang und als Folge zu einem deutlichen Abbau von Hirnsubstanz.

**Anamnese**: Systematische Befragung, die von der Ärztin/dem Arzt oder von einer Fachperson durchgeführt wird, um die aktuellen Beschwerden, die gesundheitliche Vorgeschichte, besondere Dispositionen (z. B. Allergien) und Risikofaktoren, die Lebensumstände und das genetische Risiko des/der Patient:in zu erfassen. Bei Demenzerkrankung ist im Speziellen auch die Fremdanamnese durch die Angehörigen einzuholen.

**Anosognosie**: Krankhaftes Nichterkennen von Störungen des Nervensystems. Ausgelöst durch Schädigung bestimmter Areale im Hirn. Bei Demenz gebraucht, wenn der/die Patient:in seine/ihre Symptome nicht oder anders wahrnimmt.

**Apraxie**: Störung der Ausführung willkürlicher zielgerichteter und geordneter Bewegungen bei intakter motorischer Funktion.

**Borreliose, Borrelien**: Wird von einem spiralförmigen Bakterium ausgelöst. Sie ist die häufigste durch Zecken übertragbare Erkrankung in der Schweiz.

**CAA = cerebrale Amyloid-Angiopathie**: Bei dieser Erkrankung kommt es zu Blutungen von kleinen und grossen Gefässen und in der Folge auch zu einer Demenz. Es sind spontane Blutungen in das Hirngewebe, die nicht traumatisch, sondern durch Einlagerung pathologischer Eiweisse in die Gefässwand zustande kommen.

**corticobasale Degeneration:** Seltene ↗neurodegenerative Erkrankung mit ausgeprägt einseitiger Parkinsonsymptomatik, Gleichgewichtsstörung, ↗Apraxie und alien limb Syndrom (Gefühl, dass ein Glied fremd sei). Immer begleitet auch von ↗kognitiven Defiziten.

**CT = Computertomografie:** Röntgenologisches Verfahren, bei dem Querschnittbilder des Körpers erzeugt werden. Die Auflösung ist schlechter als bei der MRI-Untersuchung, zudem besteht eine Röntgenbestrahlung.

**Demenz, Demenzerkrankung:** Als Demenz bezeichnet man gemäss internationalen Definitionen ein Krankheitsbild, das meist als Folge einer chronisch-fortschreitenden Erkrankung des Gehirns auftritt und sich durch eine Störung von mehreren Hirnleistungsbereichen äussert. Die demenzbedingten Störungen schränken die betroffene Person in ihren Aktivitäten des täglichen Lebens oder des Berufs ein und stellen eine deutliche Verschlechterung gegenüber einem früheren Leistungsniveau dar. Demenz ist ein Überbegriff, am häufigsten ist die ↗Alzheimer-Demenz.

**Depression, depressiv, Depressivität:** Zur Diagnosestellung nach ICD-11 müssen mindestens zwei Haupt- und zwei Nebensymptome vorhanden sein. *Hauptsymptome:* [1] Gedrückte Grundstimmung (tiefe Traurigkeit): Gefühle der Verzweiflung und »inneren Leere« stellen sich ohne erkennbaren Anlass ein. [2] Interessenverlust (Anhedonie): Die Fähigkeit, sich an wichtigen Dingen oder Aktivitäten des Alltags zu freuen bzw. daran teilzunehmen, geht verloren. Der Interessenverlust kann sich auf alle Lebensbereiche erstrecken, also Familie, Freundeskreis, Beruf, aber auch Hobbys, Sport oder sexuelle Aktivitäten. [3] Verminderung des Antriebs (Energielosigkeit): Das Gefühl einer starken inneren Müdigkeit und Energielosigkeit lässt jede Aktivität beschwerlich erscheinen. Die Motivation zur Durchführung selbst einfacher Alltagsaktivitäten wie Essenszubereitung oder Körperpflege nimmt ab. *Nebensymptome:* [1] Verminderte Konzentration und Aufmerksamkeit, [2] Mangelndes Selbstwertgefühl und Selbstvertrauen, [3] Gefühle von Schuld und Wertlosigkeit, [4] Negative und pessimistische Zukunftsperspektive, [5] Suizidgedanken oder -handlungen, [6] Schlafstörungen, [7] Verminderter Appetit.

**DSM-5 = diagnostisches und statistisches Manual mentaler Störungen:** 2013 erschienene, fünfte und jüngste Ausgabe eines internationalen diagnostischen Handbuchs (2. korrigierte Auflage 2018). Die Diagnosegruppe «neurokognitive Störungen» («neurocognitive disorders», NCD) im DSM-5 ersetzt die Diagnose Demenz von DSM-4. «Demenz» wird im neuen Konzept nicht mehr benutzt. Es wird zwischen minor/mild (leichter) und major (starker) neurocognitive disorder unterschieden.

Definition der Demenz (major neurocognitive disorder): Einbusse im Alltag plus signifikante Abnahme der Hirnleistung gegenüber früher in mindestens einem der folgenden Bereiche: Lernen und ↗Gedächtnis, Exekutivfunktionen (Planung, logisches Denken u. a.), Sprache, perzepto-motorische Fähigkeit (Wahrnehmung und Bewegung), komplexe Aufmerksamkeit (Konzentration gleichzeitig auf mehrere Dinge), soziale ↗Kognition (z. B. Einfühlungsvermögen).

**Fahreignung**: Allgemeine, zeitlich nicht umschriebene und nicht ereignisbezogene, physische und psychische Eignung zum sicheren Lenken eines Motorfahrzeugs im Strassenverkehr. Das Strassenverkehrsgesetz (Art. 14, Abs. 4) (www.admin.ch/ch/d/sr/c741_01.html) regelt das ärztliche Melderecht an die Aufsichtsbehörde oder an die Verkehrszulassungsbehörde.

**frontale Demenz:** auch ↗FTD = frontotemporale Demenz

**FTD = frontotemporale Demenz**: Verhaltensvariante. Bei dieser Demenz stehen lange Zeit die Verhaltensauffälligkeiten im Vordergrund, andere ↗kognitive Störungen kommen erst später dazu: verminderte Selbstkontrolle, Enthemmung, Aggressionen, Wutausbrüche, Unruhe, sexuelle Enthemmung, Vernachlässigung der persönlichen Hygiene, unangemessene Gefühlsäusserungen, zwanghafte Handlungen, Rededrang, unpassende Bemerkungen, Witzelsucht, Masslosigkeit beim Essen und Trinken, Abnahme des Einfühlungsvermögens, Verflachung der Gefühlsäusserungen, Taktlosigkeit, Uneinsichtigkeit, eigenartiges Verhalten, Störung der Planungs-, Organisations- und Urteilsfähigkeit, fehlende ↗Krankheitseinsicht.

**FTLD = Frontotemporallappendegeneration**: Dazu gehören die ↗frontotemporale Demenz (FTD), die ↗semantische Demenz (SD) und die progrediente, nicht-flüssige Aphasie (= PNFA). Bei der behavioralen (bv) Variante (früher auch Pick-Erkrankung genannt) stehen starke Verhaltensauffälligkeiten und eine Persönlichkeitsveränderung im Vordergrund. Die anderen Varianten beginnen immer mit Sprachproblemen (Semantik oder Wortfindung). Die Verhaltensauffälligkeiten sind nicht so stark ausgeprägt wie bei der FTD, dennoch verändert sich auch bei diesen Betroffenen die Persönlichkeit langsam und unmerklich. Es gibt zudem eine Unterform der Alzheimererkrankung, bei der es auch zu starken Sprachproblemen kommt (logopenische Variante).

**Gedächtnis**: Das Langzeitgedächtnis wird inhaltlich in verschiedene Systeme eingeteilt. Das prozedurale Gedächtnis speichert motorische Abläufe, das Priming erlaubt, einmal wahrgenommene Objekte schneller wiederzuerkennen. Das ↗semantische

Gedächtnis, auch Wissensgedächtnis genannt, speichert unser erlerntes Wissen über die Welt. Das episodische/biografische Gedächtnis speichert unsere persönlichen Erlebnisse. Allerdings funktioniert dieses Gedächtnis nicht wie eine Videokamera. Unsere Erinnerungen werden nicht wie ein Film abgespielt, sondern setzen sich je nach Gefühlslage oder aktueller Situation immer wieder neu zusammen. Unsere Erinnerungen sind deshalb nur teilweise korrekt.

**Hippocampus, Hippocampusvolumen:** Der Hippocampus ist äusserst wichtig für das ↗Gedächtnis und die Verarbeitung des Gedächtnisses. Er ist eine der evolutionär ältesten Hirnstrukturen des Menschen und befindet sich im Schläfenlappen. Da seine Form an ein Seepferdchen (lat.: hippocampus) erinnert, wurde ihm dieser Name gegeben. Bei der Alzheimer-Krankheit beginnt die Schrumpfung oft in dieser Struktur.

**Kognition, kognitiv:** Fähigkeiten des Menschen, Dinge bewusst wahrzunehmen, Probleme zu lösen, zu lernen, zu planen, sich zu erinnern, zu argumentieren, und viele andere Denkleistungen mehr.

**Krankheitseinsicht:** ↗Anosognosie

**Lewy-Body-Demenz** (oder **Lewy-Körper-Demenz**): Bei der Lewy-Body-Demenz handelt es sich um die zweithäufigste ↗neurodegenerative Demenzform, sie hat gewisse Ähnlichkeit mit der Parkinsonkrankheit. Typisch sind Aufmerksamkeitsstörungen, Störungen in der Raumwahrnehmung, Fluktuationen und Halluzinationen. Die Patient:innen entwickeln als erstes Symptom entweder eine Parkinsonsymptomatik oder ↗kognitive Störungen, spätestens nach einem Jahr sind diese Symptome aber gemeinsam vorhanden.

**Liquor:** Hirnflüssigkeit oder Nervenwasser. Die Untersuchung des Liquors ist einerseits wichtig, um Entzündungen zu finden oder auszuschliessen, andererseits ist es heute auch möglich, sogenannte Demenzmarker zu identifizieren (insbesondere Tau und Amyloid).

**Memory Clinic:** Eine Memory Clinic (in Deutschland Gedächtnisambulanz genannt) ist ein Kompetenzzentrum für die Diagnostik, Behandlung und Beratung bei unklaren Hirnleistungsstörungen und Demenzerkrankungen. Die Abklärung erfolgt ambulant und interdisziplinär (medizinisch und ↗neuropsychologisch). Neben der breiten Diagnostik bietet die Memory Clinic in der Regel eine ganzheitliche Beratung und Therapie an.

**MCI = mild cognitive impairment**: Eine Abnahme der ↗kognitiven Fähigkeiten ohne wesentliche Beeinträchtigung der Alltagsaktivitäten wird als leichte kognitive Beeinträchtigung bezeichnet. Bei einem Teil der Menschen mit MCI bleiben die geistigen Fähigkeiten stabil oder verbessern sich wieder. Bei etwa der Hälfte der Menschen mit MCI entwickelt sich jedoch im Laufe der Zeit eine Demenz. Heute wird das MCI Minor oder Mild Neurocognitive Disorder genannt (NCD).

**mild neurocognitive disorder**: ↗DSM-5

**MRI = Magnetresonanz-Imaging** bzw. **MRT = Magnetresonanz-Tomografie** (auch **Kernspintomografie**): Bildgebendes Verfahren zur Darstellung von Aufbau und Funktion von Körpergewebe mittels hoher Magnetfelder. Erlaubt z. B. die Darstellung von Gefäss- und Volumenveränderungen (↗Atrophie) im Gehirn. Macht aber auch Tumoren und Blutungen sichtbar.

**Milieutherapie, milieutherapeutisch**: Umfassendes Betreuungskonzept, das darauf abzielt, die Umwelt an die veränderte Wahrnehmung und die Defizite und Ressourcen von Menschen mit Demenz anzupassen. Ihr soziales Umfeld, der Wohn- und Lebensraum müssen angepasst werden, wobei die demenzerkrankte Person im Mittelpunkt stehen soll. Dadurch soll auch das Selbstwertgefühl gestärkt werden.

**neurodegenerative Erkrankungen**: Erkrankung des Nervensystems, die mit dem fortschreitenden Verlust von Nervenzellen einhergeht.

**Neuropsychologie, neuropsychologische Untersuchung**: Mittels Tests, Gesprächen und Beobachtungen werden Hirnfunktionen und psychische Vorgänge untersucht. In der Demenzdiagnostik können Defizite und Ressourcen des/der Erkrankten genau definiert werden.

**okkult**: «verborgen» oder «nicht sichtbar». In der Medizin findet dieser Begriff Verwendung bei der Suche nach verborgenen Symptomen.

**palliativ, Palliativmedizin, -pflege, Palliative Care**: Alle Massnahmen, die das Leiden eines unheilbar kranken Menschen lindern und ihm so eine bestmögliche Lebensqualität bis zum Ende verschaffen. Nach WHO: Die Palliativbetreuung dient der Verbesserung der Lebensqualität von Patient:innen und ihren Familien, die mit einer lebensbedrohlichen Erkrankung konfrontiert sind.

**Parkinson-Demenz:** Nicht jeder, der an Morbus Parkinson erkrankt, entwickelt zwangsläufig eine Demenz. Jedoch erkranken Parkinsonpatient:innen etwa sechsmal häufiger an Demenz als die Allgemeinbevölkerung. Bei der Parkinson-Demenz dominieren Aufmerksamkeitsstörungen und ein verlangsamtes Denken. Häufig bemerken Angehörige Veränderungen in der Persönlichkeit des/der Patient:in, auch ↗Depressionen und Halluzinationen sind bei der Parkinson-Demenz häufig. Sie hat Ähnlichkeit mit der ↗Lewy-Body-Demenz, und es besteht zuerst immer (mindestens ein Jahr!) eine Parkinsonsymptomatik, bevor eine Demenz auftritt.

**Patientenverfügung:** Für medizinische Massnahmen und Eingriffe existiert mit der Patientenverfügung eine Möglichkeit für Demenzkranke, ihr Selbstbestimmungsrecht zu einem frühen Zeitpunkt festzulegen. Mit dieser bestimmt die betroffene Person, wie medizinisch und pflegerisch zu entscheiden ist, wenn sie selbst keine Entscheidungen mehr treffen kann. In einer Patientenverfügung kann eine Vertrauensperson bestimmt werden, die für die kranke Person entscheidet. Im schweizerischen Erwachsenenschutzgesetz ist hierarchisch festgelegt, wer diese Entscheidung trägt, wenn keine Vertrauensperson bestimmt worden ist (an erster Stelle ist dies der/die Ehepartner:in oder die Beiständin/der Beistand).

**PET = Positronen-Emissions-Tomografie:** Verfahren, das Stoffwechselvorgänge im Körper mit schwach radioaktiven Substanzen sichtbar macht.

**PPA = primär progressive Aphasie:** Demenzformen, bei denen primär eine Sprachstörung im Vordergrund steht. Die Ursache ist entweder eine Demenzerkrankung aus dem Formenkreis der ↗FTLD oder auch die logopenische Variante der ↗Alzheimer-Demenz.

**primär progressive Aphasie:** ↗PPA, FTLD

**SCI = Subjective Cognitive Impairment,** auch **Subjective Cognitive Decline:** Subjektiv empfundene Gedächtnisstörung oder Hirnleistungsstörung, ohne dass in der ↗neuropsychologischen Untersuchung Auffälligkeiten gefunden werden. Kann dennoch die Vorstufe einer beginnenden Demenzerkrankung sein.

**sekundäre Demenzformen:** Haben eine Ursache, die prinzipiell reversibel (rückgängig) wäre. Es hängt aber von der Länge und der Schwere ab, ob die ↗kognitiven Störungen wirklich wieder rückgängig gemacht werden können. Deswegen sollte möglichst früh bei auftretenden kognitiven Störungen nach möglichen Ursachen gesucht werden. Infektionen: z. B. ↗Borreliose, HIV-Infektion oder Syphilis; Stoffwechselerkrankungen: Unter- oder Überfunktion der Schilddrüse, Kalziumstoffwechselstörung u. a., Mangelzustände: z. B. Vitamin-B-12-Mangel; Verletzungen des Gehirns: Blutungen im Hirn oder ↗Subduralhämatom, gestörte Zirkulation der Hirnflüssigkeit, Tumore im Hirn; Medikamente oder Alkohol, ↗Depression (die Depression kann zu kognitiven Störungen führen, aber auch im Rahmen einer beginnenden Demenzerkrankung auftreten).

**semantische Demenz** [auch ↗**FTLD**]: Wird im weitesten Sinne zu den ↗frontalen Demenzformen gezählt. Erkrankte sprechen, lesen und schreiben zwar flüssig und grammatikalisch korrekt, aber sie können bestimmte Dinge nicht mehr richtig benennen und verstehen Begriffe oder die Bedeutung von Geräuschen und Objekten nicht mehr.

**Spitex**: spitalexterne Hilfe und Pflege, Bezeichnung für die Hilfe und Pflege zu Hause, in Deutschland als ambulante Pflege bezeichnet.

**Subduralhämatom**: Blutung zwischen dem Hirn und der Dura (harte Hirnhaut). Das akute Subduralhämatom tritt nach einem Trauma auf. Das chronische Subduralhämatom tritt insbesondere bei älteren Patient:innen nach leichten Traumata oder auch spontan auf, oft auch unter Therapie mit Medikamenten, die die Blutgerinnung hemmen.

**Validation**: «für gültig erklären». Es handelt sich um eine Kommunikationsmethode, begründet von Naomi Feil, die auf einer wertschätzenden Haltung basiert und verschiedene verbale und nonverbale Techniken zur einfühlenden Gesprächsführung mit Demenzerkrankten beinhaltet.

**vaskulär**: Gefäss betreffend.

**vaskuläre Demenz**: Zweithäufigste Form der Demenz (ca. 20 %). Sie entsteht meistens durch arteriosklerotische Veränderungen oder Verschluss der Hirngefässe, was zu Minderdurchblutungen im Gehirn führt. Dies bewirkt ein Absterben kleinster Hirngebiete oder ganzer Hirnareale bei grösseren Durchblutungsstörungen (Hirninfarkt, Makroinfarkte oder Multiinfarktsyndrom).

**Ventrikel** (**Hirnventrikel**, auch **Hirnkammern**): Ausgedehnte, mit ↗Liquor gefüllte und miteinander verbundene Hohlräume im Innern des Gehirns.

**Vorsorgeauftrag, -vollmacht**: Damit Menschen ihr Selbstbestimmungsrecht wahren können, besteht die Möglichkeit, vorsorgliche Massnahmen zu treffen. Mit einem Vorsorgeauftrag oder einer Vorsorgevollmacht bestimmt man eine oder mehrere Personen, die sich um persönliche oder finanzielle Angelegenheiten kümmern und die Vertretung übernehmen, wenn die Urteilsfähigkeit nicht mehr gegeben sein sollte.

Textgrundlage: Glossar aus: Irene Bopp-Kistler, demenz. Fakten, Geschichten, Perspektiven, 3. aktualisierte Auflage 2022, erschienen bei rüffer & rub Sachbuchverlag GmbH, Zürich, 387–407.

# Demenz im Fokus von Spiritual Care, Ethik und Theologie

# Interprofessionelle Spiritual Care im Kontext demenzieller Erkrankung
## Konzeptionelle Klärungen

Simon Peng-Keller

Menschen mit fortgeschrittener Demenz können überraschend sprachschöpferisch sein. So berichtet der britische Tanz- und Bewegungstherapeut Richard Coaten:

> «Während einer Gruppen-Tanz- und Bewegungstherapie-Sitzung im Sommer 2006 [...] trug ein Mitglied der Gruppe, das zum ersten Mal kam, einen kleinen Reim vor, den sie sich ausgedacht hatte. Es handelte sich um eine Frau, die 86 Jahre alt war, im Spätstadium einer demenziellen Krankheit und mit sehr wenig Sprache. Das Folgende ist der Reim oder das Mantra, das sie sich selbst und allen anderen, die zuhörten, den ganzen Tag über regelmässig wiederholte. Ich konnte es schnell auf der Rückseite meiner Sitzungsauswertungsnotizen notieren [...]: ‹Ich bin Doris Sarah Loxley und habe mich in einem Nebel verirrt, also schickten wir Willy, einen Bernhardinerhund, der mich gefunden und sicher nach Hause gebracht hat, also gaben wir ihm einen grossen, saftigen Knochen.› [...] Doris empfindet Freude, wenn sie diese Worte zu sich selbst oder zu anderen sagt; dies belegt ihr begleitendes Lächeln [...] Das Medium Tanz und Bewegung ist für Doris nicht besonders natürlich, aber sie wird in ihrem Körper immer dann lebendig, wenn sie diese Worte sagt, als ob der Klang dieser Worte und der Rhythmus in ihnen beruhigend und wichtig wären.»[1]

Coaten nimmt diesen Vers in die Tanz- und Bewegungstherapie auf, indem er ihn auswendig lernt und Doris S. Loxley (ein Pseudonym) regelmässig daran erinnert. Immer wenn er ihn ihr vorsagt und ihr ihre eigenen Worte zurückgibt, löst dies eine starke Resonanz aus, «ein warmes und liebevolles Lächeln», das oft durch die Worte untermauert wird: «Du bist mein lieber Freund, mein lieber Freund, ich liebe dich und habe dich immer geliebt.»[2] Im Rezitieren und Hören dieses Verses, der gemäss den Angehörigen von Doris S. Loxley von ihr selbst gebildet wurde, kommen verschüttete Dimensionen ihres Selbst ans Licht. Ihre kreative Sprachkompetenz und Richard Coatens Art und Weise, diese zu fördern, sind bemerkenswert und rühren

---

1   Coaten, Building bridges of understanding 28–30 (eigene Übersetzung).
2   Ebd. 31.

auch an die spirituelle Dimension. Inwiefern genau? Um dies zu beantworten, wende ich mich in einem ersten Schritt dem Verhältnis von Spiritualität und Religiosität zu. Danach umreisse ich das interprofessionelle Arbeitsfeld der Spiritual Care. Im letzten Abschnitt schliesslich komme ich auf die Ausgangsfrage zurück und erörtere mit Blick auf das eben zitierte Fallbeispiel, was Spiritual Care im Kontext demenzieller Erkrankung bedeutet.

### «Spiritualität» und «Religiosität» im Wandel

Gemäss einer 2023 durchgeführten repräsentativen Umfrage verstehen sich 41.4 % der Schweizer Bevölkerung als spirituell, doch nicht als religiös, 12.6 % als religiös, doch nicht als spirituell, 21.8 % als sowohl religiös als auch spirituell und 24.2 % als weder noch.[3] Auch wenn der Anteil der Personen ohne Religionszugehörigkeit in dieser Gruppe am höchsten ist (51.9 %), so sind in ihr gleichwohl auch Personen vertreten, die einer Kirche angehören: 23.1 % sind reformiert und 20.3 % katholisch. Während sich noch vor 50 Jahren die wenigsten Schweizer:innen selbst als «spirituell» bezeichnet hätten, ist die Gruppe derer, die eine spirituelle Offenheit bekunden, seither stetig angestiegen. Wie ist dieser Wandel zu erklären?

Ein Grund liegt darin, dass sich das Bedeutungsspektrum dessen, was als spirituell bezeichnet wird, in den letzten Jahrzehnten stark erweitert hat. Damit haben sich auch die Möglichkeiten vervielfacht, sich selbst so zu verstehen. Zu den Kennzeichen heutiger Selbst- oder Fremdbeschreibung als spirituell gehört es, dass damit der Kontrast zwischen religiösen und nichtreligiösen Lebenseinstellungen relativiert wird. Wer sich heute als (in höherem oder geringerem Masse) spirituell bezeichnet, sagt damit noch nichts über sein/ihr Verhältnis zu religiösen Institutionen und Traditionen. Was gegenwärtig als religiöse Pluralisierung oder spirituelle Hybridisierung beschrieben wird, ist zwar im Kern kein neues Phänomen. Doch hat sich diese Entwicklung in den letzten Jahren gesellschaftlich stark verbreitet und international etabliert. Die Selbstbeschreibung als (nicht-)spirituell hat sich inzwischen derart normalisiert, dass sie seit 2018 auch vom Eidgenössischen Amt für Statistik benutzt wird. Wenn es ein Kennzeichen der Moderne ist, zwischen einem religiösen und einem säkularen Lebensent-

---

3   Vgl. Peng-Keller u. a., Empirische Grundlagen zur Weiterentwicklung klinischer Seelsorge 5.

wurf entscheiden zu müssen, so öffnet sich im Raum (post-)säkularer Lebensentwürfe ein breites Spektrum neuer spiritueller Selbstdeutungen. Diese wandern wiederum in die Sphäre traditioneller Religiosität ein, so dass sich die Grenzen zwischen «religiös» und «säkular» auch an dieser Stelle verwischen.

Zugleich verläuft die Pluralisierung aller Individualisierung und Hybridisierung zum Trotz keineswegs beliebig. Vielmehr kristallisiert sich eine überschaubare Zahl an Grundtypen heutiger Spiritualität heraus. Auf der Basis umfangreicher empirischer Daten unterscheiden Heinz Streib und Barbara Keller die Grundformen heutiger Spiritualität hinsichtlich ihrer Transzendenzvorstellungen (theistisch vs. nicht theistisch), ihres Verhältnisses zu institutionalisierten Formen von Religion (religionsnah vs. religionsfern) und ihrer primären Gestalt von Selbsttranszendenz (mystisch vs. humanistisch).[4] Spirituelle Suchbewegungen, die sich über vorgegebene Vorstellungen und Praktiken hinausbewegen oder unterschiedliche Traditionen miteinander verbinden, finden sich heute sowohl in religiösen als auch in säkularen Varianten. Tomas Halík, der diese mit besonderer Sorgfalt studiert hat, hält fest: «‹Suchende› gibt es sowohl unter den Gläubigen (das sind diejenigen, für die der Glaube nicht ein ‹ererbtes Eigentum› ist, sondern eher ‹ein Weg›), als auch unter den ‹Ungläubigen›, die religiöse Vorstellungen ablehnen, die ihnen ihre Umgebung vorlegt, die jedoch trotzdem die Sehnsucht nach einer Quelle spüren, die ihren Durst nach dem Sinn stillen könnte.»[5] Der Rückgriff auf das Vokabular des Spirituellen dient oft gerade dazu, «Erfahrungen zu beschreiben und Ansichten und Bestrebungen zu benennen, die ‹mehr als› Säkularität oder Religion sind oder über beides hinausgehen».[6] In diesem Sinne markiert «spirituell» eine Sphäre, die den Dual religiös/säkular ebenso voraussetzt wie überschreitet.

Die religiös-spirituelle Pluralisierung macht nicht zuletzt auch den Status kirchlich beauftragter Seelsorge im Gesundheitswesen neu begründungsbedürftig. Nicht die grundrechtlich verbürgte Aufgabe, Gemeindemitglieder seelsorglich zu begleiten, steht derzeit zur Diskussion. Klärungsbedürftig ist vielmehr der seelsorgliche Auftrag für Gesundheitsinstitutionen insgesamt. Mit der organisationalen Ausweitung ihrer Tätigkeit kommt das

---

4   Vgl. Streib/Keller, Was bedeutet Spiritualität? 51.
5   Halík, Christentum in Zeiten der Krankheit 4.
6   Taves/Bender, Introduction 6 (eigene Übersetzung).

religiös-spirituelle Feld in seiner ganzen Bandbreite in den Blick. Interprofessionelle Spiritual Care antwortet auf diese neue Situation. Was genau ist damit gemeint?

**Interprofessionelle Spiritual Care[7]**

Wie die Selbstbezeichnungen als *spirituell* und *religiös* hat sich auch der Begriff *Spiritual Care* in den letzten Jahrzehnten gewandelt. War er bis Mitte des 20. Jahrhunderts mehr oder weniger gleichbedeutend mit christlicher Seelsorge, so steht er heute für den Auftrag, in der Begleitung von kranken, behinderten und sterbenden Menschen auch spirituelle Aspekte zu berücksichtigen. Spirituelle Bedürfnisse, Nöte und Ressourcen wahrzunehmen und in das professionelle Handeln einzubeziehen, gehört zu den gemeinsamen Aufgaben aller in Gesundheitsinstitutionen tätigen Fachpersonen, so das Grundanliegen interprofessioneller Spiritual Care. Zugleich sind spezifische professionelle Zugänge, Aufgaben und Rollen zu unterscheiden. Spiritual Care kann einen *Teilaspekt* oder die *Kerndimension* der professionellen Rolle darstellen. Im ersten Fall ist sie eine *Komponente des gesundheits- und sozialberuflichen Aufgabenfelds*, während sie im zweiten Fall eine Tätigkeit darstellt, die von einer auf Spiritual Care spezialisierten Profession wahrgenommen und repräsentiert wird: der klinischen Seelsorge. Die Unterscheidung zwischen *seelsorglicher (spezialisierter)* und *gesundheitsberuflicher (generalistischer) Spiritual Care* trägt dazu bei, die sich ergänzenden professionellen Zugänge in ihrer Besonderheit im Blick zu halten und differenziert aufeinander zu beziehen. Und sie macht darauf aufmerksam, dass es einer Integration in unterschiedliche professionelle Rollenprofile und Aufgabenfelder bedarf. Interprofessionelle Spiritual Care bedeutet für alle Beteiligten einen Lernprozess: für Seelsorgende, weil sie es in der Regel bislang wenig gewohnt sind, sich als Teil eines interprofessionellen Teams zu verstehen; für Gesundheitsfachpersonen, weil es für die meisten von ihnen eine neue Aufgabe darstellt, in ihrem Arbeitsalltag auch auf die spirituellen Aspekte zu achten; und für die Patient:innen selbst, weil es für sie ungewohnt ist, dass Gesundheitsfachpersonen sie auf spirituelle Bedürfnisse ansprechen und Seelsorgende Teil des interprofessionellen Teams sind.

---

7   Zum Folgenden vgl. Peng-Keller, Klinikseelsorge als spezialisierte Spiritual Care.

Die Frage, *wie* die spirituelle Dimension am besten in das jeweilige Arbeitsfeld integriert werden kann, ist für gesundheits- und sozialberufliche Fachpersonen mit Blick auf ihre professionsspezifischen Aufgaben zu beantworten. Um spirituelle Aspekte in der Pflege zu berücksichtigen, bedarf es anderer Fertigkeiten, als wenn es darum geht, sie im Rahmen eines tanz- und bewegungstherapeutischen Angebots einzubeziehen. Schauen wir vor diesem Hintergrund nochmals auf das eingangs zitierte Fallbeispiel.

**Spiritual Care im Kontext demenzieller Erkrankung**

Fragen wir uns zunächst, was das eben im Hinblick auf Spiritualität und Spiritual Care Gesagte für eine Institution bedeutet, die Menschen mit demenzieller Erkrankung professionell unterstützen und begleiten möchte. Der Einbezug spiritueller Ressourcen, Bedürfnisse und Nöte steht hier vor der besonderen Herausforderung, dass diese von Menschen, die unter einer fortgeschrittenen demenziellen Erkrankung leiden, nicht direkt mitgeteilt werden können. Mehr noch als in anderen Bereichen der Gesundheitsversorgung besteht deshalb die Gefahr zu übersehen oder zu vergessen, dass auch Menschen mit Demenz spirituelle Bedürfnisse und Ressourcen haben. Um interprofessionelle Spiritual Care zu gewährleisten, bedarf es eines institutionellen Rahmens, der gewährleistet, dass regelmässig und in angemessener Weise überprüft wird, inwiefern für es die Unterstützung einer konkreten Person bedeutsam ist, spirituelle Aspekte zu berücksichtigen.

Wenden wir dies gleich auf das zitierte Fallbeispiel an: Finden wir darin Hinweise auf spirituelle Belastungen und Ressourcen? Vergegenwärtigen wir uns nochmals die mantraartig wiederholte Selbstmitteilung: «Ich bin Doris Sarah Loxley und habe mich in einem Nebel verirrt, also schickten wir Willy, einen Bernhardinerhund, der mich gefunden und sicher nach Hause gebracht hat, also gaben wir ihm einen grossen, saftigen Knochen.» In dieser Aussage identifiziert sich die im Zentrum stehende Person nicht allein durch die Nennung ihres Namens, sondern ebenso durch eine narrativ verdichtete Selbstbeschreibung. Die Metaphern, die sie benutzt, beschreiben ihre Situation auf prägnante Weise. Zum einen wird eine spirituelle Not benannt: Sie hat sich im Nebel – des demenziellen Vergessens – verloren. Doch kommen auch spirituelle Ressourcen – emergente Spiritualität[8] – zur

---

8  Vgl. zu diesem Begriff Peng-Keller, Abschiedlichkeit und Resilienz.

Sprache. Die Tragödie der Verlorenheit behält nicht das letzte Wort. In ihrem Selbstnarrativ übernimmt die Erzählerin eine aktive Rolle: Sie ist Teil des Wir, das den Bernhardiner ausgeschickt hat und ihn am Ende mit einem grossen, saftigen Knochen belohnt. Wofür steht dieser Hund? Coaten bietet die folgende Deutung an:

> «In ihrer Psyche gibt es einen Hund, der den Weg nach Hause kennt und sie trotz des Nebels einer dementiellen Krankheit nach Hause bringen kann. Es handelt sich nicht um irgendeinen Hund, sondern um einen Bernhardiner, der traditionell mit Mönchen in Verbindung gebracht wird, die es als ihre spirituelle Pflicht ansehen, sich um die Hunde zu kümmern, die in den Schweizer Bergen verlorene Seelen retten; sie tragen auch lebensrettenden Schnaps in kleinen Fässern, die an ihrem Halsband befestigt sind. Doris kann dem Hund einen Namen geben und ihm dafür danken, dass er sie nach Hause gebracht hat, indem sie ihm zur Belohnung einen grossen, saftigen Knochen gibt.»[9]

Entgegen der verbreiteten Vorstellung, dass Menschen mit einer fortgeschrittenen demenziellen Erkrankung in hohem Masse entmächtigt, oft passiv und teilnahmslos und betreuungsbedürftig sind, praktiziert Doris S. Loxley «spirituelle Selbstsorge»[10], und zwar in Gestalt einer narrativ imaginativen Vergegenwärtigung dessen, was sie ausmacht und am Leben erhält. Der Leitgedanke, dass professionelle Hilfe weitestmöglich Hilfe zur Selbsthilfe sein sollte, gilt auch für Spiritual Care.[11] Das von Richard Coaten gewählte Vorgehen veranschaulicht einen solchen Ansatz bei den spirituellen Ressourcen in eindrücklicher Weise. Er nimmt Loxleys «spiritual Self-Care» wahr und greift ihre «symbolische Kommunikation»[12] therapeutisch auf, indem ihr Lebensmantra validierend wiederholt und es so bekräftigt. Insofern Coaten dadurch den Resonanzraum für die spirituelle Botschaft des Bernhardiners vergrössert, handelt es sich dabei auch um gesundheitsberufliche Spiritual Care, die zu einer Stärkung spiritueller Ressourcen führt.

---

9  Ebd. 29.
10 Zu diesem Begriff vgl. Zimmermann/Peng-Keller, Selbstsorge bei Demenz 28–30.
11 So auch das Plädoyer von Heller/Heller, Spiritualität und Spiritual Care 35 f.
12 Vgl. Pilgram-Frühauf, Symbolsprache von Menschen mit Demenz; dies., Vor dem Spiegel 111–122.

## Literatur

Richard Coaten, Building bridges of understanding. The use of embodied practices with older people with dementia and their care staff as mediated by dance movement psychotherapy, London 2009.

Tomáš Halík, Christentum in Zeiten der Krankheit. Übersetzt von Markéta Barth, veröffentlicht am 2.4.2020, URL: http://www.venio-osb.org/fileadmin/content/halik-theologie-pandemie.pdf (6.6.2020).

Birgit Heller/Andreas Heller, Spiritualität und Spiritual Care. Orientierungen und Impulse, Bern 2014.

Simon Peng-Keller, Abschiedlichkeit und Resilienz. Emergente Spiritualität am Lebensende, in: NovaCura 48:8 (2017) 13–15.

Simon Peng-Keller, Klinikseelsorge als spezialisierte Spiritual Care. Der christliche Heilungsauftrag im Horizont globaler Gesundheit, Göttingen 2021.

Simon Peng-Keller/Jörg Schneider/Fabian Winiger/David Neuhold, Empirische Grundlagen zur Weiterentwicklung klinischer Seelsorge. Ergebnisse einer repräsentativen Bevölkerungsumfrage in der Schweiz, in Spiritual Care 13 (2023) 2–13.

Franzisca Pilgram-Frühauf, Symbolsprache von Menschen mit Demenz. Hermeneutische Denkanstösse, in: Simon Peng-Keller (Hg.), Bilder als Vertrauensbrücken. Die Symbolsprache Sterbender verstehen (Studies in Spiritual Care 2), Berlin/Boston 2017, 45–64.

Franzisca Pilgram-Frühauf, Vor dem Spiegel. Selbstsorge bei Demenz im Kontext von Spiritual Care, Zürich 2021.

Heinz Streib/Barbara Keller, Was bedeutet Spiritualität? Befunde, Analysen und Fallstudien aus Deutschland, Göttingen 2015.

Ann Taves/Courtney Bender, Introduction: Things of Value, in: dies. (Hg.), What matters? Ethnographies of value in a not so secular age, New York 2012, 1–33.

Harm-Peer Zimmermann/Simon Peng-Keller (Hg.), Selbstsorge bei Demenz. Alltag, Würde, Spiritualität, Frankfurt a. M./New York 2021.

## «Wer ist dafür, dass wir nach Opas Regeln spielen?»

Zitat aus dem Film «Honig im Kopf» (bei 00:14:25–00:14:27; Filmstill: 00:13:29)

Der unterhaltsame und doch ernsthafte Film «Honig im Kopf» erzählt die Geschichte von Familie Rosenbach und Opa Amandus (Dieter Hallervorden), der zunehmend unter Symptomen von Alzheimer leidet. Am meisten Verständnis für die Situation zeigt Enkelin Tilda (Emma Schweiger), die ihren Eltern darin zum Vorbild wird.
Hier sitzt die Familie mit Tildas Freundin Smylla (Lilly Liefers) am Tisch und spielt *Mensch-ärgere-dich-nicht*. Mutter Sarah Rosenbach (Jeanette Hain) ist verstimmt, da Opa sich nicht an die Spielregeln hält. In diesem Zusammenhang macht Tilda den oben zitierten Vorschlag.

**Honig im Kopf**
Tragikomödie
D, 2014
139 Min.
Regie: Til Schweiger, Lars Gmehling
Drehbuch: Hilly Martinek, Til Schweiger

Zum Relimedia-Verleih mit Link zum Trailer:
https://www.relimedia.biz/NetBiblio/search/notice?noticeNr=DVD31566
Weitere Angaben zum Film finden sich auf S. 233 f. in diesem Band.

## «Der Schnee im Kopf wird dichter»
# Demenz als Herausforderung und Gestaltungsaufgabe für die spirituelle Begleitung

Melanie Werren

> «Der Schnee im Kopf wird dichter.
> Sprechen weniger, dann weg. Verstehen weniger, dann weg. Behalten, längst weg.
> Die Sinne aber bleiben, sogar ganz wach.
> Das Leben vergeht in einer anderen Stimmung, die von den Bäumen vor dem Fenster geteilt wird.
> Das Leben ist eine Stimmung. Es geht ganz langsam.
> Was habe ich eigentlich? Auch der Schnee fällt langsamer im Kopf.»[1]

Eine Demenz stellt für die spirituelle Begleitung von betroffenen Menschen eine Herausforderung dar. Menschen mit Demenz fühlen sich in der Gegenwart oft verloren und fremd. Sie sprechen von ihrer Vergangenheit, aber diese biografischen Erinnerungen wirken oft fragmentarisch und sind für das Umfeld nicht nachvollziehbar. In Begegnungen mit Menschen mit Demenz kann immer weniger auf sprachliche Kommunikationsmöglichkeiten gesetzt werden, je weiter die Erkrankung fortschreitet. Gängige Seelsorgeansätze, die von einem autonomen, sprachfähigen und selbstreflektierten Subjekt ausgehen, kommen dann an ihre Grenzen.[2] Es müssen alternative Verständigungs- und Seelsorgeformen gesucht werden, um die Beziehung zu fördern, den abnehmenden Denk- und Kommunikationsfähigkeiten gerecht zu werden und zugleich an die bestehenden Fähigkeiten und Ressourcen anzuknüpfen.[3]

Die spirituelle Begleitung von Menschen mit Demenz kann im Rahmen von Spiritual Care oder Seelsorge erfolgen. Die Verhältnisbestimmung von Spiritual Care und Seelsorge ist umstritten und kann an dieser Stelle nur angeschnitten werden. Spiritual Care hat ein neutrales Verständnis von Spiritualität zur Grundlage. Sie ist als Teil von Palliative Care ein Angebot für alle Menschen mit Demenz, die palliativ begleitet werden, und wird von

---
1 Kuckart, Was habe ich eigentlich? 112.
2 Roy, Demenz in Theologie und Seelsorge 2.
3 Kiesskalt u. a., Klinikseelsorge mit Menschen mit Demenz.

einem multiprofessionellen Team erbracht. Auch christliche Seelsorge richtet sich an alle Menschen mit Demenz – unabhängig von ihrer Religionszugehörigkeit. Sie hat allerdings «eine Traditionsverwurzelung, die es erlaubt, Spiritualität theologisch zu reflektieren, und zwar mit Hilfe von biblischen Geschichten und deren Leitmotiven»[4].

Spirituelle Begleitung im Kontext von Demenz hat mindestens zwei Ausrichtungen. Auf der einen Seite steht der betroffene Mensch mit seinen spirituellen Bedürfnissen und seiner Lebensgeschichte (1). Auf der anderen Seite stehen Angehörige, die ebenfalls mit Veränderungen und Belastungen konfrontiert sind, die mit einer Demenz einhergehen. Auch sie sind auf Seelsorge oder spirituelle Begleitung angewiesen (2). Die an Betroffenen und ihren Angehörigen ausgerichtete spirituelle Begleitung führt schliesslich zu einer suchenden und mitgehenden Haltung der Begleitpersonen (3).

## 1 Suchbegleitung auf dem Weg zu einem neuen Zuhause in der Fremde

«Erklär mir lieber, wie du nach Hause gehen willst, wenn du schon zu Hause bist.»[5]

Diesen Satz richtet Arno Geiger an seinen von Demenz betroffenen Vater und verweist damit auf das Gefühl des Fremdseins, das Menschen mit Demenz oft begleitet. Auf diesen Eindruck, sich immer weiter von den Mitmenschen oder der Umwelt zu entfremden und sogar bei sich selbst nicht mehr zu Hause zu sein, reagieren zahlreiche Beiträge über spirituelle Begleitung im Kontext von Demenz, in denen die Bedeutung von Halt, Sinn und Geborgenheit betont wird.[6]

Anemone Eglin u. a., die ihr Konzept auf einem jüdisch-christlichen Hintergrund aufbauen, verstehen spirituelle Begleitung als Suche nach Unterstützungsmöglichkeiten in Bezug darauf, «was Menschen als tragend in ihrem Leben erfahren»[7]. Bei diesem Suchprozess sind Deutungen und Bedürfnisse des einzelnen Menschen mit Demenz leitend. Spirituelle Begleitung richtet erstens die Aufmerksamkeit auf die Dinge, die dem Leben eines oder einer Betroffenen Bedeutung und Sinn verleihen. Das können zum Beispiel tragende Beziehungen oder erfüllende Tätigkeiten sein. Spiri-

---

4   Stuck, Seelsorge für Menschen mit Demenz 25.
5   Geiger, Der alte König in seinem Exil 47.
6   Pilgram-Frühauf/Schmid, Spiritual Care im Alter 30 f.
7   Eglin u. a., Tragendes entdecken 16.

tuelle Begleitung unterstützt Menschen mit Demenz zweitens «in *ihrem* Suchen nach Sinn, in ihrem Leiden an Krankheit und Verlusterfahrungen sowie in ihrer Sehnsucht nach Vertrautheit und Geborgenheit»[8]. Sie orientiert sich dabei drittens am Menschen mit Demenz und versucht, ihn in Kontakt mit seinem eigenen «Schatz an spirituellen Erfahrungen»[9] zu bringen.

Im Zentrum spiritueller Begleitung stehen Möglichkeiten, spirituelle Bedürfnisse von Menschen mit Demenz zu stillen. «Ich brauche ...», «Ich will ...», «Ich sehne mich nach ...» sind Aussagen, die auf ein Bedürfnis und einen damit in Verbindung stehenden Mangel hinweisen. Gemäss der Palliativ-Expertin Carmen Birkholz drücken spirituelle Bedürfnisse «ein Bedürfnis nach Verbundenheit und dem Überschreiten von Grenzen»[10] aus. Einerseits haben spirituelle Bedürfnisse eine konkrete Ebene. Ein Mensch mit Demenz kann direkt den Wunsch nach einem Gebet, einer Teilnahme an einem Gottesdienst oder einem Besuch durch eine Seelsorgeperson zum Ausdruck bringen. Spirituelle Bedürfnisse können andererseits über das Konkrete hinausgehen und sich symbolisch ausdrücken.

> «Symbole repräsentieren ein Gefühl oder eine Erfahrung, die im Moment gemacht wird, aber nicht mit sachlichen Worten ausgedrückt werden kann. Ein alter Mensch mit Demenz greift nach einem Symbol aus der Vergangenheit, um das auszudrücken, was aktuell wichtig ist.»[11]

Es ist bedeutsam, einen Menschen mit Demenz ernst zu nehmen, der seine Bedürfnisse symbolisch ausdrückt, und die gleiche Sprach- und Bildwelt aufzugreifen. Die Aussage «Ich will nach Hause» könnte auf das Bedürfnis nach Geborgenheit hinweisen, dem allenfalls mit dem Erzählen vom eigenen Zuhause oder mit dem Singen eines vertrauten Liedes begegnet werden kann. Der anfangs Kapitel von Arno Geiger geäusserte Satz «Erklär mir lieber, wie du nach Hause gehen willst, wenn du schon zu Hause bist» ginge dann am von seinem Vater ausgedrückten Bedürfnis nach Geborgenheit vorbei.

---

8   Ebd. 19.
9   Ebd. 20.
10  Birkholz, Spiritual Care bei Demenz 48.
11  Ebd. 55.

## 2 Den Weg gemeinsam mit Angehörigen gehen

«Er ist in einer Welt, zu der ich wenig oder gar keinen Zugang habe.»[12]

Diesen Satz äussert Inge Jens in einem im Jahr 2010 gehaltenen Interview mit dem Titel «Er ist nicht mehr mein Mann» über ihren an Demenz erkrankten Ehemann, Walter Jens. Sie macht auf die sich im Verlauf einer Demenzerkrankung verändernde Beziehung und die damit in Verbindung stehende Trauerarbeit aufmerksam. Angehörige leiden aber nicht nur am Verlust der gemeinsamen Biografie und der Persönlichkeit des von Demenz betroffenen Menschen, sondern auch an den psychischen, physischen und sozialen Belastungen, welche Betreuung und Pflege eines Menschen mit Demenz mit sich bringen.[13] Menschen mit Demenz sind oft rund um die Uhr auf Betreuung angewiesen. Angesichts der hohen Belastungen von Angehörigen erstaunt es nicht, dass von der Demenz als der «Krankheit der Angehörigen»[14] gesprochen wird.

> «Für den kranken Menschen da zu sein, ohne selbst krank zu werden, ist eine ständige Gratwanderung. Es bedeutet, zu den eigenen Grenzen zu stehen, professionelle Hilfe in Anspruch zu nehmen sowie sich innere und äussere Kraftquellen zu erschliessen.»[15]

Die spirituelle Begleitung von Angehören nimmt deren lebensverändernde und oft belastende Situation respektvoll wahr und sucht nach «entlastenden spirituellen Angeboten»[16] für die Lebensreise mit einem Menschen mit Demenz. Maria Kotulek, Fachreferentin für den Bereich Demenz im Erzbistum München und Freising, schlägt in Anlehnung an die Erzählung über den Gang nach Emmaus (Lk 24,13–35) vier Schritte vor, die bei einer seelsorglichen Begleitung von Angehörigen mitgegangen werden. Erstens wird im Rahmen einer *hörenden* Seelsorgebegegnung die Lebenswirklichkeit von Angehörigen wahrgenommen. Dazu gehört es, deren Leistungen anzuerkennen und deren Befindlichkeit zu erfragen. Eine Seelsorge sollte zweitens *mitgehend* sein, «um in dieser Weggemeinschaft das Leben und die Sorgen des

---

12 Jens, «Er ist nicht mehr mein Mann».
13 Kotulek, Seelsorge für Angehörige von Menschen mit Demenz 16 f.
14 Gasser, Demenz kann jeden treffen 3.
15 Eglin u. a., Tragendes entdecken 56.
16 Birkholz, Spiritual Care bei Demenz 27.

anderen näher kennenzulernen»[17]. Sie sucht drittens gemeinsam mit den Angehörigen Ressourcen und ist dadurch *mitsuchend*. Zu diesen Ressourcen gehören zum Beispiel Kraft-, Sinn-, Lebens- und Beziehungsquellen. Seelsorge ist viertens *mitdeutend*, indem sie sich gemeinsam mit dem Menschen an eine Deutung des Geheimnisses des Lebens herantastet.[18]

## 3 Spirituelle Begleitung – suchend und mitgehend

Spirituelle Begleitung im Kontext von Demenz richtet sich sowohl an Menschen mit Demenz als auch an deren mitbetroffene Angehörige. Sie ist, wie sich in den vorangehenden Kapiteln gezeigt hat, suchend und mitgehend. Um Menschen mit Demenz und ihre Angehörigen spirituell zu begleiten, ist es essenziell, die persönliche Haltung gegenüber der Diagnose Demenz und gegenüber Betroffenen zu reflektieren.

Die Erfahrung, dass Menschen mit Demenz immer mehr Dinge fremd werden, ist sowohl für Betroffene als auch für Nahestehende schmerzlich. Diese Fremdheitserfahrung ist ebenfalls für die spirituelle Begleitung leitend, insbesondere da auch Fachpersonen bei Begegnungen mit Menschen mit Demenz vieles «fremd oder unverständlich vorkommen»[19] wird. Wir brauchen deshalb eine offene Haltung gegenüber dieser fremden Welt. Es geht «weder um eine möglichst gelungene Anpassung an ihre Lebenswelt, noch um ihre Eingemeindung in die eigene Weltsicht, sondern um eine Wahrnehmung des Unterschiedes der Weltsichten im Modus von Respekt, Akzeptanz und Würdigung»[20].

**Literatur**

Carmen Birkholz, Spiritual Care bei Demenz (Reinhardts Gerontologische Reihe 53), München/Basel 2017.
Carmen Birkholz, Spirituelle Begleitung in Palliative Care und Demenz, in: Olivia Dibelius/Peter Offermanns/Stefan Schmidt (Hg.), Palliative Care für Menschen mit Demenz, Bern 2016, 163–176.
Wolfgang Drechsel, «Wenn ich mich auf deine Welt einlasse …». Altenseelsorge als eine Anfrage an Seelsorgetheorie und Theologie, in: Ralph Kunz (Hg.), Reli-

---

17  Kotulek, Seelsorge für Angehörige von Menschen mit Demenz 27.
18  Siehe ebd.
19  Eglin u. a., Das Leben heiligen 28.
20  Drechsel, «Wenn ich mich auf deine Welt einlasse …» 194.

giöse Begleitung im Alter. Religion als Thema der Gerontologie, Zürich 2007, 187–216.
Anemone Eglin u. a., Das Leben heiligen. Spirituelle Begleitung von Menschen mit Demenz. Ein Leitfaden, Zürich ³2008.
Anemone Eglin u. a., Tragendes entdecken. Spiritualität im Alltag von Menschen mit Demenz. Reflexionen und Anregungen, Zürich 2009.
Kathrin Gasser, Demenz kann jeden treffen, in: ps:info 3 (2015) 2–3.
Arno Geiger, Der alte König in seinem Exil, München 2011.
Inge Jens, «Er ist nicht mehr mein Mann», Süddeutsche Zeitung vom 17. Mai 2010, URL: https://www.sueddeutsche.de/kultur/inge-jens-ueber-walter-jens-er-ist-nicht-mehr-mein-mann-1.277242 (10.10.2023).
Luise Kiesskalt/Käte Volland-Schüssel/Cornel C. Sieber/L. Cornelius Bollheimer, Klinikseelsorge mit Menschen mit Demenz. Eine qualitative Interviewstudie mit professionellen Klinikseelsorgern, in: Zeitschrift für Gerontologie und Geriatrie 51 (2018) 537–542; https://doi.org/10.1007/s00391-018-1396-6.
Maria Kotulek, Seelsorge für Angehörige von Menschen mit Demenz, Göttingen 2017.
Judith Kuckart, Was habe ich eigentlich?, in: Klara Obermüller (Hg.), Es schneit in meinem Kopf. Erzählungen über Alzheimer und Demenz, München/Wien 2006, 97–124.
Franziska Pilgram-Frühauf/Christoph Schmid, Spiritual Care im Alter. Eine Einführung für Pflegende und Begleitende, Zürich 2018.
Lena-Katharina Roy, Demenz in Theologie und Seelsorge, Berlin/Boston 2013.
Lukas Stuck, Mehr als ein Gespräch – Seelsorge für Menschen mit einer Demenz, in: Isabelle Noth/Eva-Maria Faber (Hg.), Seelsorgebegegnungen. Praxisbeispiele theologisch reflektiert, Göttingen 2023, 97–104.
Lukas Stuck, Seelsorge für Menschen mit Demenz, Stuttgart 2020.

# «Ich bin ich – und fertig»
## Selbstsorge als Horizonterweiterung kirchlicher Sorgekultur

Franzisca Pilgram-Frühauf

Jedes Mal, wenn der Pfarrer in die Pflegeeinrichtung für Menschen mit Demenz kam, um mit ihnen Gottesdienst zu feiern, sprach er Frau Hauser namentlich an und gab ihr die Hand. Darauf bestätigte sie stets: «Hauser» – als ginge es darum, sich damit ihrer Identität noch einmal zu versichern. An diesem Mittwochnachmittag aber war es anders. Der Pfarrer erblickte Frau Hauser bereits von Weitem, als er sich dem umzäunten Garten vor dem Haus näherte. Sie spazierte allein, hin und her zwischen Büschen und Rosenstöcken, blieb da und dort scheinbar gedankenverloren stehen und ging dann wieder ein paar Schritte weiter im hellen Nachmittagslicht. Bei ihr angekommen, sah er, dass sie etwas verwirrt um sich blickte. Er begrüsste sie mit ihrem Namen, worauf sie nachdrücklich erwiderte: «Ich bin ich – und fertig.» Dann setzte sie ihren Spaziergang fort.

Was bedeutet Selbstsorge im Kontext einer demenziellen Erkrankung? Diese Frage scheint sich nicht aufzudrängen, geht es doch in diakonischen und seelsorglichen Handlungsfeldern primär darum, die Fürsorge zu stärken. Sowohl theoretisch-konzeptuell als auch praxisbezogen werden immer wieder neue Wege gesucht, die Angehörigen zu entlasten, Gemeinschaften zu fördern, die Menschen mit Demenz anerkennend mit einbeziehen, und Räume anzubieten, die Halt und Geborgenheit schenken.

Begegnungen wie diejenige mit Frau Hauser vermögen allerdings den Blickwinkel zu weiten. Die Fürsorgeperspektive wird nicht ersetzt, aber ergänzt: Auch wenn der Spielraum verbaler Kommunikation enger wird, bringen Menschen mit Demenz zum Ausdruck, was sie brauchen und was sie bewegt. Sie verarbeiten schmerzliche Irritationen und lassen sich von Hoffnungen leiten. Sie sind ein Ich, das mehr ist als ein fürsorgebedürftiges Du. Zwar kann auch die Selbstsorgeperspektive schwierige Situationen nicht in Luft auflösen. Aber sie führt weg von einseitig defizitorientierten Wahrnehmungen, indem sie das Leiden an Einschränkungen und Verlusten ebenso in den Blick nimmt wie tragende Ressourcen. Wie sie in dieser Breite die kirchliche Sorgekultur bereichern kann, versuchen die folgenden Abschnitte aufzuzeigen:[1] Nach einer kurzen Einführung zum Selbstsorgebegriff stehen Selbstäusserungen von Menschen mit einer beginnenden Demenz im Zentrum, die auf spirituelle Aspekte der Selbstsorge hinweisen. Von hier aus stellt sich dann die Frage, inwiefern die Selbstsorgeperspektive im fürsorglichen Handeln der Kirche Raum gewinnen kann.

### Vielfältiger Selbstsorgebegriff

Der Begriff der Selbstsorge (griechisch *epiméleia heautoú*) konzentriert sich seit seinen Ursprüngen im *Kontext antiker Philosophie* auf die Frage, wie Menschen so für sich selbst sorgen, dass es ihnen möglich ist, ihre Vorstellungen von einem gelingenden Leben umzusetzen. Sorge meint hier also weniger ein Besorgtsein aufgrund von Nöten und Verlusten, sie gilt auch nicht den materiellen Gütern und Besitztümern, sondern der «Sorgfalt, die man auf sich selbst verwendet»[2]. Diese betrifft nicht nur einzelne Individuen, sondern hat auch ethische Auswirkungen: Wer sich selbst erforscht, kultiviert eine Praxis der Freiheit, die auch die Sorge um andere umfasst.[3] Gemäss der Interpretation des Philosophen Michel Foucault war Selbstsorge zudem ein allgegenwärtiges Heilmittel, um möglichem Leiden aktiv zu begegnen – sogar dem Tod. «Krönung» philosophischer Lebensweise war die Meditation der eigenen Endlichkeit, die darin bestand, «den Tod im Leben gegenwärtig zu machen».[4]

Ähnliche Facetten finden sich auch in den Kategorien wieder, die der deutsche Psychologe Andreas Kruse in seinem gerontologischen Bezugsrahmen gelingenden Lebens mit Demenz vorgelegt hat:[5] *Selbstverantwortung* spiegelt sich darin, wie Betroffene entsprechend persönlichen Wertvor-

---

1 Meine Ausführungen basieren auf Forschungsprojekten, die 2018–2021 an der Professur für Spiritual Care der Universität Zürich durchgeführt worden sind. Vgl. Zimmermann/Peng-Keller (Hg.), Selbstsorge bei Demenz; Pilgram-Frühauf, Vor dem Spiegel.
2 Foucault, Ästhetik der Existenz 295. Aufgrund vielfältiger Quellenstudien nahm Michel Foucault den antiken Selbstsorgebegriff auf, um ihn der politischen Unterdrückung und Pastoralmacht seiner Zeit entgegenzustellen.
3 Ebd. 296.
4 Ebd. 135 f.
5 Vgl. zum Folgenden Kruse, Lebensphase hohes Alter 335 f.

stellungen, Bedürfnissen und Begabungen ihrem Alltag begegnen und sich damit identifizieren. In der *Mitverantwortung* kommen die Fähigkeit und Bereitschaft zum Ausdruck, sich für die Gemeinschaft zu engagieren, sich in die Situation anderer Menschen hineinzuversetzen und den Sozialraum mitzugestalten. Mit der Kategorie der *bewusst angenommenen Abhängigkeit* ist schliesslich eine aktive Kraft gemeint, die auch eigene Grenzen anerkennt. Sie führt keineswegs zu einem resignierten Klein-Beigeben, sondern entspringt der Erkenntnis, dass Menschen grundsätzlich aufeinander angewiesen sind.

Insgesamt verweist der Selbstsorgebegriff – kulturhistorisch und lebensgeschichtlich betrachtet – auf die relationale Dynamik des Selbstbezugs, die sich nicht nur auf einer kognitiven Ebene abspielt, sondern eine Vielzahl leiblich-emotionaler, sozialer und spiritueller Formen umfasst und sich in frühen Phasen von Demenz auch in der narrativen Identität eines Menschen niederschlägt.

### Ausdrucksformen spiritueller Selbstsorge

Wenn Menschen mit einer beginnenden Demenz von sich selbst erzählen, ist das immer schon Ausdruck gestalteter Selbstverantwortung.[6] Sie rufen sich tragende Erlebnisse aus der Kindheit in Erinnerung und schöpfen aus einem *existenziell-spirituellen Fundus an Ressourcen* Kraft und Hoffnung für die Gegenwart und die Zukunft. Emotionalen Rückhalt finden sie in Selbstsorgepraktiken, die individuell bedeutsam sind. Musik, Spaziergänge, Gartenarbeit werden genannt, und auch der persönliche Glaube hilft, mit den Auswirkungen der Krankheit umzugehen und im Vertrauen auf Gott Halt zu finden. Mitverantwortung hat rückblickend oft mit beruflichen und elterlichen Rollen zu tun. Dass man die Chance bekommen hat, Verantwortung für andere zu übernehmen und sich für das Gemeinwohl zu engagieren, wird während des Erzählens als Ressource wiederbelebt. Zahlreiche Hinweise deuten darauf hin, dass alters- und krankheitsbedingt zwar Rollenwechsel nötig werden, dass aber das Bedürfnis, bei anderen Spuren zu hinterlassen, ungebrochen weiterbesteht. Legt man den Fokus auf die Kategorie der bewusst angenommenen Abhängigkeit, fallen Aussagen auf, die auf

---

6   Für eine ausführliche Analyse lebensgeschichtlicher Erzählungen von Menschen mit einer beginnenden Demenz vgl. Pilgram-Frühauf, Vor dem Spiegel 65–110.

einer grundsätzlich anthropologischen Ebene anzeigen, dass der Mensch nicht alles aus eigenen Kräften schafft. Es scheint, dass solches Bewusstsein Menschen mit Demenz hilft, Zeiten zu durchlaufen, in denen Einschränkungen und Kontrollverlust zunehmen. Nicht nur Dankbarkeit wird gefördert, sondern auch die Offenheit, kreativ immer wieder neue Möglichkeiten der Eigeninitiative und Mitgestaltung zu entdecken. Kurz nach ihrer Demenzdiagnose reflektiert es Frau L. im Gespräch so:

> «Es ist etwas in uns drinnen. [...] Heute verwenden wir dafür das Wort Ressource. Wir tragen ganz viel in uns. Dass wir immer wieder darauf zurückkommen können, ist ein Geschenk. Schlussendlich geht es darum, dem Leben zu trauen.»[7]

Selbstverantwortung, Mitverantwortung und bewusst angenommene Abhängigkeit sind in persönlichen Wert- und Glaubensvorstellungen verankert. Dabei fällt eine eigentümliche Ambivalenz auf, denn es können im Krankheitsverlauf auch *spirituelle Fragen und Zweifel* auftauchen, die bisherige Glaubensüberzeugungen erschüttern und zusätzlich belasten.[8] Die krankheitsbedingten Verluste können eigenen und fremden Erwartungen von einem selbstbestimmten Leben zuwiderlaufen, umso mehr, wenn schmerzliche Erinnerungen, auch Schuld oder unerfüllte familiäre oder berufliche Wünsche den Bezug zu sich selbst komplizieren machen. Auch darüber denkt Frau L. nach:

> «Jetzt merke ich seit ein paar Tagen, dass die Demenz zunimmt. Ich weiss nicht, was dann wäre, wenn es sich rasch verschlechterte. Dafür wäre ich zum jetzigen Zeitpunkt noch nicht bereit. Geht alles verloren? Wer werde ich sein? Es bleiben Fragen ohne Antworten. Was ist dann noch im Menschen drin von dem, was ich jetzt als Spiritualität bezeichne? [...] Ich habe Angst, mich zu verlieren und eine Last zu werden. [schweigt] Es ist schwierig, darüber zu reden, aber der Persönlichkeitsverlust ist das, was vor allem bedroht. Gibt es dann noch irgendetwas, was beheimatet?»[9]

In dieser Passage wird Selbstsorge selbst zu einem ambivalenten Konzept, eingespannt zwischen der angstvollen Ungewissheit und dem Glauben an

---

7 Aus dem lebensgeschichtlichen Dokument von Frau L., zitiert nach ebd. 107.
8 Das Spannungsfeld entspricht auch einem Modell aus der empirischen Forschung: Jocelyn McGee und ihr Team haben die beiden Szenarien als *spiritual conservation* und *spiritual struggle* beschrieben (McGee u. a., Spiritual Diversity).
9 Aus dem lebensgeschichtlichen Dokument von Frau L., zitiert nach Pilgram-Frühauf, Vor dem Spiegel 105 f.

etwas, «was beheimatet» und worauf in aller Verlassenheit Verlass ist. Die Sprecherin macht deutlich, dass auch darin Selbstsorge liegt, wenn sich jemand den Ungewissheiten und unvermeidlichen Verlusten stellt und fragend, klagend oder schweigend auch Angst zum Ausdruck bringt. Indem sich ein Ich an ein menschliches oder göttliches Gegenüber wendet, tritt es über sich selbst hinaus. Die «Fragen ohne Antworten» sind noch da, aber in den Leerstellen kann es auch geschehen, dass der Glaubensgrund und die Sehnsucht nach Beheimatung durchscheinen. Denn spirituelle Selbstsorge beruht noch auf einem weiteren Aspekt, den Simon Peng-Keller als «emergente Spiritualität»[10] bezeichnet hat. Unerwartet scheinen auch in schmerzlichen Situationen neue Sinnmöglichkeiten auf, die helfen, sich selbst und die Welt mit neuen Augen zu sehen. Frau L. spricht von Resonanz:

> «Es gehört für mich etwas Existenzielles dazu, und auch eine spirituelle Ebene. Ich spüre sie manchmal – und habe sie immer wieder gespürt [...]: Ich gebe mir Mühe, aber dann kommt nachher etwas ganz anderes auf mich zurück. Das ist die Resonanz. Ich habe sie immer wieder erlebt und sie hat mir geholfen.»[11]

Menschen, die aus ihrer Lebensgeschichte und von ihrem Umgang mit Demenz erzählen, erwähnen auch unverfügbare Momente, für die sie sich öffnen und auf die sie sich einlassen. Solche Augenblicke lassen sich weder erzwingen noch festhalten – um sie zu beschreiben, verwenden die Erzählerinnen und Erzähler oftmals eine eindrücklich bildhafte, symbolisch dichte Sprache.[12] Es ist zu vermuten, dass diese Erfahrungen heilsam weiterwirken und vielleicht auch Angehörigen und Begleitenden Anhaltspunkte mitgeben für eine Zeit, in der Menschen mit Demenz ihre spirituellen Bedürfnisse nicht mehr verbal artikulieren können.

### Konsequenzen für die kirchliche Fürsorge

Welche Aufgaben übernimmt kirchliche Fürsorge in einer Zeit, in der säkulare Systeme Individuen immer mehr Kompetenzen und institutionellen Sorgestrukturen immer mehr Leistungen abverlangen? Vor dem Hintergrund der Selbstäusserungen von Menschen mit Demenz lässt sich diese

---

10  Zimmermann/Peng-Keller, Selbstsorge bei Demenz 29 f.
11  Aus dem lebensgeschichtlichen Dokument von Frau L., zitiert nach Pilgram-Frühauf, Vor dem Spiegel 103.
12  Zur Symbolsprache von Menschen mit Demenz vgl. ebd. 111–122.

Frage nochmals neu ausrichten. Wie die Selbstsorge individuell in vielfältige Lebensbezüge verstrickt ist, so rückt sie auch die Fürsorge als komplexes Beziehungsgeschehen in den Blick.

Eine erste Aufgabe liegt darin, die *individuellen Initiativen zur Selbstsorge wahrzunehmen* und auch dann als solche zu verstehen, wenn sie zu herausfordernden Situationen führen. Dieser Ansatzpunkt kommt insbesondere im Kontext interprofessioneller Spiritual Care zum Tragen, wo Seelsorgende auch Fachkräfte aus Medizin und Pflege und andere Begleitende für die spirituellen Bedürfnisse und Leiden mitten im Alltag sensibilisieren können.[13] So entsteht ein Umfeld, das individuelle Ausdrucksformen von Spiritualität in ihrer ganzen Vielfalt würdigt. Auch religiöse Symbole und Riten aus der Tradition sind miteinzubeziehen, wenn sie biografisch verankert sind und Menschen mit Demenz eine Heimat bieten. Solche Anknüpfungspunkte gewährleisten, dass sich Menschen mit Demenz nicht über Verlusterfahrungen und Pflegebedürftigkeit definieren müssen, sondern auch angesichts der eigenen Verletzlichkeit und Endlichkeit für neue Sinnerfahrungen des Lebens offen bleiben und «dem Leben trauen» können.

Eine zweite Aufgabe ergibt sich aus der Einsicht, dass Selbstsorge immer auch Mitverantwortung für andere miteinschliesst. Nicht die Seelsorgenden mit ihren kommunikativen und rituellen Kompetenzen stehen dann im Vordergrund, sondern die *Beziehungen, in denen Menschen leben*. Wie es Hermann Steinkamp beschrieben hat, geht es um eine «Zugehörigkeit» innerhalb von Fürsorgenetzen wie Nachbarschaften und Gemeinden, die dadurch entsteht, dass auch Menschen, die einer besonderen Pflege und Betreuung bedürfen, spüren, dass sie «gebraucht werden».[14] Der Kirche kommt damit die Aufgabe zu, sich auch für politische und zivilgesellschaftliche Ermöglichungsräume von Selbstsorge zu interessieren und mitzuhelfen, dass sich Menschen mit Demenz nach ihren Möglichkeiten aktiv einbringen können. Aus den lebensgeschichtlichen Erzählungen wird auch ersichtlich, dass Mitverantwortung vielfältige Formen kennt und sich nicht immer direkt zeigen muss. Sie liegt vielleicht auch in der Sorge, anderen «eine Last zu werden», oder in einer grosszügigen Dankbarkeit, die für die

---

13  Zu dieser Aufgabe möchte das Neumünster Assessment für Spiritual Care im Alter (NASCA) mit seinen Wahrnehmungs- und Beobachtungsfragen beitragen (Pilgram-Frühauf/Schmid, Spiritual Care im Alter 81–83).
14  Steinkamp, Seelsorge als Anstiftung zur Selbstsorge 76.

# «Auf welche Seite gehe ich jetzt?»

Zitat aus dem Film «Iris» (bei 00:33:49; Filmstill bei 00:33:49)

Iris (Judi Dench) stellt ihrem Mann John (Jim Broadbent) diese Frage, nachdem er ihr in ihrem Haus eine Glastür geöffnet hat. Selbst in ihrer eigenen Wohnung fällt es ihr inzwischen schwer, sich zu orientieren.
Es mag in dieser Filmszene auch die zaghafte Frage nach der Zukunft mitschwingen: Was wird aus mir, wenn die Krankheit voranschreitet? Wie fühlt sich das Leben dann an? Und: Wer bin ich, wenn all meine Erinnerungen fort sind? Regisseur Richard Eyre hat in dem Dialog ein Erlebnis mit seiner an Alzheimer erkrankten Mutter verarbeitet.

**Iris**
Drama
GB/USA, 2001
87 Min.
Regie: Richard Eyre
Drehbuch: Richard Eyre, Charles Wood

Zum Relimedia-Verleih mit Link zum Trailer:
https://www.relimedia.biz/NetBiblio/search/notice?noticeNr=DVD30422
Weitere Angaben zum Film finden sich auf S. 236 f. in diesem Band.

Betreuenden wohltuend ist. Ältere Menschen übernehmen Mitverantwortung letztlich auch insofern, als die Art und Weise, wie sie mit einer Demenz leben, immer auch stereotype Bilder der Krankheit aufbricht.

Die dritte Aufgabe gründet in der Einsicht, dass der Selbstsorgebegriff zu kurz greift, wenn er nur dem aktuellen, von Foucault mitgeförderten Diskurs um Lebenskunst und Selbstbestimmung verpflichtet ist. Welche Konsequenzen ergäben sich sonst aus Enttäuschungen und aus «Fragen ohne Antworten»? Könnte es sein, dass gerade unter einem religiös-spirituellen Blickwinkel die Selbstsorge weniger als beherrschbare Technik erscheint denn als eine Haltung der Offenheit, die *den existenziellen Ambivalenzen nicht ausweicht?* An den Gabelungen der Selbstsorge zwischen dem menschlich Machbaren und dem Unverfügbaren tritt die spezifische Funktion kirchlicher Fürsorge vielleicht am deutlichsten hervor. Henning Luther formuliert es so: Weil christliche Spiritualität etwas mit dem ganz Anderen zu tun habe, das uns widerfährt, sei Seelsorge «immer kritische Seelsorge, kritisch gegen Konventionen des Alltags, gegen vorgegebene soziale und religiöse Normen und Rollen».[15] Ohne die spirituelle Dimension als Gütesiegel von Lebensqualität anpreisen zu wollen, können kirchliche Mitarbeitende hellhörig machen – sowohl für die existenziellen Brüche, die Menschen mit einer Demenz erleiden, als auch für ihre Sehnsucht, «beheimatet» zu sein.

Im Spannungsfeld zwischen fürsorglichem Bemühen und Unverfügbarkeit muss schliesslich auch die *Selbstsorge der Fürsorgenden* zur Sprache kommen. Der britische Sozialpsychologe Tom Kitwood sah hier bereits am Ende des letzten Jahrhunderts einen «Kernpunkt» der «neuen Kultur» personzentrierter Demenzpflege, die er von der biomedizinischen Sichtweise abgrenzte: Fürsorge bedeutet nicht, die «eigenen Sorgen, Gefühle, Verletzlichkeiten etc. zur Seite zu stellen und die Arbeit auf vernünftige und effiziente Art zu erledigen», gewissermassen um die Defizite der Umsorgten zu kompensieren. Vielmehr ruft Kitwood dazu auf, mit den «eigenen Sorgen, Gefühlen, Verletzlichkeiten etc. in Kontakt zu stehen und sie in positive Ressourcen für unsere Arbeit umzuwandeln».[16] Das heisst nichts anderes, als dass fürsorgliche Akteurinnen und Akteure selbst in vielfältige Sorgebeziehungen eingebunden sind. Ob professionell oder ehrenamtlich, sie sind als Subjekte engagiert, die andere (in ihrer Selbstsorge) zu unterstützen vermö-

---

15   Luther, Religion und Alltag 231.
16   Kitwood, Demenz 236.

gen, aber auch selbst früher oder später auf Unterstützung angewiesen sind. Selbstsorge und Fürsorge, so viel wird klar, greifen ineinander.

Die wechselseitige Dynamik zeigt sich auch im Begrüssungsritual, in dessen Zentrum der Name von Frau Hauser steht. Er symbolisiert eine lange Lebensgeschichte, steht für ihr Angesprochen- und Anerkanntwerden durch eine sorgende Gemeinschaft und vielleicht auch für die Hoffnung, immer schon erkannt zu sein (1 Kor 13,12), auch wenn sie selbst den Namen vergisst.[17] Draussen im Garten verdichten sich die vielfältigen Bezüge allerdings unerwartet auf den kurzen Satz «Ich bin ich». Das Pronomen der ersten Person Singular ersetzt, als Subjekt und Prädikatsnomen, den Namen gleich doppelt – und erschöpft sich doch nicht in redundanter Selbstbezüglichkeit. Ein gewisser Trotz, ein Aufbegehren schwingt mit, wie wenn ihr der vom Seelsorger geäusserte Name diesmal im Weg stünde.

Fürsorge heisst in solchen Momenten auch gewähren lassen. Das ist gewiss nicht immer einfach, denn es gilt bei aller Fürsorgebereitschaft anzuerkennen, dass Selbstsorge in ihrer Komplexität oft undurchsichtig bleibt und sich von Begleitenden nicht wie ein Rätsel auflösen lässt. Der Zusatz «und fertig» kann vielerlei bedeuten:[18] Möchte Frau Hauser die Interaktion beenden, weil sie es vorzieht, allein zu sein? Ist sie erschöpft? Oder meint hier «fertig» der Wortgeschichte nach: zur Fahrt bzw. zum Gehen bereit, rüstig und in Aufbruchstimmung?

Abnehmen können wir einander die lebenslange Suche nach dem Selbst nicht, aber wir können auf dem gemeinsamen Weg mit der Krankheit versuchen, einander so Gegenüber zu sein, dass bei aller Sorge um sich manchmal auch eine gewisse Sorglosigkeit mitschwingen kann.[19]

---

17  Vgl. Kunz, Demenz und Spiritualität 380.
18  Vgl. Art. fertig, in: Digitales Wörterbuch der deutschen Sprache; URL: https://www.dwds.de/wb/fertig (15.01.2024).
19  Vgl. den Kinderbuchklassiker Mira Lobe/Susi Weigel, Das kleine Ich bin ich, Wien 1972. Die Hauptfigur kommt über zahlreiche Begegnungen – aber ohne direkte Antwort auf die Frage «Wer bin ich?» – zur Erkenntnis, die den Bezug zu sich und zur Welt grundlegend verändert: «Ich bin ich!» Die ursprüngliche Idee zu diesem Buch verdankte die Illustratorin Susi Weigel einer an Demenz erkrankten Kinderfrau (Susanne Blumesberger, Aufarbeitung des Nachlasses und der Biografie der Grafikerin und Illustratorin Susi Weigel, Wien 2008, 13 f; URL: https://phaidra.univie.ac.at/detail/o:73 [15.1.2024]).

**Literatur**

Michel Foucault, Ästhetik der Existenz. Schriften zur Lebenskunst, Frankfurt a. M. ⁵2015.

Tom Kitwood, Demenz. Der person-zentrierte Ansatz im Umgang mit verwirrten Menschen, Bern ⁸2019.

Andreas Kruse, Lebensphase hohes Alter. Verletzlichkeit und Reife, Berlin 2017.

Ralph Kunz, Demenz und Spiritualität – eine inklusive Sicht, in: Irene Bopp-Kistler (Hg.), Demenz. Fakten, Geschichten, Perspektiven, Zürich ³2022, 378–384.

Henning Luther, Religion und Alltag. Bausteine einer Praktischen Theologie des Subjekts, Stuttgart 2014.

Jocelyn S. McGee u. a., Spiritual Diversity and Living with Early-Stage Dementia, in: Clinical Gerontologist 41/3 (2018) 261–267.

Franzisca Pilgram-Frühauf, Vor dem Spiegel. Selbstsorge im Kontext von Spiritual Care, Zürich 2021.

Franzisca Pilgram-Frühauf/Christoph Schmid, Spiritual Care im Alter. Eine Einführung für Pflegende und Begleitende, Zürich 2018.

Steinkamp, Hermann, Seelsorge als Anstiftung zur Selbstsorge. ... auch im Hospiz?, in: Wege zum Menschen 66/1 (2014) 68–79.

Harm-Peer Zimmermann/Simon Peng-Keller (Hg.), Selbstsorge bei Demenz. Alltag, Würde, Spiritualität, Frankfurt a. M. 2021

# Demenz als Testfall für die Würde und Selbstbestimmung
## Ethische Perspektiven

Melanie Werren

> «‹Demenz›: Fast jeder [E]rwachsene [...] kennt heute die Angst vor diesem Leiden, das den Betroffenen sich selbst abhandenkommen lässt und es ihm unmöglich macht, die Fragen der sich um ihn Mühenden zu verstehen oder gar eine nicht nur augenblicksbezogene Auskunft über das eigene Befinden zu formulieren.»[1]

Eine Demenz widerspricht allen Vorstellungen, die wir uns von einem gelingenden Leben und guten Altern machen. Deshalb ist sie für viele Menschen Gegenstand schlimmster Befürchtungen und kann Ängste auslösen. Sie erschüttert unser Selbstbild als selbstbestimmte, rationale und produktive Wesen und wird von uns deshalb als Inbegriff eines gefürchteten Ausnahmezustands aufgefasst.[2] Menschen mit Demenz sind im Verlauf ihrer Erkrankung nicht nur mit dem Verlust ihrer Selbstbestimmung konfrontiert. Eine Demenz geht auch mit dem Vergessen seiner selbst einher und bedroht somit eine «Person in ihrem Kern»[3]. Darüber hinaus sind Menschen mit Demenz zunehmend auf die Unterstützung ihres Umfelds angewiesen, was auch Kosten verursachen kann.

Wegen der zu erwartenden Verluste ist es nicht erstaunlich, dass im Kontext von Demenz Zweifel an der Würde Betroffener aufkommen. Laut dem Psychiater Hans Lauter ist eine Demenz «heute geradezu zum Symbol eines solchen entwürdigenden Geschehens geworden»[4] und kann als «Testfall»[5] für die Würde von Betroffenen gesehen werden.

Angesichts der gefährdeten Würde von Menschen mit Demenz beleuchtet dieser Beitrag zunächst genauer die Würde im Kontext von Demenz (1). Als eine Strategie, der Würde von Betroffenen Ausdruck zu verleihen, wer-

---

1 Jens, Langsames Entschwinden 125.
2 Vgl. Werren, Einleitung, in: dies./Mathwig/Meireis (Hg.), Demenz als Hölle im Kopf? 9–11.
3 Fuchs, Das Leibgedächtnis in der Demenz 231.
4 Lauter, Demenzkrankheiten und menschliche Würde 27.
5 Rieger, Demenz 136.

den Möglichkeiten des Tastens nach grösstmöglicher Selbstbestimmung betrachtet (2). Am Ende steht ein Plädoyer für eine Wahrnehmungsveränderung, die es erlaubt, eine Demenz als neue Lebens- und Erfahrungsweise zu verstehen (3).

## 1 Die gefährdete Würde als Gestaltungsauftrag

Eine Demenz ist ein Testfall und eine Herausforderung für die Würde Betroffener, insbesondere wenn davon ausgegangen wird, dass es sich um eine bedingte Würde handelt. Die Würde von Betroffenen beruht dann auf bestimmten Eigenschaften oder Fähigkeiten wie zum Beispiel der Selbstbestimmung oder der Kommunikationsfähigkeit. Ein solches Würdeverständnis bringt jedoch folgende Gefahr mit sich:

> «Mit solcher Sicht verbindet sich folgerichtig die Annahme, der Mensch verliere mit diesen gewordenen psychischen, sozialen oder organischen Qualitäten auch wieder seine Würde (durch sozialen Abstieg; Demenz oder körperliche Hinfälligkeit).»[6]

Bei diesem an Bedingungen geknüpften Verständnis von Würde kommt Menschen, die an Demenz erkrankt sind, mit dem Verlust ihrer Selbstbestimmung, ihrer kognitiven Fähigkeiten und ihrer Selbstständigkeit auch ihre Würde abhanden. Somit werden Menschen mit Demenz nur von Würdekonzepten integriert, «die von einer dem Menschen inhärenten und damit unbedingten Würde ausgehen»[7].

> «Es geht hier also um eine angeborene, vorgegebene und deshalb auch unantastbare Würde (im Sinne einer unbedingten, inhärenten Wesenswürde), die man sich nicht erst erringen muss, die man deshalb auch nie verliert und die völlig unabhängig ist davon, ob ich krank oder gesund, selbstständig oder auf Hilfe angewiesen, Wohltäter oder Krimineller bin, ob ich über ein klares Selbstbewusstsein verfüge oder an einer schweren Demenz erkrankt bin.»[8]

Es ist wichtig, auch bei Menschen mit Demenz von einer solchen nicht an Bedingungen geknüpften und unverlierbaren Würde auszugehen. Denn Menschen- und Grundrechte basieren darauf. Das zeigt sich zum Beispiel in der Allgemeinen Erklärung der Menschenrechte von 1948, die in ihrer Prä-

---

6   Herms, Würde des Menschen 25.
7   Werren, Würde und Demenz 151.
8   Rüegger, Alter(n) als Herausforderung 43.

ambel auf die inhärente Würde aller Menschen hinweist.[9] Eine unbedingte Würde hat demnach spürbare Auswirkungen auf das Leben von Menschen mit Demenz und soll sich in einer konkreten Praxis zeigen, die ihrer Würde Rechnung trägt. Die Selbstbestimmung von Menschen mit Demenz zu respektieren und zu fördern, kann beispielsweise als Ausdruck ihrer Würde verstanden werden.

## 2  Nach der grösstmöglichen Selbstbestimmung tasten

> «Behandlung, Pflege und Betreuung orientieren sich an der Selbstbestimmung. Betagte Menschen, die auf Unterstützung angewiesen sind, haben einen bleibenden Anspruch darauf, in ihrer Selbstbestimmung respektiert zu werden. Dies gilt auch dann noch, wenn sie nicht mehr fähig sind, ihre Autonomie selber auszudrücken.»[10]

In These 8 der von CURAVIVA Schweiz[11] lancierten «Charta der Zivilgesellschaft für einen würdigen Umgang mit älteren Menschen» wird der Unterschied zwischen Selbstbestimmung als Anspruch und Selbstbestimmung als tatsächlich in die Tat umgesetzte Fähigkeit festgehalten. Menschen mit Demenz haben somit einen Anspruch auf grösstmögliche Berücksichtigung ihrer Selbstbestimmung, auch dann noch, wenn sie diesen Anspruch selbst nicht mehr geltend machen können.

Im Falle einer Demenz ist von einer Abstufung der Selbstbestimmungsmöglichkeit auszugehen. Während im Frühstadium einer Demenz noch Entscheidungen von grosser Tragweite gefällt werden können, ist im Spätstadium der Erkrankung mit Mitwirkungsmöglichkeiten im Rahmen des aktuellen Erlebens zu rechnen.[12]

Selbst bei fortgeschrittener Demenz ist von Kompetenzen des Verstehens, Bewertens und der Selbstäusserung auszugehen. Auch wenn das Niveau dieser Fähigkeiten zunehmend abnimmt und instabil wird, sollen Menschen mit Demenz doch so weit wie möglich bei allen Entscheidungen eingebunden werden. Das setzt von Seiten der Begleitpersonen eine hohe

---

9  Generalversammlung der Vereinten Nationen, Allgemeine Erklärung der Menschenrechte.
10  CURAVIVA Schweiz, Zum würdigen Umgang mit älteren Menschen.
11  CURAVIVA Schweiz ist der nationale Branchenverband der Dienstleister für Menschen im Alter.
12  Deutscher Ethikrat, Demenz und Selbstbestimmung 56.

Wahrnehmungsfähigkeit hinsichtlich der jeweils noch möglichen Willensbekundungen voraus. Dabei spielen auch nonverbale Hinweise wie Mimik, Gestik oder Körperspannung eine zentrale Rolle.[13]

Wenn sich Menschen mit Demenz nicht mehr verbal äussern können oder wenn sie als urteilsunfähig eingeschätzt werden, stellt das Herantasten an den mutmasslichen Willen eine Herausforderung dar. Verbale und nonverbale Äusserungen des Menschen mit Demenz sollen trotzdem möglichst stark einbezogen werden. Mündliche Äusserungen des Menschen mit Demenz aus einer Zeit, in der er noch urteilsfähig war, seine Patientenverfügung oder Angaben von Angehörigen oder vertrauten Gesundheitsfachpersonen können zusätzliche Anhaltspunkte geben.[14] Anhand der Eruierung des mutmasslichen Willens lässt sich zeigen, dass die Förderung der Selbstbestimmung nicht nur ein individuelles, sondern auch ein Beziehungsgeschehen ist.

### 3 Demenz als neue Lebens- und Erfahrungsweise

An dieses Eingebettet-Sein von Menschen mit Demenz in ein Beziehungsgefüge knüpft auch der Sozialpsychiater Klaus Dörner an, wenn er uns zu einem Umlernen ermutigt. Er fordert uns dazu auf, einen neuen Blick auf das Thema Demenz zu wagen und – in den Worten des Theologen Frank Mathwig – zuzulassen, «dass Menschen mit Demenz *uns* begegnen – nicht bloss als Exemplare einer Krankheitskategorie, sondern ganz und gar als Mitmenschen»[15] – und dass Demenz so als normaler Teil des menschlichen Lebens akzeptiert wird.

> «Wir haben nicht ohne Widerstreben zu lernen, dass Dementsein eine subjektiv genauso sinnvolle menschliche Seinsweise ist und genauso zum Menschsein gehört wie Kindsein, Erwachsenensein und aktiv Altsein, nicht nur mit denselben Grundrechten, sondern auch mit denselben Verstehensmöglichkeiten. [...] Die menschliche Seinsweise des Dementseins lehrt mich als Sohn, Schwiegertochter oder Ehefrau, dass Selbstbestimmung nicht ohne Fremdbestimmung zu haben ist, Unabhängigkeit nicht ohne Abhängigkeit, Erwachsenensein nicht ohne Kindsein. Gerade dann, wenn die Sprache nicht mehr verfügbar ist, kann mir mein Nächster so widerfahren, dass unsere Beziehung nicht mehr von den eingeschliffenen ratio-

---

13   Wunder, Demenz und Selbstbestimmung 20–22.
14   Rüegger, Würde und Autonomie im Alter 37.
15   Mathwig, «Schweigen hat seine Zeit» (Koh 3,7) 9.

nalen Wortwechseln gestört wird und eben dadurch einen existentiellen Tiefgang erreicht, wie nie zuvor oder allenfalls wie in der frühen Kindheit.»[16]

Zu vergessen, nicht mehr vollumfänglich selbstbestimmt zu handeln und auf die Hilfe anderer angewiesen zu sein, wäre dann nicht nur die Abweichung oder Ausnahme, sondern auch ein Normalzustand im Sinne einer möglichen Form von Leben und Erfahren.

**Literatur**

CURAVIVA Schweiz, Zum würdigen Umgang mit älteren Menschen. Charta der Zivilgesellschaft, Bern 2010, URL: https://www.curaviva.ch/files/IWD64QZ/charta_der_zivilgesellschaft_fuer_einen_wuerdigen_umgang_mit_aelteren_menschen__curaviva_schweiz_2010.pdf (30.11.2023).

Deutscher Ethikrat, Demenz und Selbstbestimmung. Stellungnahme, Berlin 2012, 56, URL: https://www.ethikrat.org/fileadmin/Publikationen/Stellungnahmen/deutsch/stellungnahme-demenz-und-selbstbestimmung.pdf (30.11.2023).

Klaus Dörner, Die neue menschliche Seinsweise der Demenz, in: Bundesgesundheitsblatt – Gesundheitsforschung – Gesundheitsschutz 48 (2005) 604–606.

Thomas Fuchs, Das Leibgedächtnis in der Demenz, in: Andreas Kruse (Hg.), Lebensqualität bei Demenz? Zum gesellschaftlichen und individuellen Umgang mit einer Grenzsituation im Alter, Heidelberg 2010, 231–242.

Generalversammlung der Vereinten Nationen, Allgemeine Erklärung der Menschenrechte (1948), URL: https://www.un.org/depts/german/menschenrechte/aemr.pdf (30.11.2023).

Eilert Herms, Art. Würde des Menschen, II. Theologisch, in: Religion in Geschichte und Gegenwart 8 ([4]2005) 1737–1739.

Inge Jens, Langsames Entschwinden. Vom Leben mit einem Demenzkranken, Reinbek bei Hamburg 2016.

Hans Lauter, Demenzkrankheiten und menschliche Würde, in: Andreas Kruse (Hg.), Lebensqualität bei Demenz? Zum gesellschaftlichen und individuellen Umgang mit einer Grenzsituation im Alter, Heidelberg 2010, 27–42.

Frank Mathwig, «Schweigen hat seine Zeit» (Koh 3,7). Über die Begegnung mit dem Vergessen, URL: https://www.evref.ch/wp-content/uploads/2019/11/Schweigen-hat-seine-Zeit.pdf (30.11.2023).

Hans-Martin Rieger, Demenz – Härtefall für die Würde, in: Zeitschrift für medizinische Ethik 61 (2015) 133–150.

Heinz Rüegger, Alter(n) als Herausforderung. Gerontologisch-ethische Perspektiven, Zürich 2009.

---

16　Dörner, Die neue menschliche Seinsweise der Demenz 604 f.

Heinz Rüegger, Würde und Autonomie im Alter. Ethische Herausforderungen in der Pflege und Betreuung alter Menschen, Bern 2013, 37, URL: https://www.curaviva.ch/files/AVBOE84/wuerde_und_autonomie_im_alter__heinz_rueegger__curaviva_schweiz__2021.pdf (30.11.2023).

Melanie Werren, Würde und Demenz. Grundlegung einer Pflegeethik, Baden-Baden 2019.

Melanie Werren/Frank Mathwig/Torsten Meireis (Hg.), Demenz als Hölle im Kopf? Theologische, philosophische und ethische Perspektiven, Zürich 2017.

Michael Wunder, Demenz und Selbstbestimmung, in: Ethik in der Medizin 20 (2008) 17–25.

# Umnachtung
## Wo das Leben an seine Grenzen stösst

Joachim Negel

in memoriam
Hermann Kurzke (1943–2024)

## Mythologie

«Aber die Nacht gebar den verhaßten Moros, die schwarze Ker
und Thanatos, sodann den Schlaf und die Scharen der Träume
– keiner hatte den Schoß der nächtigen Herrin befruchtet –,
Momos, den Tadler, sodann und Oizys, die schmerzliche Drangsal.
Nemesis auch gebar zum Leid der sterblichen Menschen
Nacht, die unheilschwangere, dann Betrug und Umarmung,
schließlich das grausame Alter und die heftige Eris.
Aber Eris, die Streitsucht, gebar die qualvolle Plage,
Vergessen und Hunger sodann und tränentreibende Schmerzen.»[1]

Es gibt Dinge, die reichen so tief, dass ihnen zuletzt nur der Mythos beikommt. Dazu gehören die Liebe und der Tod, das Geborenwerden und Sterben, die Lust und der Schmerz, Glück und Freude, Trauer und Leid, der Hass und der Zorn und manches andere mehr. Und natürlich gehört dazu auch die Nacht und alles, was mit ihr zusammenhängt: der Schlaf, der Traum und das Erwachen aus ihm; die Finsternis, das unheilvoll Drauende und die Angst, die es hervorruft; Dunkelheit und Blindheit, aber auch das Rätselhafte, Unfassbare, Unergründliche. Und dann natürlich das selige «Verschlafen und Vergessen» der Welt, von dem Matthias Claudius in der zweiten Strophe seines berühmten Abendlieds spricht[2], das lösende, gna-

---

1   Hesiod, Theogonie 211–214, 223–227: Hesiod, Theogonie/Werke und Tage, griechisch-deutsch, hg. und übersetzt von Albrecht von Schirding, München/Zürich 1991, 20–23.
2   «Der Mond ist aufgegangen» [1779], in: Matthias Claudius, Sämtliche Werke, hg. von Rolf Siebke und Hansjörg Plaschek, Düsseldorf/Zürich [8]1996, 217f. Dazu das wunderbare Buch des Musikologen und Bachforschers Martin Geck, Matthias Claudius. Biographie eines Unzeitgemäßen, München 2014.

denvolle Absinken in jenen Zustand, für den es im Deutschen das schöne, vieldeutige Wort Umnachtung gibt. In keiner europäischen Sprache findet sich hierfür ein Äquivalent – im Französischen und Spanischen wäre am ehesten noch an *obnubilation (obnubilación)* zu denken, wörtlich Umwolkung, oder im Italienischen an *ottenebramento*, Einschattung oder Eindunkelung, aber da schwingen andere Assoziationen mit: Umwolkung assoziiert vor allem das Diffuse, Difforme, Trübe; Einschattung trifft es schon besser, assoziiert aber etwas Verschleierndes, Sich-Zurücknehmendes. Man müsste zu umständlichen Äquivalenzformulierungen greifen, etwa englisch *to sink into night*, französisch *tomber dans un état nocturne*, Formulierungen, die das Vieldeutige, Fragwürdige des Nächtlichen herbeirufen, aber auch das Freundliche, Milde, Nachsichtige: *s'endormir, somnoler, sombrer, s'enfoncer dans le sommeil*: Verdämmern im Sinne von In-den-Schlaf-Sinken; *tomber dans l'oubli, to sink* oder *to fall into oblivion*, In-Vergessenheit-Geraten, aber auch (Sich-)Vergessen-Dürfen, (Sich-)Loslassen(-Dürfen), Sich-Ergeben, die Waffen strecken – noch einmal sei an Matthias Claudius erinnert.

Und damit sind wir mitten im Thema. Umnachtung, so lernen wir, hat mit Vergessen zu tun, und Vergessen wiederum mit Eintrübung, Eindunkelung, Verlust, wobei (das sei hier schon erwähnt) es neben den schmerzlichen auch die heilsamen Verluste gibt. Die germanischen, romanischen und slawischen Wörter *Nacht, night, nuit, notte, noche, noc* etc. sind alle abgeleitet vom lateinischen *nox* bzw. griechischen *nyx*, denen seinerseits der indoeuropäische Verbalstamm *\*naç-* bzw. *\*nokt-* zugrunde liegt: *schädigen, vernichten, töten* (vgl. lateinisch *necare* bzw. *nocere*; griechisch νέκυς).[3] Und so ist es wohl kein Zufall, dass das wirkmächtigste aller Bilder und Gleichnisse des nächtlichen Sich-Vergessens und -Verlierens dem griechischen Mythos entstammt, wie ihn uns Hesiod in der *Theogonie* übermittelt. Dort ist die Rede von der machtvollen Nacht, die sowohl den Schlaf und die Träume gebiert als auch das grausame Alter (γῆρας), jene unheilbare Krankheit, wie Seneca sagen wird,[4] sowie den Tod, aber – merkwürdigerweise –

---

3   Jacob und Wilhelm Grimm, Deutsches Wörterbuch, Art. Nacht, Bd. 13, Erstausgabe Leipzig 1889, Fotomechanischer Nachdruck München 1984, 145–167, 145 f.; C. T. Onions u. a., The Oxford Dictionary of English Etymology, Art. night, Oxford 1966, 610.

4   Seneca, Briefe an Lucilius 108, 28: «*senectus enim insanabilis morbus*»: L. Annaeus Seneca, Philosophische Schriften. Lateinisch und deutsch, hg. und übersetzt von Manfred Rosenbach, Bd. 4, Darmstadt 1995, 652/653.

auch die *Eris*, die Göttin der Zwietracht, die dann die *Lethe* gebiert, die Göttin des Vergessens, welche ihrerseits ein Kind der Nacht ist. Das Zwieträchtige, die *discordia* (ἔρις), treibt ja nicht nur die Menschen auseinander; sie treibt, wo sie sich erst einmal im Herzen (*cors*/καρδία) eines Menschen eingenistet hat, vor allem diesen selbst auseinander: *Schizoidie*. Ich bin nicht ich! «Je est un autre.»[5] Ich weiss nicht mehr, wer ich bin. Ich komme mir abhanden, habe mich nicht mehr in der Hand, werde mir und der Welt zusehends fremder.[6] Mein Gedächtnis gleicht immer mehr jener Wachstafel, auf der das Geschriebene, weil man sie mit dem Spatel glattgestrichen hatte, ausgelöscht ist: *tabula rasa*. Noch heute sagen wir redensartlich: «Das habe ich *glatt* vergessen.»[7]

Ihre eigentliche Karriere hat die *Lethe*, dieses fragwürdige Kind der Nacht, nun aber nicht so sehr über die *Theogonie* des Hesiod genommen, sondern über Homer, Pausanias und Vergil. Diese drei sprechen von ihr in Gestalt jenes mythischen Unterweltflusses, der den Seelen der Verstorbenen das zweifelhafte Vergessen spendet: Im Vergessen der *Lethe* wird man zum Schatten seiner selbst. In diesem Bild bzw. Bildfeld, so der Sprachwissenschaftler Harald Weinrich, «ist das Vergessen ganz in das flüssige Element des Wassers eingetaucht. Es liegt ein tiefer Sinn in der Symbolik des magischen Wassers. In seinem weichen Fließen lösen sich die harten Kon-

---

5  Arthur Rimbaud, Sämtliche Dichtungen französisch-deutsch. Aus dem Französischen übersetzt und mit Anmerkungen und einem Nachwort herausgegeben von Thomas Eichhorn, München ⁶2016, 368/369. Der Satz findet sich im ersten der «Lettres dites ‹du voyant›», geschrieben an seinen früheren Lehrer Georges Izambard am 13. Mai 1871.

6  Christoph Held, «Ich bin nicht ich, sagt Vera», in: Neue Zürcher Zeitung, Samstag, 23. Dezember 2023, 46 f.: «Die Psychiatrie der Alzheimerkrankheit ist noch nicht geschrieben. Viel zu einseitig liegt der diagnostische Schwerpunkt auf den Gedächtnisstörungen. Dass es aber Jahre davor zu psychischen Veränderungen kommt – oft ganz ähnlichen wie in frühen Phasen einer Schizophrenie –, ist wenig bekannt und geht unter, wenn nicht danach gesucht wird. Bei beiden Krankheiten ist es schwierig, sich in das Seelenleben der betroffenen Menschen hineinzuversetzen. Es entzieht sich einem Verstehen und bleibt für die Angehörigen und Pflegenden rätselhaft – vom Anfang bis zum Ende.» (Ebd. 45).

7  Harald Weinrich, Lethe. Kunst und Kritik des Vergessens, München ³2000, zit. nach der Beck'schen Reihe, München 2005, 17. – Siehe dazu auch Anm. 22.

turen der Wirklichkeits-Erinnerung auf und werden so *liquidiert*»[8], wörtlich: verflüssigt, d. h. aufgelöst und beseitigt. Es dürfte kaum ein Zufall sein, dass in den diversen literarischen Bearbeitungen der Alzheimer-Krankheit, wie sie erstmals in den 1970er-Jahren auftauchen und seit knapp 20 Jahren vielfältig auf dem Buchmarkt, aber auch im Kino zu finden sind, solche Metaphern des Auflösens, Entschwindens, Verrinnens, aber auch des Versinkens im Nebel des Vergessens und damit der angstvollen Orientierungslosigkeit verwendet werden.

**Philosophie**

Damit geraten wir in Zusammenhänge, die noch einmal abgründiger sind als das bisher Besprochene; sie sind jenem «Brunnen der Vergangenheit» vergleichbar, der tief ist, weil er nicht nur in Vergessenes führt[9], in untergegangene Welten, sondern *direttamente* (d. h. transzendentalphilosophisch) in unser ureigenes Ich. Zu diesem haben wir immer nur begrenzten Zugang. Der «tiefe[.] Schacht des Ich», von dem der Philosoph Georg Wilhelm Friedrich Hegel spricht,[10] ist buchstäblich bodenlos; denn die Strickleiter, die es brauchte, um in ihn hinabzusteigen, ist ja gerade das eigene Ich. Wie aber will man denkend hinter sein eigenes Ich kommen? Man müsste das Seil durchschneiden, an dem man sich in die eigene Vergangenheit und damit in die eigene memorative Identität hinabhangelt. Man müsste, wie Fichte und Schelling das nannten, im Denken des eigenen Ich etwas buchstäblich «Unvordenkliches» denken, etwas, das als jene Instanz, die mein «Ich denke»[11] gründet, jenseits meines «Ich denke» ist. Genau das aber ist unmöglich, denn dazu müsste man sich selber gleichsam *auf* bzw. *in* den Kopf bli-

---

8   Ebd. 18. – Für die entsprechenden Stellen bei den antiken Autoren Homer, Vergil, Pausanias, vgl. Der kleine Pauly. Lexikon der Antike, Bd. 5, Art. Unterwelt, München 1979, 1053–1056.
9   Thomas Mann, Joseph und seine Brüder. Teil I: Die Geschichten Jaakobs, Frankfurt a. M. 1974, 9.
10  Georg Wilhelm Friedrich Hegel, Enzyklopädie der philosophischen Wissenschaften III (§ 462), in: Georg Wilhelm Friedrich Hegel, Suhrkamp-Werkausgabe, Bd. 10, Frankfurt a. M. 1986, 279.
11  Immanuel Kant, Kritik der reinen Vernunft B 131f., in: ders., Werke in zehn Bänden, hg. von Wilhelm Weischedel, Bd. III, Darmstadt 1983, 136: «Das: *Ich denke* muß alle meine Vorstellungen begleiten *können*; denn sonst würde etwas in mir vorgestellt werden, was gar nicht gedacht werden könnte, welches eben

cken,[12] kurzum: Man müsste sich beim eigenen Denken beobachten und dabei im gleichen Zuge das eigene Denken hinter sich lassen, um nicht wieder nur bei dem zu landen, was man denkend längst vorausgesetzt hatte. Wie aber soll das gehen, da wir doch von unserem Bewusstsein allseits umgeben sind?![13] Das Subjekt- bzw. Identitätsdenken von Friedrich Heinrich Jacobi, Johann Gottlieb Fichte und Friedrich Hölderlin ist genau hieran gescheitert. Der Versuch, sich im Denken nicht nur zu ergründen, sondern im eigenen Denken jenen Archimedischen Punkt zu fixieren, von dem aus man sich selbst gründet, gleicht denn auch jener Münchhausiade, sich an den Haaren des eigenen Ichs buchstäblich aus den sumpfigen Wassern des eigenen Ichs herauszuziehen. Schon Goethe und Schiller hatten sich in den *Xenien* hierüber lustig gemacht:

> «[Cogito ergo sum]
> Denk' ich, so bin ich. Wohl! Doch wer wird immer auch denken?
> Oft schon war ich und hab' wirklich an gar nichts gedacht.»[14]

Da man hier nicht weiterkommt, wird man sich den vielfältigen Zusammenhängen, in die das Wortfeld «Umnachtung» führt (Ich und Vergessen; zerstörte Identität, weil verlorene Erinnerung; Verirrung, aber auch Heimweg und Einbergung ins Dunkel der Nacht), auf anderem Wege nähern müssen. Und so gilt:

---

so viel heißt, als die Vorstellung würde entweder unmöglich, oder wenigstens für mich nichts sein.»

12 Georg Büchner, Leonce und Lena. Ein Lustspiel I/1: «Dann – habe ich nachzudenken, wie es wohl angehen mag, daß ich mir einmal auf den Kopf sehen könnte! Das ist eines von meinen Idealen.» In: Werke und Briefe. Münchner Ausgabe, hg. von Karl Pörnbacher u.a., München ²1990, 161; ders., Probevorlesung über Schädelnerven (Zürich 1836), in: ebd. 257–269.

13 Friedrich Wilhelm von Schelling, Einleitung in die Philosophie der Offenbarung oder Begründung der positiven Philosophie [1842/43], in: Ausgewählte Schriften in 6 Bänden. Bd. 5: 1842–1852, Teilbd. 1, hg. von Manfred Frank, Frankfurt a.M. 1985, 603–776, 765–773 [= Sämmtliche Werke II/3, 163–171]. – Zum Ganzen Klaus Müller, Streit um Gott. Politik, Poetik und Philosophie im Ringen um das wahre Gottesbild, Regensburg 2006, 209–249.

14 Xenien I. Von Schiller zusammengestellte Xenien des Musenalmanachs 1797, in: Goethes Werke. Hamburger Ausgabe, Bd. I, textkritisch durchgesehen und kommentiert von Erich Trunz, München 1998, 208–221, 219.

## Psychologie

Es ist wohl kaum ein Zufall, dass sich in jenen kurzen Jahren zwischen 1799 und 1807, da in Tübingen, Jena und Heidelberg ein Denken ausgebrütet wird, das man seiner klaren, lichten Selbstpräsenz wegen Idealismus nennt,[15] ein Lebensgefühl verbreitet, aus dem in Reaktion auf das aufklärerische Vernunftideal ein ganz anderes Denken entsteht: die Romantik; man hat sie, im Gegensatz zu den «Lumières», als «Philosophie der Nacht»[16] bezeichnet. Neben den grossen Namen Johann Gottfried Herder, Friedrich Schlegel und Ludwig Tieck, Novalis und Wilhelm Heinrich Wackenroder, Friedrich Schleiermacher und Caspar David Friedrich wäre als wichtiger Vertreter solchen Denkens unbedingt an Heinrich von Kleist zu erinnern, jenen tragischen, bis ins Schizoide zerrissenen Menschen,[17] aber auch an Arthur Schopenhauer und Sören Kierkegaard sowie am Ende des langen 19. Jahrhunderts an Friedrich Nietzsche und Sigmund Freud. Auch diese Letztgenannten sind ja romantische Denker und Dichter durch und durch, wenn auch auf recht spezielle Art. – Überhaupt die Romantik: Man könnte sie als Geburtsstätte der Psychoanalyse *avant la lettre* bezeichnen, jener Lesekunst von Ich, Welt und Gott, die sich den Götterboten Hermes als Schutzpatron erwählt hat und der es um das Dunkle, Kryptische, nur schwer Entzifferbare des Lebens zu tun ist, um die Nachtseite unserer Existenz, um ihre Träume und Traumata, ihre Verirrungen und Verwirrungen. Diese gilt es zu erhellen, weshalb Romantik und Psychoanalyse Zwillingsgeschwister von Idealismus und Aufklärung sind, aber solche, die um das Fragwürdige ihrer helläugigen Zwillingsgeschwister wissen. Denn wann hätte man sich selbst je in der Hand? Wann gelänge es einem Menschen, sich selbst so durchsichtig und präsent zu sein und zu werden, dass er wüsste, wer er *wirklich* ist? Aber was ist das – die Wirklichkeit? Und was das Ich?

In solchen Fragen taucht einmal mehr jenes Dunkle und Zwielichtige auf, jenes Verschattende und Verschattete, kaum je zu Erhellende unserer

---

15  Dazu neben Jürgen Kaube, Hegels Welt (Berlin 2020, 11–22, 122–181) in dem wunderbaren Buch von Rüdiger Safranski, Schiller oder die Erfindung des Deutschen Idealismus, München ²2008, 306–470.

16  Felix Krämer, Schwarze Romantik. Eine Annäherung, in: ders. (Hg.), Schwarze Romantik. Von Goya bis Max Ernst [Ausstellungskatalog Städel Museum Frankfurt a. M.], o. O. 2012, 14–28.

17  Dazu Hans Dieter Zimmermann, Kleist, die Liebe und der Tod, Frankfurt a. M. 1989.

Existenz. Und so ist es kein Zufall, dass Romantik und Psychoanalyse sich jener Wirklichkeit widmen, für die die Aufklärung zuletzt immer nur wenig Sinn hatte: die Welt der animalischen Triebe und Wünsche, der Ahnungen, Witterungen und Halluzinationen, der Einbildungen und Widersprüchlichkeiten der Vernunft – all jener Flüchtigkeiten also, in den man sich so herrlich, aber auch so furchtbar und irreversibel verirren kann.[18]

Grundtext aller romantischen Seelenkunde ist Freuds grosses Buch «Die Traumdeutung», vollendet im November 1899, jedoch vordatiert auf den Beginn des Jahres 1900, denn er war überzeugt, mit diesem Buch das Tor zu einem neuen Jahrhundert aufgestossen zu haben. Schon das diesem Werk vorangestellte Votum aus der «Aeneis» des Vergil: «*Flectere si nequeo / superos, Acheronta movebo*» («Kann ich nicht Himmlische beugen, so werd' ich den Acheron stürmen»)[19] legt in aller nur wünschenswerten Deutlichkeit offen, worum es Freud mit der *Traumdeutung* geht: nämlich um «die Bewusstmachung unbewusster Konflikte als therapeutische Methode und [um] das Modell des sogenannten psychischen Apparats. Träume haben nach Freud eine Bedeutung, die sich analytisch erschliessen lässt. Im Traum streben inakzeptable Wünsche, die regelmässig mit infantilen Wünschen in Verbindung stehen, nach Erfüllung. Da deren direkte Erfüllung für den Träumer unangenehm wäre und so den Schlaf stören könnte, werden die Wünsche in einer entstellten Weise als erfüllt dargestellt; die Entstellung ist das Resultat eines Kompromisses zwischen den zu erfüllenden Wünschen einerseits und der widerstrebenden Tendenz in der Psyche des Träumers (im Buch auch ‹Zensur› genannt) andererseits. Die Analyse von Träumen ermöglicht es, unbewusste Wünsche sowie eigenes Widerstreben gegen selbige bewusst zu machen, genauso wie die infantilen Wurzeln der eigenen Psyche. Freud vertritt [...] die These, dass Wünsche nie verschwinden, sondern zeitlebens wirksam bleiben, allerdings der Erinnerung entzogen wer-

---

18    Erinnert sei nur an Kants Schmähschrift von 1766: Träume eines Geistersehers, erläutert durch Träume der Metaphysik, in: Immanuel Kant, Werke in zehn Bänden (Anm. 11), Bd. 2, 921–989.

19    Vergil, Aeneis VII, 312 (dt. Übersetzung von Wilhelm Plankl, Vergil: Aeneis, Stuttgart 1976, 181). Bei Freud ohne Angabe der Stelle auf dem Titelblatt seines auf 1900 datierten Buches zitiert: Sigmund Freud, Die Traumdeutung, in: Freud-Studienausgabe in zehn Bänden, hg. von Alexander Mitscherlich u. a., Bd. II, Frankfurt a. M. 1982, 11 und 577.

den können»[20], und so wird ihm die Traumdeutung zur *via regia*, zum Königsweg, der den Analytiker «zur Kenntnis des Unbewußten im Seelenleben»[21] führt.

Um den Traumwelten seiner Patienten näher auf die Spur zu kommen, bedient sich Freud aus dem riesigen Bildersaal von Mythos und Religion, bildender Kunst und Literatur, denn hier haben sich Erfahrungen grundsätzlicher Art ins Symbolische verdichtet und kulturell sedimentiert. Zwar ruft Freud an keiner Stelle seines Werkes das eindrückliche Bild der *Lethe*, jenes mythischen Unterweltflusses, in den einzutauchen das Gedächtnis zu einer *tabula rasa*[22] macht, expressis verbis herbei. Gleichwohl gilt ihm: So unzerstörbar die unbewussten Wünsche auch sind, man kann sich ihrer nicht wirklich erinnern.[23] Sie geistern wie schattenhafte Nebelfetzen durch unsere Seele,[24] verwirren sie, verleiten uns zu diesem und jenem, und so verliert man bisweilen die Orientierung, weiss im Extremfall kaum noch, wer man ist und warum man macht, was man macht[25]; das Unbewusste

---

20 Art. Die Traumdeutung (https://de.wikipedia.org/wiki/Die_Traumdeutung, Fassung vom 22.6.2023). Die zitierte Passage des Artikels bezieht sich vor allem auf das VII. Kapitel in «Die Traumdeutung»: «Zur Psychologie der Traumvorgänge» (Freud, Die Traumdeutung [Anm. 19] 488–588).

21 Freud, Die Traumdeutung (Anm. 19) 577.

22 «Das lateinische *oblivio*, das abgewandelt in allen romanischen Sprachen wieder auftaucht, gehört zur selben Sprachfamilie wie *lino*, *lĕvi*, zustreichen, zuschmieren, und ist seinerseits bereits ein metaphorisches Bild, es meint ursprünglich das Verwischen einer Schrift auf dem Wachstäfelchen. Auch Platon und Aristoteles haben die Erinnerung mit einem geprägten Wachsblock verglichen, einem Geschenk der Musenmutter Mnemosyne (*Memoria* bei den Römern).» (Francesca Rigotti, Schleier und Fluß – Metaphern des Vergessens, in: Michael B. Buchholz [Hg.], Metaphernanalyse, Göttingen 1993, 229–252, 230.) – Vgl. zum Bild der *tabula rasa* bei Freud den Gelegenheitsaufsatz Notiz über den «Wunderblock» [1924/1925], in: Freud-Studienausgabe (Anm. 19), Bd. III, 363–369.

23 Freud, Die Traumdeutung (Anm. 19) 491–509: «Das Vergessen der Träume».

24 Die Schatten in der Unterwelt, in die Odysseus hinabsteigt, werden von Freud mit der Unzerstörbarkeit der unbewussten Wünsche verglichen. (Freud, Die Traumdeutung [Anm. 19] 254, 527 f. Anm. 1.)

25 Neben einigen dramatischen Fallstudien aus Freuds eigener Praxis («Der Wolfsmann», «Der Rattenmann») sei an den berühmten, von Freud *ex post* einer Psychoanalyse unterzogenen Fall des Dresdener Senatspräsidenten Daniel Paul Schreber (1842–1911) erinnert: Sigmund Freud, Psychoanalytische

spielt einem immer wieder Streiche. In einem der zentralen Bilder, die Freud in seinen Analysen bemüht, ist denn auch statt von der *Lethe* ganz allgemein vom Wasser die Rede, in dem die Konturen des Lebens verschwimmen. Wasser ist ja überhaupt «das geläufigste Symbol für das Unbewußte»[26], denn hier nimmt seinen Ursprung, was man beim heranwachsenden Kind und Jugendlichen und später beim erwachsenen Menschen das zentrierte Ich nennen wird. Jedoch ist der Prozess der Ich-Werdung niemals abgeschlossen, er fordert immer wieder neu, Abschied zu nehmen vom Wunsch eines symbiotischen Daseins im Mutterleib.[27] Hören wir Freud selbst:

> «Einer großen Anzahl von Träumen, die häufig angsterfüllt sind, oft das Passieren von engen Räumen oder den Aufenthalt im Wasser zum Inhalt haben, liegen Phantasien über das Intrauterinleben, das Verweilen im Mutterleibe und den Geburtsakt zugrunde.»[28]

Und weiter:

> «In den Träumen wie in der Mythologie wird die Entbindung eines Kindes aus dem Fruchtwasser gewöhnlich mittels Umkehrung als Eintritt des Kindes ins Wasser dargestellt; neben vielen anderen bieten die Geburt des Adonis, Osiris, Moses und Bacchus gut bekannte Beispiele hierfür.»[29]

---

    Bemerkungen über einen autobiographisch beschriebenen Fall von Paranoia (Dementia paranoides), in: Freud-Studienausgabe (Anm. 19), Bd. VII, 133–203.

26  Carl Gustav Jung, Archetypen, München 1990, 21 – hier zitiert nach Harald Weinrich, Lethe (Anm. 7) 273, Anm. 9.

27  In der einunddreissigsten seiner «Vorlesungen zur Einführung in die Psychoanalyse», betitelt «Die Zerlegung der psychischen Persönlichkeit», umschreibt Freud das Ziel seiner therapeutischen Tätigkeit mit dem berühmten Wort: «Wo Es war, soll Ich werden. Es ist Kulturarbeit etwa wie die Trockenlegung der Zuydersee.» (Freud-Studienausgabe [Anm. 19], Bd. I, 496–516, 516). Man beachte, dass Freud das Ziel der Psychoanalyse im Bild einer Trockenlegung des Feuchten, Sumpfigen beschreibt. Erwachsengewordensein heisst seinem Verständnis zufolge, den regressiven Wünschen nach Rückkehr in den symbiotischen Zustand intrauteriner Geborgenheit definitiv entsagt zu haben. – Dazu näherhin auch Freuds grosse Studie von 1923 «Das Ich und das Es», in: Freud-Studienausgabe (Anm. 19), Bd. III, 273–330.

28  Freud, Die Traumdeutung (Anm. 19) 390.

29  Ebd. 392.

Anscheinend, so Freud, sind das morgendliche Auftauchen ins bewusste Leben und das abendliche Ein- bzw. Untertauchen in die ungeschieden vorgestaltige Urwelt symbiotischer Einheit (für sie steht ja der Schlaf) die zwei Seiten ein und derselben Medaille.[30] Wir können uns nicht immerzu selber gegenwärtig sein; ständige Wachheit ertragen wir nicht, sie wäre für uns tödlich. Wir müssen uns vergessen dürfen, müssen regelmässig ins Vor- und Unbewusste, jener erquicklichen Seite der nächtlichen *Lethe*, abtauchen, nur so wird uns das Leben erträglich. Und so (ver-)schlafen wir ein Drittel unserer Lebenszeit (Welche Erleichterung, nicht ständig man selbst sein zu müssen!), bis wir endlich – alt und älter geworden und dem Schwergewicht des Leibes folgend – sterbend uns jenen Abgründen zuneigen, aus denen wir damals in der Stunde unserer Geburt aufgetaucht waren, um von ihnen erneut, nun aber endgültig, eingehüllt und umnachtet zu werden.

**Theologie**

Mit dem zuletzt Gesagten haben wir das Bildfeld «Umnachtung» halberlei abgeschritten. Und doch haben wir den Anlass, weshalb wir uns überhaupt um dieses Bild bemühen, noch gar nicht berührt. Denn im Vergleich zu den verschiedenen Formen von Umnachtung, von denen wir bislang sprachen, ist jene Umnachtung, für die der *morbus alzheimer* steht, doch etwas sehr Anderes.[31] Hier gibt es keine Heilung, weder seelischer noch körperlicher

---

30  Sigmund Freud, Vorlesungen zur Einführung in die Psychoanalyse. 5. Vorlesung: [Der Traum] Schwierigkeiten und erste Annäherungen, in: Freud-Studienausgabe (Anm. 19), Bd. I, 101–115, 106: «Unser Verhältnis zur Welt, in die wir so ungern gekommen sind, scheint es mit sich zu bringen, daß wir sie nicht ohne Unterbrechung aushalten. Wir ziehen uns darum zeitweise in den vorweltlichen Zustand zurück, in die Mutterleibexistenz also. Wir schaffen uns wenigstens ganz ähnliche Verhältnisse, wie sie damals bestanden: warm, dunkel und reizlos. Einige von uns rollen sich noch zu einem engen Paket zusammen und nehmen zum Schlafen eine ähnliche Körperhaltung wie im Mutterleibe ein. Es sieht so aus, als hätte die Welt auch uns Erwachsene nicht ganz, nur zu zwei Dritteilen; zu einem Drittel sind wir überhaupt noch ungeboren. Jedes Erwachen am Morgen ist dann wie eine neue Geburt.»

31  Ich kann hier – allein schon wegen mangelnder Kompetenz – auf die medizinischen und psycho-sozialen Zusammenhänge der Alzheimer-Krankheit nicht eingehen und muss deswegen auf die entsprechende Fachliteratur verweisen. Obgleich älteren Datums war für mich überaus erhellend das Buch von Anneliese Furtmayr-Schuh, Das große Vergessen. Die Alzheimer Krankheit. Wissen,

Art; diese Krankheit ist wirklich eine zum Tode, und zwar in der grässlichsten seiner Formen, und insofern durchaus vergleichbar der *Oizys*, der schmerzlichen Drangsal, von der Hesiod spricht, und der unheilschwangeren nachtgeborenen und -gebärenden *Nemesis*, die *qualvolle Plage, Vergessen* und *tränentreibende Schmerzen* hervorbringt.[32] Und so geraten wir von der Psychologie zurück zur Mythologie, nun aber in ihrer elaborierten, d.h. theologischen Gestalt. Denn auch die Theologie ist in gewisser Weise ja Mythologie, d.h. Erzählen von Götter- resp. Gottesgeschichten[33], dies jedoch in einer durch die Einsichten von Philosophie und Psychologie zugespitzten und insofern selbstreflexiv gewordenen Denkform. Wie das?

Nun, der Theologie ist ein Erbe anvertraut, von dem auch Philosophie und Psychologie zehren, ohne dieses Erbe je begründen zu können. Wiederum die Theologie bedarf der Reflexionsfiguren sowohl der Philosophie als auch der Psychologie, um die Gestaltformen des Mythos gleichsam in sich aufzuheben und sich dadurch selbst durchsichtig zu werden. Und da wird nun deutlich, wie sehr jenem selbstbewussten *cogito, ergo sum* (Ich denke, also bin ich), in dem eine idealistische Philosophie sich selbst zu erfassen versucht, ein noch einmal grundsätzlicheres transzendentales *cogitor, ergo sum* zugrunde liegt: Ich werde gedacht, also bin ich.[34] Man wird diesen Satz

---

vorbeugen, behandeln, mit der Krankheit leben, Zürich 1990. Hingewiesen sei des Weiteren auf den wichtigen Sammelband von Melanie Werren/Frank Mathwig/Torsten Meireis (Hg.), Demenz als Hölle im Kopf? Theologische, philosophische und ethische Perspektiven, Zürich 2017.

32  Hesiod, Theogonie 211–214, 223–227 (Anm. 1).
33  Die Geschichtenerzähler (μυθολογήσαντες) Orpheus, Homer, Hesiod und Musaios gelten alter Tradition zufolge als die ersten Theologen. Der Grund? Sie erzählen Göttergeschichten. Vgl. Platon, Resp. 379a: οἱ τύποι περὶ θεολογίας. Als varia lectio vermerkt der von Émile Chambry eingerichtete textkritische Apparat: μυθολογίας (Platon, Werke in acht Bänden griechisch und deutsch, hg. von Günther Eigler, Darmstadt 1990, 160. Vgl. auch Platon, Soph 242cd). Ähnlich erblickt Aristoteles in Orpheus, Homer und Hesiod etwas abschätzig «alte Theologen»: θεολόγοι bzw. θεολογήσαντες (Met. A 983b 29; B 1000a 9; L 1071b 27; 1075b 26; N 1091a 34). – Zum Ganzen Gerhard Ebeling, Art. Theologie. Begriffsgeschichtlich, in: RGG³ 1962, Bd. VI, 754–769, 754–756.
34  Die Formulierung stammt von Franz von Baader, Über das Verhältnis des Wissens zum Glauben, in: Sämtliche Werke in sechzehn Bänden, hg. von Franz Hoffmann u. a., Bd. I, Leipzig 1850–1860, Reprint Aalen 1963, 349; ders., Vorlesungen über spekulative Dogmatik, in: ebd., Bd. VIII, 339; ders., Erläuterun-

noch einmal präziser übersetzen müssen. Er lautet dann: *Ich bin ich, insofern ich mich in meinem Denken als gedacht erfahre und mir dieses Gedachtwerden und Gedachtwordensein reflexiv zu eigen mache. Denn nur dann weiss ich mich auch in jenen Umnachtungen gedacht und gewusst, in denen ich mir selbst abhandenkomme, weil ich mich selbst und die Welt nicht mehr zu denken vermag.*[35]

Die hier angetönten Zusammenhänge haben ihren Ursprung in einer Ontologie der Gabe. Deren Ur-Intention lautet: Ich bin nicht Herr und Meister meiner selbst. Ich habe mich nicht gezeugt, und ich habe mich nicht geboren. Ich finde mich vor, bin «zuinnerst Gabe»[36], weshalb ich zuallererst lernen muss, mich zu empfangen, denn dadurch erst werde ich, der ich bin und sein kann. Mehr noch, ich entdecke mich in solchem Selbstempfang als aus einer unvordenklichen Freigiebigkeit mir anvertraut und anheimgegeben, mir zugedacht und wohl auch zugemutet, und die einzig interessante Frage, die sich hier stellt, lautet, ob jene Freigiebigkeit die einer anonymen Natur ist, die um sich selbst nicht weiss,[37] oder ob in ihr und durch sie hindurch sich noch einmal eine ganz andere Freigiebigkeit vermittelt, die es mir gestattet, mich als Gabe eines «*bonum diffusivum sui ipsius*»[38] wahrzunehmen, eines unvordenklich mich liebenden Gottes, der als Ineinsfall von Geber, Gabe und Geschehen des Gebens im Sinne des berühmten Wortes

---

gen zu sämtlichen Schriften von Louis Claude de Saint-Martin, in ebd., Bd. XII, 238, 324f.

35 Dazu näherhin Joris Geldhof, «Cogitor ergo sum»: On the Meaning and Relevance of Baader's Theological Critique of Descartes, in: Modern Theology 21/2 (2005) 237–251.

36 Romano Guardini, Welt und Person. Versuche zur christlichen Lehre von Menschen, in: Werke (Hg. Franz Henrich), Mainz/Paderborn ⁶1988, 161.

37 Genau dies ist das Thema einer der ersten der grossen literarischen Verarbeitungen der Alzheimer- resp. Demenzerkrankung: Max Frisch, Der Mensch erscheint im Holozän, Frankfurt a. M. 1979. – Dazu die feinfühlige Interpretation von Letizia Dieckmann, Vergessenes Erzählen. Demenzdarstellungen der deutschsprachigen Gegenwartsliteratur, Bielefeld 2021, 36–54. Auf die implizit theologischen Fragen von Frischs Roman geht Dieckmann leider nicht ein.

38 Thomas von Aquin, STh I, q. 73 art. 3 obj. 2: «benedictio a ‹bonitate› dicitur. Sed bonum est diffusivum et communicativum sui». Vgl. Dionysios Areopagita, De div. nom. IV, 20 (in: Corpus Dionysiacum I [PTS 33], hg. von Beate Regina Suchla, Berlin 1990, 166. 5–7); IV, 4 (ebd. 147. 4–15); IV, 1 (ebd. 143. 12–144. 5).

aus Psalm 139 von mir weiss, noch bevor ich von mir weiss,[39] und der – im Bild gesprochen – mich insofern immer schon überwölbt und unterfängt (vgl. Ps 139,1–10) und trägt und hält, gerade auch dann, wenn gar nichts mehr (mich) trägt und hält?[40]

Der Zürcher Pastoraltheologe Ralph Kunz hat diese Fragen im Blick auf eine «religionsgerontologische Deutung» der Alzheimer-Krankheit aufgenommen. Er greift dabei auf den biografischen Bericht zurück, den Arno Geiger, Schriftsteller aus dem Vorarlberg, über die Demenzerkrankung seines Vaters verfasst hat.[41] Die teils ratlosen, teils verzweifelten Klagen des alten Herrn («Ich begreife das alles nicht! […] Ich bin nichts mehr […] Ja, ja, es war einmal. Meine Anfänge sind kraftvoll gewesen. Aber jetzt bin ich alt») werden von Kunz in Korrelation gesetzt zu den Klagepsalmen der Bibel, insbesondere zum Psalm 88,5–7.9–10a.11b–13:[42]

---

39 Ps 139,15–16 (EÜ 1980): «Als ich geformt wurde im Dunkeln, / kunstvoll gewirkt in den Tiefen der Erde, / waren meine Glieder dir nicht verborgen. / Deine Augen sahen, wie ich entstand, / in deinem Buch war schon alles verzeichnet; / meine Tage waren schon gebildet, / als noch keiner von ihnen da war.»

40 Ich kann die hier anklingenden Zusammenhänge einer Theologie der Gabe nicht näher entfalten und verweise deshalb auf meine Studie «Welt im Modus des Dativs. Zur Phänomenologie der eucharistischen Gabe bei Jean-Luc Marion und Kenneth L. Schmitz», in: Joachim Negel, Welt als Gabe. Hermeneutische Grenzgänge zwischen Theologie und Phänomenologie (JThF 26), Münster 2013, 115–161.

41 Arno Geiger, Der alte König in seinem Exil, München 2011. Das erste Kapitel dieses Buches ist vier Jahre zuvor unter dem Titel «Besuch beim dementen Vater: Der alte König in seinem Exil» in der Frankfurter Allgemeinen Sonntagszeitung erschienen (FAS Nr. 19, 13. Mai 2007, 2). Das Buch hat Furore gemacht. Bis heute sind von der im Hanser-Verlag München publizierten Originalversion acht Auflagen erschienen (ausserdem Übersetzungen ins Niederländische, Französische und Ungarische); von der Taschenbuchausgabe, erschienen bei DTV München, ist derzeit die 15. Auflage im Verkauf. Amazon.de verzeichnet weit über 1000 Rezensionen.

42 Vgl. Ralph Kunz, Demenz als Metapher oder Vom Glück und Elend des Vergessens: Eine religionsgerontologische Deutung, in: Zeitschrift für Theologie und Kirche 111 (2014) 437–453, 445. – Zitate aus Geiger, Der alte König in seinem Exil (Anm. 41) 114. Psalmzitat hier nach der Zürcher Bibel.

> «Ich zähle zu denen, die zur Grube hinabsteigen,
> bin wie ein kraftloser Mann,
> ausgestossen unter die Toten,
> Erschlagenen gleich,
> die im Grabe liegen,
> deren du nicht mehr gedenkst;
> von deiner Hand sind sie getrennt.
> Du hast mich hinunter in die Grube gebracht,
> in Finsternis und Tiefe. [...]
> Meine Vertrauten hast du mir entfremdet,
> hast mich ihnen zum Abscheu gemacht.
> Eingeschlossen bin ich, komme nicht hinaus,
> mein Auge vergeht vor Elend. [...]
> [...] stehen Schatten auf, dich zu preisen? [...]
> Wird deine Güte im Grab verkündet,
> deine Treue im Abgrund?
> Werden deine Wunder in der Finsternis kund
> und deine Gerechtigkeit im Land des Vergessens?»

Der Beter, eingeschlossen im Land des Vergessens, beklagt die Gefahr eines «doppelten Verlust[es]»: den Verlust, den der Beter erleidet, wenn Gott nicht mehr seiner gedenkt, und den Verlust, den Gott selbst erleidet, wenn Er, der Heilige, seiner Geschöpfe nicht mehr gedenkt und diese infolge dessen auch ihn vergessen: «Gott riskiert, dass er vergessen wird. Was bliebe von Gott, wenn niemand an ihn erinnerte? Stehen Schatten auf, ihn zu preisen?»[43]

Mit dieser Frage geraten wir vor das zentrale Problem, das die Alzheimer-Krankheit dem biblischen Glaubensbekenntnis stellt. Denn dieses lebt ja aus der Erinnerung der Heilstaten Gottes: der Befreiung Israels aus Ägypten (Ex 12,1–20; vgl. Ps 126; 136; 147); der Ausweitung dieser Befreiung auf alle Völker durch das Heilswerk Jesu Christi (1 Kor 11,23–26; Apg 2,1–36).

---

43 Kunz, Demenz als Metapher (Anm. 42) 445 f. – In zugespitzter Form findet sich dieselbe Frage übrigens auch in Max Frischs Demenz-Roman «Der Mensch erscheint im Holozän» (Anm. 37) 17: «Ob es Gott gibt, wenn es einmal kein menschliches Hirn mehr gibt, das sich eine Schöpfung ohne Schöpfer nicht denken kann, fragt sich Herr Geiser.» Auch Herr Geiser, Frischs Romanfigur, lebt zunehmend im Land des Vergessens. Und so kommt nicht nur er selbst sich abhanden; es kommt ihm die Welt abhanden und mit der Welt auch der Weltenschöpfer, an den Herr Geiser, ein pensionierter Geografieprofessor, der sich zeitlebens mit der Jahrmillionen langen Erdgeschichte befasst hatte, sowieso nie geglaubt hat.

Der zentrale theologische Satz lautet deshalb für Juden wie Christen gleichermassen: «Bewahre und Gedenke!» («*Shamor ve zakhor*» – «*Hoc facite in commemorationem meam*»).[44] Genau hier geraten wir vor das Problem, weshalb «Alzheimer» tatsächlich zu einer zentralen Metapher[45] unserer Zeit wird: Unser Gedenken ist endlich. Nicht nur mein Gedenken wird verlöschen; es wird auch das Gedenken derer erlöschen, die, wenn ich gestorben sein werde, meiner gedenken. Und auch das Gedächtnis an sie, in dem ich vielleicht noch in memorativen Spurenelementen mitgeschleppt werde, wird erlöschen. Irgendwann, in nicht allzu langer Zeit, wird überhaupt jedes Gedenken erloschen sein, denn die Menschheit als ganze ist endlich. Es hilft wenig, darauf zu verweisen, dass der an Demenz erkrankte Mensch doch eingebettet sei in die liturgische Erinnerungsgemeinschaft der Kirche bzw. der Synagoge; das Gedächtnis aller dieser kollektiven Erinnerungsgemeinschaften wird verlöschen – in ein paar Jahrtausenden, Jahrhunderten, Jahrzehnten, schon bald. Was aber dann?

Es war Robert Spaemann, der diese Aporie vor ziemlich genau zwanzig Jahren zum Ausgangspunkt einer religionsphilosophischen Überlegung machte, die unter dem etwas grossspurigen Titel «Der letzte Gottesbeweis» für ein paar Wochen die Feuilletons beschäftigte, um sodann (zu Unrecht) wieder in Vergessenheit zu geraten.[46]

Spaemann fragt, welchen Zeitindex Wirklichkeit hat. Wenn ich beispielsweise feststelle: «Heute, am Sonntag, dem 25. Februar 2024, habe ich die letzten Korrekturen an meinen Aufsatz zum Thema ‹Umnachtung› angelegt», so gilt dies nicht nur heute und morgen; es gilt immer! Wir bemühen hierfür die grammatikalische Form des sogenannten Futurum exactum (Futur II): Weil

---

44 Vgl. dazu näherhin Joachim Negel, Gedächtnis und Geschichte(n). Eine Projektskizze, in: Jahrbuch für Biblische Theologie, Bd. 22: Die Macht der Erinnerung, Neukirchen-Vluyn 2007, 271–296.
45 Vgl. Susan Sonntag, Illness as Metaphor [1979], ergänzt um den Aufsatz «Aids and its Metaphors» [1991], London 2002.
46 Erstmals veröffentlicht unter dem Titel: Der Gottesbeweis. Warum wir, wenn es Gott nicht gibt, überhaupt nichts denken können, in: Die Welt (26. März 2005); URL: https://www.welt.de/print-welt/article560135/Der-Gottesbeweis.html. Neu aufgenommen in Robert Spaemann, Der letzte Gottesbeweis (mit Rolf Schönberger), Düsseldorf 2007. – Spaemanns Argument aus dem sogenannten *futurum exactum* findet sich freilich schon in seinem Aufsatz: Das unsterbliche Gerücht, in: Merkur 53 (1999) 772–783, 782 f.

wahr ist, dass ich heute, am Sonntag, dem 25. Februar 2024, die letzten Korrekturen an meinen Aufsatz zum Thema Umnachtung angelegt habe, kann ich sagen: Am Dienstag, dem 25. Februar 2025, wird es genau ein Jahr her sein, dass ich die letzten Korrekturen an meinen Aufsatz zum Thema Umnachtung angelegt habe. Was immer heute *ist*, wird morgen gewesen sein. Und es wird noch in 100 000 Jahren gewesen sein. Wenn etwas *jetzt i s t*, dann wird es in alle Ewigkeit gewesen sein, oder es ist nie gewesen.[47] «Das Futurum exactum», so Spaemann, «ist für uns denknotwendig mit dem Präsens verbunden. Von etwas sagen, es sei jetzt, ist gleichbedeutend damit zu sagen, es sei in Zukunft gewesen.» In diesem Sinne «[bleibt] das Gegenwärtige [...] als Vergangenheit des künftig Gegenwärtigen immer wirklich».[48]

Genau hier allerdings stellt sich die Frage: Von welcher Art ist diese Wirklichkeit? Man könnte sagen: Sie existiert «in den Spuren, die sie durch ihre kausale Einwirkung hinterlässt. Aber diese Spuren werden schwächer und schwächer. Und Spuren sind sie nur, solange das, was sie hinterlassen hat, als es selbst erinnert wird.» An dieser Stelle wird Spaemanns Argument im Blick auf die Frage, vor die uns die Alzheimer-Krankheit stellt, höchst interessant: Das menschliche Gedächtnis ist endlich. Irgendwann wird es keine Menschen mehr auf der Erde geben; auch die Erde selbst wird irgendwann verschwinden. «Da nun aber zur Vergangenheit immer eine Gegenwart gehört, deren Vergangenheit sie ist, müßten wir also sagen: mit der bewußten Gegenwart – und Gegenwart ist immer nur als bewußte – verschwindet auch die Vergangenheit, und das Futurum exactum verliert seinen Sinn. Aber genau dies können wir nicht denken.» Der Satz: In ferner Zukunft wird es nicht mehr wahr sein, dass ich am Sonntag, dem 24. Februar 2024, die letzten Korrekturen an meinen Aufsatz zum Thema Umnachtung angelegt habe, ist Unsinn. Er lässt sich nicht denken. Wenn es einmal nicht mehr wahr ist, dass ich am Sonntag, dem 24. Februar 2024, die letzten Korrekturen an meinen Aufsatz zum Thema Umnachtung angelegt habe,

---

47  Der bisweilen zu hörende Satz «Das ist so lange her, dass es fast nicht mehr wahr ist», bezieht sich auf die Erinnerungsfähigkeit des menschlichen Gedächtnisses, nicht aber auf den logischen Gehalt der Aussage. Selbst wenn nicht nur ich, sondern überhaupt niemand mehr sich daran erinnert, dass ich am Sonntag, dem 25. Februar 2024, die letzten Korrekturen an meinen Aufsatz zum Thema Umnachtung angelegt habe, wird es doch wahr sein, dass ich dies an jenem Tag getan habe.
48  Spaemann, Der Gottesbeweis (Anm. 46).

dann habe ich dies auch jetzt nie getan – mit anderen Worten: «Wenn gegenwärtige Wirklichkeit einmal nicht mehr gewesen sein wird, dann ist sie gar nicht wirklich. Wer das Futurum exactum beseitigt, beseitigt das Präsens.»[49]

An dieser Stelle schürzt sich für Spaemann der Knoten: «Die Unvermeidlichkeit des Futurum exactum, so seine These, impliziert die Unvermeidlichkeit, einen ‹Ort› zu denken, wo alles, was geschieht, für immer aufgehoben ist. Oder aber wir müssen den absurden Gedanken akzeptieren, daß einmal nicht mehr gewesen sein wird, was jetzt ist, und was eben deshalb auch jetzt nicht wirklich ist.»[50] Mit anderen Worten: Noch die bittere Klage des an *morbus alzheimer* erkrankten Menschen, «Ich begreife das alles nicht! [...] Ich bin nichts mehr [...] Ja, ja, es war einmal. Meine Anfänge sind kraftvoll gewesen. Aber jetzt bin ich alt»[51] wäre ihres Wirklichkeitsgehaltes und damit ihrer existenziellen Wahrheit beraubt, wenn es Gott nicht gibt.[52]

Was lernen wir hieraus? Wir lernen begreifen, was jeder Beter weiss – auch und gerade derjenige, der stellvertretend für jene betet, die es selbst nicht mehr können, weil ihr Gedächtnis sie immer mehr im Stich lässt: dass nämlich jedes aufrichtige Gebet seine Erhörung immer schon in sich trägt. Der Grund hierfür ist ganz einfach: Man kann nicht im Ernst dauerhaft und mit wachsender Intimität zu jemandem sprechen und auf jemanden hören, dessen Existenz den Status einer zweifelhaften Hypothese hat. Kurzum: Für den, der an Gott glaubt, wird aus der Hypothese der Wirklichkeit Gottes, die ihm aus dem Futurum exactum erwächst, «unvermeidlich Gewißheit, weil er betet».[53] Das aber bedeutet in Konsequenz nichts Geringeres als dies: Die

---

49   Alle Zitate aus Spaemann, Der Gottesbeweis (Anm. 46).
50   Spaemann, Das unsterbliche Gerücht (Anm. 46) 783.
51   Geiger, Der alte König in seinem Exil (Anm. 41) 114.
52   Spaemanns Argument, das in seiner Architektur an das ontologische Argument Anselms erinnert, hat, worauf Spaemann selbst hinweist, im Hintergrund den berühmten Satz von Friedrich Nietzsche: «Ich fürchte, wir werden Gott nicht los, weil wir noch an die Grammatik glauben.» (Götzendämmerung – oder: Wie man mit dem Hammer philosophiert, KSA 6, 55–161, 78.12 f.) Ich kann die Zusammenhänge, in die uns dieser grosse Nietzsche-Satz führt, hier nicht näher erläutern und muss deshalb auf die entsprechenden Nietzsche-Kapitel in meinem Buch «Das Virus und der liebe Gott. Unzeitgemäße Betrachtungen» (Freiburg i. Br. 2022, 65–91) verweisen.
53   Spaemann, Das unsterbliche Gerücht (Anm. 46) 781.

vielfältigen Umnachtungen, in die dieses endliche Leben jeden Menschen unweigerlich stossen wird, haben nicht das letzte Wort, weil mitten im «Herzen der Finsternis»[54] der sich vielfältig verwirrenden und erlöschenden Gedächtnisse ein unauslöschliches göttliches Licht glüht. Und so darf nicht nur für jenen Menschen, den der *morbus alzheimer* in die Umnachtung stürzt, sondern für überhaupt jeden gelten, was Synagoge und Kirche meinen, wenn sie in Psalm 139,11–12 mit dem Psalmisten singen:

> «Würde ich sagen: Finsternis soll mich verschlingen
> und das Licht um mich soll Nacht sein!
> Auch die Finsternis ist nicht finster vor dir, /
> die Nacht leuchtet wie der Tag,
> wie das Licht wird die Finsternis.»[55]

---

54  Ich spiele hier auf den Titel des erschütternden Romans von Joseph Conrad an: Heart of Darkness (1899).

55  Ps 139,11 f. (EÜ 2016) – Es ist mir ein Bedürfnis, diese Seiten dem Gedächtnis Hermann Kurzkes zu widmen; er starb inmitten der Vorbereitungen zu diesem Text am 18. Februar 2024. – Hermann Kurzke (* 1943), Germanist an der Johannes-Gutenberg-Universität Mainz, ist nicht nur bekannt als der grosse Thomas-Mann-Spezialist im deutschen Sprachraum; er hat sich durch die Gründung des Mainzer Instituts für Hymnologie auch und insbesondere hohe Verdienste um das deutsche Kirchenlied als Quelle von Literatur und Theologie erworben – nur drei Titel aus seiner reichen Bibliografie seien genannt: Hermann Kurzke u. a. (Hg.), Geistliches Wunderhorn. Große deutsche Kirchenlieder, München 2001; des Weiteren zum Konnex von Krankheit und beruhigender Wirkung des Gesangs die beiden wunderbaren Aufsätze: Kirchenlied und Psychoanalyse, in: ders., Kirchenlied und Kultur, Tübingen 2010, 20–38, sowie Zur Mythologie des Singens, ebd. 104–106.
In diesem Zusammenhang noch einmal Arno Geiger: «Das Bedürfnis, nach Hause zu gehen, gehört zum Krankheitsbild. Ich erkläre es mir so, daß ein an Demenz erkrankter Mensch aufgrund seiner inneren Zerrüttung das Gefühl der Geborgenheit verloren hat und sich an einen Platz sehnt, an dem er diese Geborgenheit wieder erfährt. Da jedoch das Gefühl der Irritation auch an den vertrautesten Orten nicht vergeht, scheidet selbst das eigene Bett als mögliches Zuhause aus. – Um es mit Marcel Proust zu sagen, die wahren Paradiese sind die, die man verloren hat. Ortswechsel, egal wohin, bewirken in solch einem Fall keine Besserung, es sei denn durch [...] Ablenkung, die man [... am besten ...] durch Singen erreicht. [...] Singen ist etwas Emotionales, ein Zuhause außerhalb der greifbaren Welt.» (Der alte König in seinem Exil, hier in der Version des in der Frankfurter Allgemeinen Sonntagszeitung erschienenen Artikels [Anm. 41].)

# Leben im Gedächtnis Gottes
## Das Versprechen der Theologie der Demenz

Ralph Kunz

Dieser Beitrag verspricht eine «Theologie der Demenz».[1] Wäre es nicht angemessener, von einer «Theologie der Krankheit» oder noch genereller von einer «Theologie des Leidens» zu reden? Verdient oder besser verlangt die Demenz diese besondere Aufmerksamkeit? Ist die Krankheit so speziell und spektakulär, dass man ihretwegen sinnbildlich gesprochen eine neue Sparte in der Abteilung der *Genetiv-Theologien* eröffnen soll?

Darunter sind thematische, programmatische oder engagierte Theologien zu verstehen, die nicht «den Menschen» allgemein im Fokus haben, sondern die Not, aber auch die Begabung einer bestimmten Gruppe sensibilisieren. Beispiele für Genetiv-Theologien in der jüngeren Theologiegeschichte sind die feministische Theologie sowie die Befreiungstheologie als «Option für die Armen»[2]. Es geht um Befreiung und Gleichberechtigung, um Teilhabe und Solidarität. Was alle Genetiv-Theologien verbindet, ist die Vision einer menschlicheren Gesellschaft.[3] Sie ziehen ihre politische Motivation und spirituelle Energie aus dem Evangelium. Die Menschen, die Solidarität und Respekt verdienen, sind *Mitmenschen*. Genetiv-Theologien sind demnach *aus Prinzip inklusiv*. Gefragt sind immer «wir», weil «sie» zu «uns» gehören und wir zusammen Kirche sind bzw. Gesellschaft sind. Der Genetiv ist immer auch Genetivus subjectivus.

Vor diesem Hintergrund betrachtet gibt es gute Gründe, warum die Demenzkrankheit unsere theologische Aufmerksamkeit verlangt. Schon die schiere Zahl spricht dafür. Demenz ist eine *Volkskrankheit*. Viele sind betroffen – auch die Angehörigen, die als Partner, Töchter oder Söhne von Alzhei-

---

1 In diesem Beitrag nehme ich einige Überlegungen auf aus: Kunz, Demenz als Metapher oder vom Glück und Elend des Vergessens.
2 Die südamerikanische Befreiungstheologie war eine wichtige Impulsgeberin für die neue politische Theologie, die seit den 1960er-Jahren die Ökumene geprägt hat. Vgl. dazu Schilling, Revolution, Kampf und Befreiung.
3 Hier nicht berücksichtigt ist die ökologische Theologie, die auch die leidende Umwelt inkludiert.

merpatienten mitleiden. Wie viele es sind, ist eine Frage der Statistik und Hermeneutik. Es gibt Berechnungen, dass 2030 ein Fünftel der Bevölkerung direkt oder indirekt betroffen sein wird. Das sind dramatische Zahlen. Schon die Entfaltung der Faktenlage macht also die Bedeutsamkeit klar und beschäftigt auch die Gesundheitspolitik und -ökonomie. Denn es stellt sich mit Blick auf die demografische Entwicklung, den Fachkräftemangel und andere ressourcenzehrende Investitionen auch die Frage, wie die aufwändige Versorgung der demenzkranken Menschen gewährleistet werden kann.

Für viele Menschen ist die Demenzerkrankung auch ein Schreckgespenst, weil eine hohe Wahrscheinlichkeit besteht, dass es sie persönlich irgendwann treffen kann. Gemäss einer repräsentativen Studie zufolge fürchten sich drei von vier Befragten, im Alter an einer Demenz zu erkranken. Die Jüngeren ängstigen sich besonders vor einem schleichenden, mit einer Demenzerkrankung einhergehenden Gedächtnisverlust, während bei den Älteren eher der Kontrollverlust und die Angst, den Angehörigen zur Last zu fallen, im Vordergrund stehen.[4]

In diesen mit dem Krankheitsbild verknüpften *Ängsten* spiegelt sich das trügerische *Ideal* eines selbständigen Lebens. Im Schatten der Angst lauert der Verdacht, dass ein Leben in der geistigen Verdunkelung keinen Sinn hat. Der Verdacht begleitet die heiklen Diskussionen um Rationalisierung und Rationierung der Medizin in den letzten Jahrzehnten. Es sind Debatten, die nicht nur ethisch, sondern auch theologisch relevant sind, weil sie an unser Menschenbild rühren. Die «Wertediskussion» ist auch eine über den Sinn des Leidens. Sie kann nicht nur abstrakt und generell geführt werden.

**Was verspricht Theologie?**

Und hier tritt eine Demenztheologie auf den Plan, die *ihre* Sicht auf die Krankheit einbringt. Sie ist zwar keine Wissenschaft wie die Medizin, aber versammelt unterschiedliche Sichtweisen, um ihr Welt-, Selbst- und Gottesbild wissenschaftlich zu stützen und dem Verdacht des lebensunwerten Lebens zu entgegnen.[5] Ihre Wissenschaftlichkeit beweist die Theologie, indem sie die Standards der Auslegung der Schrift und der Tradition einhält

---

4  Vgl. dazu Hermann u. a., CSS Gesundheitsstudie 2023 14.
5  In Anspielung an die menschenverachtende und verbrecherische Konsequenz, die im Nationalsozialismus aus dem Verdacht gezogen wurden. Vgl. dazu Schmitz-Berning, Vernichtung lebensunwerten Lebens.

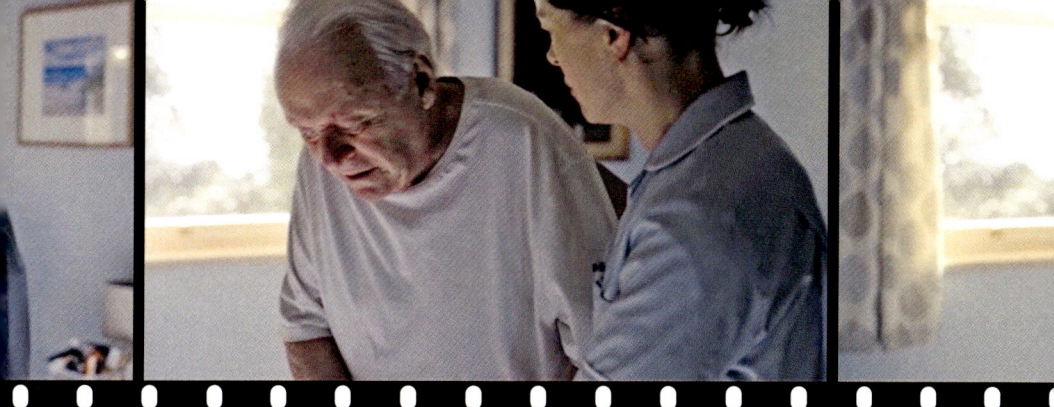

# «Ich fühle mich, also ob ich alle meine Blätter verlieren würde.»

Zitat aus dem Film «The Father» (bei 01:26:08–01:26:13; Filmstill: 01:27:01)

Anthony (Anthony Hopkins) hat jahrelang in der Wohnung seiner Tochter Anne (Olivia Colman) und ihres Mannes Paul gelebt. Diese kann jedoch inzwischen die belastende Pflege ihres an Demenz erkrankten Vaters nicht mehr leisten.
Beim Eintritt ins Pflegeheim versteht Anthony nicht nur nicht, wo er ist, er versteht buchstäblich die Welt nicht mehr. Der Pflegerin beschreibt er seine Gefühle mit den oben zitierten, zugleich erschütternden und poetischen Worten.

**The Father**
Drama
GB/F/USA, 2020
98 Min.
Regie: Florian Zeller
Drehbuch: Christopher Hampton, Florian Zeller

Zum Relimedia-Verleih mit Link zum Trailer:
https://www.relimedia.biz/NetBiblio/search/notice?noticeNr=DVD32193
Weitere Angaben zum Film finden sich auf S. 240 f. in diesem Band.

und mit dem Anspruch verbindet, etwas Hilfreiches über das menschliche *Zusammenleben* zu sagen. Was die Theologie zum Demenzdiskurs beiträgt, sind Glaubensüberzeugungen, Hoffnungsperspektiven und Handlungsweisen, die versprechen, uns menschlicher zu machen.

Es mag ein wenig heikel erscheinen, von einem *Versprechen* zu reden, aber der Begriff trifft meines Erachtens den Sachverhalt recht gut. Denn die Theologie hat keine Theorien, die das Übel erklären, und keine Mittel, die die Krankheit bekämpfen. Im Fokus ist keine *Behandlung*, sondern eine Geschichte, die von einem Gott erzählt, der durch Menschen *handelt*. Die materielle Basis der Theologie sind Stories, die vom guten Leben zeugen und die Sehnsucht in uns wecken, mehr von diesem Leben zu sehen. Das ist vielversprechend und darum auch ein Wagnis. Wer auf ein Versprechen baut und fragt, ob es denn wahr ist, riskiert Vertrauen und wagt zu hoffen.

Auf die Krankheit gemünzt, ist es die *Gewissheit*, dass sich der Wert eines Menschen nicht daran bemisst, ob er ganz bei Sinnen oder kognitiv beeinträchtigt ist, sich selbst und seine Angehörigen nicht mehr kennt oder sich seine Persönlichkeit verändert hat. Dass die Würde einer Person unzerstörbar ist, muss nicht *zwingend* religiös begründet werden. Man erwischt die Pointe der demenzsensiblen Theologie gerade nicht auf dem Weg einer logischen Ableitung, die etwas beweist. Wenn die Theologie behaupten würde, *sie* habe das Wort, das alles wende und die Angst überwinde, hätte sie zu viel versprochen. Wenn von der Grundlage der unveräusserlichen Würde *theologisch* mit dem *Glauben* in Verbindung gebracht wird, kann weder ein Erkenntnisvorsprung noch eine höhere Moral behauptet werden. Es geht um ein Versprechen, das nicht leer ist, weil diejenigen, die Gott anrufen, sich selbst in der Pflicht sehen, Gottes Willen zu tun.

### «er wurde alt und vergass»

Es geht um die *Krankheit des Vergessens* und darum, das, was daraus erwächst, zu überwinden: Elend, Verwirrung und Verlust. Aber auch die Kehrseite des Vergessens soll zur Sprache kommen. Im Schatten der Angst lernen wir etwas über den Trost des Vergessen. Es widerfährt denen, die das Vergessen vergessen – wie es im Gedicht von Kurt Marti heisst.

er wurde alt

er wurde alt
und vergass
was ist

er wurde alt
und wusste
nur noch
was früher gewesen

er wurde alt
und vergass
was früher gewesen

er wurde alt
und vergass
vorgestern
sich selbst

er wurde jung
jetzt da er
auch das vergessen
vergass[6]

Das Interesse am Glück und Elend des Vergessens verknüpft sich mit Leitfragen, die die Theologie beschäftigt. Mit Blick auf ihren diakonischen Auftrag ist die Kirche gefragt, wie sie demenzerkrankten Menschen und ihren Angehörigen helfen kann, den Alltag zu bewältigen. Allgemeiner formuliert: Wie begegnet eine religiöse Erinnerungsgemeinschaft denjenigen, die das Gedächtnis verloren haben? Mit Blick auf die Betroffenen muss uns beschäftigen, wie wir mit den Angehörigen und denen, die sich vor der Krankheit des Vergessens fürchten, glaubwürdig vom Heil reden können.

So einleuchtend die Überlegungen der Theologinnen, Philosophen und Psychologinnen zur unveräusserlichen Würde der Person sind, so schwierig ist die Umsetzung im konkreten Fall der Praxis. Die Angehörigen fragen: Welchen Sinn ergibt ein Leben ohne Erinnerung noch? Was fängt einer mit dem Leben an, der am Ende seines Lebens mit sich selbst nichts mehr anzufangen weiss? Der theologische Versuch, den Sinn einer Existenz mit Demenz zu ergründen, darf den Abgründen nicht ausweichen. Denn

---

6   Marti, Namenszug mit Mond 61 © Kurt Marti-Stiftung.

die Krankheit weckt eine Angst, die uns um den Verstand bringen kann, und verlangt deshalb eine Antwort, die höher ist als die Vernunft. Nicht Heilung, sondern Heil ist der Horizont, nicht Verfügbares, sondern Unverfügbares im Blick.

Die Rekonstruktion von Identität ist in religiöser Perspektive primär eine Aufgabe der Gottesdienstgemeinschaft. Sie zeigt sich in der Anamnese als Erinnerung an die Rettung, die auch als Vergegenwärtigung der Erlösung und als Aussicht auf die Vollendung der Werke Gottes wahrgenommen sein will. Dieses einzigartig zukunftsoffene Gedächtnis, das die Kirche in ihrer Liturgie pflegt, unterscheidet sich vom Kurzzeitgedächtnis anderer Institutionen. Der Staat kann nicht lieben und das Pflegheim nicht retten, aber die Kirche sorgt als Erinnerungsgemeinschaft dafür, dass Gott nicht vergessen geht – ein Gott, der die Verlorenen nicht vergisst und auch die Vergesslichen nicht verliert.

**Wieder Kind geworden?**

Kurt Marti gibt im oben zitierten Gedicht eine akkurate Beschreibung der degenerativen Demenz. Mit dem Oberbegriff sind Erkrankungsbilder gemeint, die mit einem progressiven Verlust der geistigen Funktionen verbunden sind: Wer dement *wird*, leidet unter abnehmenden Denkfähigkeiten. Dazu gehört der Verlust der Erinnerung, die für die Orientierung zentral ist. Es gibt auch sekundäre Demenzerkrankungen, aber 60% aller Fälle gehen auf eine neurodegenerative Deformation zurück, die als Alzheimer-Krankheit bekannt ist.

Das Gedicht benennt, bezogen auf das Vergessen, einzelne Stufen des Krankheitsverlaufs. «Er wurde alt, und vergass, was *ist*» – ein Hinweis auf das gestörte Kurzzeitgedächtnis. Das muss nicht, kann aber den Beginn einer Demenz anzeigen. Die Diagnose ist entsprechend schwierig. Denn Alzheimer kann auch bei relativ jungen Menschen auftreten. In solchen Fällen ist eine Früherkennung besonders wichtig. Erst in der zweiten Phase ist das sogenannte Altgedächtnis betroffen. Der demenzkranke Mensch vergisst, was früher *war*. Das Formulieren fällt ihm zunehmend schwer, bis er ganz verstummt. Unsicherheit und Angst nehmen zu. Schliesslich kommt es zu dem, was der Dichter mit dem ambivalenten Begriff der Selbstvergessenheit umschreibt. Er «vergass vorgestern *sich selbst*». Und weil damit auch das Krankheitsbewusstsein verloren gegangen ist, wird er «jetzt» wieder «jung».

Die Wendung, die im Gedicht positiv aufscheint, gibt in der Beschreibung der Demenz auch Anlass zu Debatten. Kann man einen degenerativen Prozess als Wieder-jung-Werden beschreiben? Ist es entwicklungspsychologisch zulässig, das Infantil-Progressive und das Senil-Regressive in dieser Weise zu verbinden? Die Frage ist für die Deutung der Krankheit von erheblicher Relevanz. Tatsächlich werden die Erkrankten in einer degenerativen Entwicklung kognitiv auf das *Niveau* von Kleinkindern zurückgestuft. Ein Angehöriger erzählt: «Ich musste meinen Vater hüten und ihn ins Bett bringen. Es war wie früher: Als ich meiner Dreijährigen die Zähne putzte und ihr ins Pyjama helfen musste.» Die Vorstellung hilft dem 50-jährigen Sohn, mit dem Schicksal des 80-jährigen Vaters fertig zu werden. Als generelle Interpretation muss die regressive Deutung einer krankhaften Degeneration aber als problematisch eingestuft werden. Der Demenzkranke ist kein lustiger Dreikäsehoch, der ein Leben vor sich hat. Er hat ein Leben hinter sich und lebt immer noch – wenn auch mit einer unheilbaren und fortschreitenden Krankheit. Er wird also nicht *jung*, jetzt, da er das Vergessen vergass.

Vielleicht ist die letzte Zeile von Marti weniger auf den Krankheitsverlauf gemünzt als auf das, was kommt, wenn einer das Zeitliche segnet? Mit Blick auf den kranken Menschen wäre aber die Vorstellung, dass ein Mensch noch in seiner Lebenszeit das Zeitliche segnet, erst recht ambivalent. Man würde dann in diesem Lichte – oder ist es angebrachter, von Schatten zu sprechen? – das Leben ohne Erinnerung mit der Vorstellung eines lebendigen Toten assoziieren. Ein Kind, das im Spiel die Zeit vergisst, ist glücklich. Ein Körper hingegen, der als leere und entkernte Hülle dahinvegetiert und nur existiert, weil der biologische Motor noch läuft, ist für viele eine Horrorvision.

Lena-Katharina Roy(-Schedukat) wendet sich in ihrer 2013 erschienenen Studie «Demenz in Theologie und Seelsorge» vehement gegen eine Deutung, die kindliche Generation und krankhafte Degeneration verkoppelt.[7] Die Fehldeutung macht auf eine Spannung aufmerksam, die aus der Konkurrenz der im Spiel stehenden Paradigmen entsteht. Das biomedizinische Demenzverständnis reduziert den Menschen auf einen Körper, fokussiert den Verlust und beschreibt den negativen Verlauf einer unheilbaren Krankheit. Menschen mit Demenz sind aber für diejenigen, die sie betreuen und begleiten, *Mitmenschen*: seien diese Angehörige, also Väter und Mütter, Geschwister

---

[7] Roy, Demenz 81f.

oder Freunde, oder seien es Zugehörige, also Patienten oder Heimbewohner. Dass sich diese mit dem Fortschreiten der Krankheit von der Person entfremden, die sie einmal gewesen sind, löscht bei Angehörigen und Zugehörigen das Gedächtnis an die Geschichte der Person nicht aus.

Wird aber diese Beziehung ins Zentrum gerückt, kommen andere Paradigmen zum Zug. Roy entfaltet in ihrer Arbeit das psychosoziale Personverständnis, wie es durch den britischen Psychogerontologen und Sozialpsychologen Tom Marris Kitwood initiiert wurde.[8] Ihm ging es darum, Demenzkranke als Subjekt wahrzunehmen, statt sie als Objekt zu betrachten. Im deutschsprachigen Raum hat Erich Grond diesen Ansatz rezipiert.[9] Grond und Kitwood vertreten in ihren Arbeiten die *personenzentrierte Pflege*. Ein weiteres Paradigma ist die *Validation* nach der deutschamerikanischen Gerontologin Naomi Feil.[10] Darunter ist eine Kommunikationsform zu verstehen, mit der mittels Wahrnehmung von Gefühlen eine Verbindung zu kognitiv desorientierten Menschen hergestellt werden soll. Roy würdigt und kritisiert diese Ansätze mit Blick auf ihr Menschenbild. Mit ihrem Vorschlag eines theologischen Demenzparadigmas stellt sie Beurteilungsmodelle und Verständnismöglichkeiten bereit, die sowohl die reduktionistische Sicht des biomedizinischen als auch Defizite des personenzentrierten und des validierenden Paradigmas kritisieren und erweitern.

Mit Blick auf Demenz liefert die Theologie demnach nicht nur einen Ansatz der Krankheit, der in Konkurrenz zu den anderen Ansätzen steht, sondern verändert die Vorzeichen der Deutungsleistung anderer Ansätze und formuliert zugleich eine eigene Interpretation der sozialen Konstruktion von Krankheit. Ein theologischer Deutungshorizont fragt nicht nur, was das kulturelle Bild der Krankheit mit dem medizinischen Krankheitsbild tatsächlich zu tun hat, sondern bringt die Rede von Gott als Regel ins Gespräch ein. Wie steht es um «die Krankheit des Vergessens»?

In der Bibel finden wir die häufige Mahnung, sich zu erinnern. Entsprechend oft wird in der Schrift und in der Tradition Vergessen als moralisches Versagen interpretiert. Das erschwert ein vorurteilsfreies Gespräch über das Leiden des Gedächtnisverlusts und macht es nötig, eine tiefenpsychologisch inspirierte psychosomatische Deutung der Krankheit, die sich

---

8 Ebd. 61–75.
9 Grond, Pflege Demenzkranker.
10 Vgl. Roy, Demenz 75–97.

mit dem biblischen Gebot des Gedenkens vermischt, konsequent zurückzuweisen. Sie führt zu einer fatalen Moralisierung. Dagegen wehren und sperren sich nicht nur die medizinische Aufklärung, sondern auch die biblischen Narrative, die vom heilsamen Umgang Jesu mit den Kranken zeugen. In der Begegnung mit dem Kranken vollzieht sich eine Destruktion der sozialen Konstruktion – die Bilder der Krankheit werden bearbeitbar. Gegenüber dem medizinischen Paradigma beharrt die Theologie der Demenz darauf, dass der Mensch nicht auf einen Defekt reduziert wird und dass auch im Torso der endlichen und zerbrechlichen Gestalt der menschlichen Existenz etwas Grösseres und Ganzes aufscheint. Selbst die Krankheit Demenz kann zum Lebenszeichen werden. Arno Geiger bringt es treffend zum Ausdruck, wenn er in seiner Weggemeinschaft mit dem demenzerkrankten Vater zu Protokoll gibt:

> «Es gibt da etwas zwischen uns (mir und dem Vater), das mich dazu gebracht hat, mich der Welt weiter zu öffnen. Das ist sozusagen das Gegenteil von dem, was der Alzheimerkrankheit normalerweise nachgesagt wird – dass sie Verbindung kappt. Manchmal werden Verbindungen geknüpft. [...] Das Glück, das mit der Nähe zum Tod eine besondere Dichte erhält. Dort, wo wir es nicht erwartet hätten.»[11]

### Gefährdete und gefährliche Erinnerung

Die theologische Deutung der Krankheit des Vergessens hilft, den Weg zum «Glück, das mit der Nähe zum Tod eine besondere Dichte erhält», zu bahnen. Das Verbindungsstück ist das Gedächtnis der jüdisch-christlichen Religion. Sein Inhalt ist die Geschichte Gottes mit Israel und Jesus Christus, eine Geschichte des Heils, aus der sich wieder neue heilsame Geschichten erschliessen, die immer wieder neu hervorgeholt und erzählt werden, um die *narrative Identität* der Religionsgemeinschaft zu befestigen.

Biblische Geschichten stiften insofern eine *gefährliche Erinnerung*.[12] Exodus und Ostern verändern die Welt. Das Narrativ bringt Dinge ans Licht, die einige gerne vergessen würden. Die *gefährlichen* sind aber auch *gefährdete Erinnerungen*. Nur die Lebenden können das Gedächtnis pflegen und die nächste Generation an die Zukunft ihrer Herkunft erinnern. Vergesslich-

---

11 Geiger, Der alte König in seinem Exil 179.
12 Gefährlich im doppelten Sinn: weil das Gedächtnis des «geschichtlich akkumulierten Leidens» eine Sprengkraft besitzt. Vgl. Metz, Glaube 107.

keit, die zum Tod führt, ist darum ein Schreckensgespenst des Glaubens. Wer nicht mehr erinnert wird, ist am Ende seiner Geschichte.

Das Schreckgespenst des Glaubens ist das Schreckensgespenst des *homo sapiens*, der seiner *sapentia* beraubt auch die Urteils- und Handlungsfähigkeit verliert. Wenn Menschen mit Demenz am Ende nicht mehr zwischen Gut und Böse unterscheiden können, fehlt ihnen das, was den Menschen vor anderen Lebewesen auszeichnet. In der letzten Phase der Krankheit sind die Betroffenen abhängig und nicht mehr zurechnungsfähig. Daraus legt sich der Schluss nahe: Wer sich selbst verloren hat, kann mit einer Religion, die Erinnerung fordert, wenig anfangen. Lena-Katharina Roy widmet sich diesem Problem in ihrer Studie. Sie sieht in der Demenz eine Anfrage an das Wesen des Christentums als Gedächtnisreligion.

Mit Wilfried Härle verweist Roy auf die fundamentaltheologische Dimension der Erinnerung und definiert das Wesen des Christentums anhand seiner Erscheinungen – Verkündigung, Dogmen, Bibel, Bekenntnisse und Praktiken.[13] Sie leitet daraus ab, dass die Amnesie dem auf Anamnese gegründeten Glauben einen Identitätsverlust beschert.

> «Mit ihrem grundsätzlichen Gedächtnisbezug und in ihrer erinnerungs- und wortbezogenen Glaubenspraxis grenzen die Theologie und die kirchliche Praxis nicht nur Menschen mit Demenz zunehmend als Erinnerungssubjekte aus, sondern Demenz fragt auch nach der Bedeutung eines zunehmenden Gedächtnisverlustes für die Identität erinnerungsbasierter Religionen.»[14]

### Theologische Brechungen

Grenzt die Theologie aus? David Keck sagt es noch schärfer, wenn er Alzheimer als «theological disease»[15] bezeichnet. Vielleicht ist das zu scharf. Denn die theologischen Verbindungsstücke der Deutung der Krankheit erinnern an etwas, das kein menschliches Gedächtnis erfassen kann, weil es höher ist als die Erinnerung (Jes 55,8) und weil es radikal neu ist (Jes 43,19).[16] Das Heil ist dort, wo wir es nicht erwartet hätten. Als Unterscheidungen formu-

---

13 Roy, Demenz 200.
14 Ebd. 201.
15 Zitiert in ebd.
16 Mit Blick auf das eschatologisch Neue ist theologisch auch von einem Gebot des Vergessens zu reden. Jes 43,16–21 lässt sich so interpretieren. Vgl. dazu Schmid, Gibt es etwas Neues unter der Sonne? 54–59, bes. 56.

liert: Es gibt das *Gedächtnis Gottes* und es gibt das *Gedächtnis der Kirche* und es gibt das *Gedächtnis des Einzelnen*. Wer sich selbst verliert, ist nicht verloren, und wer sich selbst vergisst, geht nicht vergessen. Wir werden erinnert.

Das ist eine Grundfigur des Gebets. Im Lob und in der Klage ist das menschliche Gedenken im Wechsel, Austausch und Fluss mit dem Gedächtnis Gottes begriffen. Es ist ein Hin und Her der individuellen und kollektiven Erinnerung vor Gott und zugleich ein Hin und Her der aktiven und passiven Erinnerung der Gegenwart Gottes.

Für die theologischen Deutung der Demenz hat vor allem John Swinton auf die ekklesiologischen Konsequenzen der gemeinschaftlich vollzogenen Erinnerung verwiesen. Die starke Betonung einer dynamischen Anamnese führt gerade nicht zur Ausgrenzung der kognitiv eingeschränkten Mitmenschen. Sie ist im Gegenteil der Motor einer inklusiven Ekklesiologie, weil sie die Gemeinde an diejenigen erinnert, die vergessen gehen: die Armen, die Verfolgten, die Sanftmütigen und Gewaltlosen – es sind die glücklich Gepriesenen, denen trotz des Elends ein Reich verheissen wird.[17]

Roy betont, dass die Betroffenen nicht nur Objekte, sondern selbst *Subjekte* des religiösen Gedächtnisses bleiben. Denn auch sie leisten ihren Beitrag zur Erinnerungsgemeinschaft. Das gilt – ganz im Sinne der Genetiv-Theologien – für alle kranken, schwachen und in irgendeiner Weise körperlich, geistig oder psychisch eingeschränkten Glieder der Kirche. Diese ressourcenorientierte Sicht setzt voraus, dass die *leibliche Ebene der Erinnerung* wahrgenommen und nicht auf Sprache und Kognitionsvermögen beschränkt wird.[18] Der Ansatz ist praxis- und lebensnah. Es ist zum Beispiel möglich, Gottesdienste in Alten- und Pflegeheimen so zu gestalten, dass Menschen mit Demenz daran teilnehmen können.[19] Die leibphänomenologische Weitung auf das Leibgedächtnis traut dem Ritus etwas zu. Gesten, Klänge, Gerüche und Atmosphären sind im Körper eingebettete Reminiszenzen, die in der Liturgie reaktiviert und reanimiert werden.[20]

Dabei geschieht Theologie. Es geht beim Gottesdienst auch um eine gemeinschaftlich vollzogene Arbeit an den Bildern der Krankheit. Dass die Gemeinde eine Gemeinschaft bildet und alle Glieder den mystischen

---

17  Swinton, Dementia.
18  Roy, Demenz 206.
19  Vgl. dazu Kunz, Die Leiblichkeit der Demenz.
20  Grundlagen dazu bei Fuchs, Leib, Raum, Person.

Leib Christi darstellen, ist eine lebendige Metapher. Wenn die gesunden Glieder die schwachen Glieder ausgrenzen, stören sie nicht nur das Bild: Sie behindern den Leib und verweigern das Gedächtnis des gekreuzigten Auferweckten.

**Erinnerung der *koinonia***

Eine überzogene Kritik an der Gedächtnisreligion ist darum ebenso wenig hilfreich, wie eine Verklärung der Vergesslichkeit, die das Leiden übergeht. Eine demenzsensible Theologie vermeidet beides. Sie verweist darauf, dass der *Akt* der Erinnerung für die Vergewisserung des Glaubens zwar konstitutiv ist, aber dieser Akt in zweifacher Hinsicht nicht isoliert gesehen werden darf. Erstens sind Erzählen, Bezeugen und Bekennen in der Feier *gemeinschaftlich vollzogene Akte*. Und zweitens versammelt sich die Gemeinde aufgrund der Verheissung von *Gottes Gegenwart*, die dort ist, wo zwei oder drei seinen Namen anrufen. Wenn zwei oder drei es für andere und mit anderen zusammen tun, die es nicht mehr können, ist ihre Erinnerung nicht nur ein kognitiver Akt, sondern auch ein Zeugnis der Liebe.

Die Unterscheidung der kognitiven und leiblichen Erinnerung, wie sie Roy, Swinton und andere fordern, hilft, das Verbindungsstück zwischen dem *kommunikativen* und dem *kollektiven Gedächtnis* des Glaubens zu erkennen. Erst im gemeinsamen Vollzug öffnen sich die Deutungshorizonte, die Krankheit neu sehen und ein Glück entdecken lassen, wo man es nicht erwartet. Erst dann wird auch für die Gemeinde nachvollziehbar, was der Sohn mit dem kranken Vater erfahren hat: sozusagen das Gegenteil von dem, was der Alzheimer-Krankheit normalerweise nachgesagt wird – dass sie Verbindungen knüpft.

**Schlusslicht**

In dieser theologischen Skizze wurde an den Leib und die Gemeinschaft als Ressource des gesunden Gedächtnisses erinnert. Ziel war es, von einer durchwegs negativen Deutung der Krankheit wegzukommen und stärker den Menschen in den Blick zu nehmen, der als Glied einer Gemeinschaft umsorgt ist. Dieser Gemeinschaft ist gegeben und aufgegeben, dass sie sich als Leib Christi verstehen darf, ein Verständnis, das nicht selbstverständlich ist, sondern nach einer Umorientierung ruft. Wer den Ruf hört, übt Kritik an totalitären Gesundheitsfantasien, die versorgen, um zu entsorgen, und tritt für eine hellere und hoffnungsvollere Sicht auf Demenz ein. Nein, es geht nicht darum, ein wenig Glück aus dem Fluss des Vergessens zu waschen und die Krankheit des Vergessens schönzureden – es bleibt schmerzvoll! In der Schnittmenge der Gesundheits-, Alters- und Demenzdiskurse ist genau das die Pointe der theologischen Denkfiguren. Sie rücken das Heilsame *in* der Krankheit, das Glück *im* Schmerz, die Freude *im* Leid und das Leben *in* der Nähe des Todes ins Bild – um uns eine Idee vom ganzen Bild zu geben, das wir einmal schauen in seinem Licht (1 Joh 3,2).

**Literatur**

Thomas Fuchs, Leib, Raum, Person. Entwurf einer phänomenologischen Anthropologie, Stuttgart ²2018.
Arno Geiger, Der alte König in seinem Exil, München 2011.
Erich Grond, Pflege Demenzkranker. Impulse für eine wertschätzende Pflege, Hannover ⁴2009.
Michael Hermann u.a., CSS Gesundheitsstudie 2023, Luzern 2023, URL: https://www.css.ch/content/dam/css/de/documents/kampagne/hallo-leben/css-hallo-leben-studie-2023-de.pdf (11.6.2024).
Ralph Kunz, Demenz als Metapher oder vom Glück und Elend des Vergessens. Eine religionsgerontologische Deutung, in: ZThK 111 (2013) 437–453.
Ralph Kunz, Die Leiblichkeit der Demenz und der Leib, der sich erinnert. Rituelle Praktiken der Wiedereingliederung, in: Christian Tewes/Magnus Schlette/Thomas Fuchs (Hg.), Verletzlichkeit und Personalität in der Demenz. Anthropologisch-phänomenologische Zugänge, Baden-Baden 2023, 361–387.
Kurt Marti, Namenszug mit Mond. Gedichte, in: ders., Werkauswahl in 5 Bänden, Bd. V, Bern 1996. Erstveröffentlichung in: ders., Leichenreden, Hermann Luchterhand Verlag, Neuwied/Berlin 1969.
Johann Baptist Metz, Glaube in Geschichte und Gesellschaft, München 1977.
Lena-Katharina Roy, Demenz in Theologie und Seelsorge (Praktische Theologie im Wissenschaftsdiskurs 13), Berlin/New York 2013.
Annegreth Schilling, Revolution, Kampf und Befreiung. Der Boom des lateinamerikanischen Protestantismus in der internationalen Ökumene in den 1960er- und 1970er-Jahren, Göttingen 2016.
Konrad Schmid, Gibt es etwas Neues unter der Sonne? Entdeckungen und Bestreitungen der Kategorie des Neuen im Alten Testament, in: Hartmut von Sass (Hg.), Wahrhaft Neues. Zu einer Grundfigur christlichen Glaubens, Göttingen 2013, 51–74.
Cornelia Schmitz-Berning, Vernichtung lebensunwerten Lebens, in: dies., Vokabular des Nationalsozialismus, Berlin/New York 2007, 634–636.
John Swinton, Dementia. Living in the Memories of God, New York 2012.

# Praxishilfen

# Keine Angst vor Begegnungen!

# Jenseits von Stigma und Standardisierung
## Menschen mit Demenz authentisch und einfühlsam begegnen

Samuel Vögeli

> «Ich bin ganz hier! Mehr noch, ich werde es bis zum Augenblick meines Todes sein! Ich brauche immer noch Freunde, Liebe, Gesellschaft und Anregung aus meiner Umgebung.»[1]

Stellen Sie sich vor, Sie begegnen einem Menschen mit Demenz. Welche Gefühle löst das bei Ihnen aus? Und woher, glauben Sie, kommen diese Gefühle?

Falls Sie sich bei dieser Vorstellung oder bei einer tatsächlichen Begegnung etwas angespannt, unsicher oder gar ängstlich gefühlt haben sollten, sind Sie damit nicht allein. Zahlreiche Studien haben gezeigt, dass negative Bilder von Menschen mit Demenz in der Bevölkerung weit verbreitet sind. Die Erwartung, dass Personen mit kognitiven Einschränkungen sich «nicht normal», «unvorhersehbar», «verrückt» oder gar «aggressiv» verhalten, wird in Umfragen häufig geäussert.[2] Auch der eingangs zitierte Psychologe Richard Taylor, der mit einer Alzheimer-Demenz lebte, spürte dies im Kontakt mit seinem sozialen Umfeld:

> «‹Ich weiß einfach nicht, was ich Dir sagen soll›, ist ein häufiger, aber nur selten ausgesprochener Gedanke von Leuten, die jemandem begegnen, bei dem vor kurzem Demenz diagnostiziert wurde. [...] Demenz [...] wird gewöhnlich und offen als der ‹lange Abschied› bezeichnet. Es ist ebendiese Perspektive, mich schwinden zu sehen, die es für jemanden peinlich macht, mit mir zu sprechen.»[3]

Wenn wir etwas tun möchten, um Menschen mit Demenz weniger aus Gesellschaft und Gemeinschaft auszuschliessen, ihnen mehr Teilhabe zu ermöglichen, dann ist es wichtig, dass wir uns mit den möglichen Gründen für diese Ausschlussmechanismen auseinandersetzen.

---

1  Taylor, Hallo Mister Alzheimer 130.
2  Rosin u.a., A narrative review.
3  Taylor, Hallo Mister Alzheimer 130.

Zuerst sollten wir uns aber einer anderen Frage zuwenden: Wovon sprechen wir eigentlich, wenn wir von «Menschen mit Demenz» sprechen? Das scheint vielleicht auf den ersten Blick eine etwas banale oder gar müssige Frage zu sein. Ich stelle sie hier aber sehr bewusst. Bezeichnungen für Personen, die von «der Norm» abweichen, sind nämlich selten selbsterklärend oder wertfrei und haben einen Einfluss darauf, wie diese Menschen in der Gesellschaft wahrgenommen werden.

### Was ist eigentlich ein «Mensch mit Demenz»?

Zuerst also zur Frage, was es bedeutet, wenn wir von «Menschen mit Demenz» sprechen. Der Begriff Demenz ist keineswegs eine neutrale, objektive oder wissenschaftliche Bezeichnung. In der neuesten Fassung der US-amerikanischen Klassifikation der psychischen Krankheiten (DSM-5) wurde der Begriff Demenz zugunsten von «neurokognitive Störung» aufgegeben. Im Englischen bedeutet *demented* verrückt, irrsinnig. In der deutschen Sprache gibt es zwar keine vergleichbar negativen Bezüge zur Alltagssprache, dennoch ist «Demenz» auch hier keineswegs wertfrei.

Eine Demenzdiagnose suggeriert nun, dass die betroffene Person sich nach einem vorhersehbaren Schema verändert. Dabei wird oft ausgeblendet, dass es unzählige verschiedene Demenzformen gibt, die unterschiedlich verlaufen und bei denen unterschiedliche Symptome im Vordergrund stehen. Doch selbst wenn ich wüsste, an welcher Demenzform mein Gegenüber erkrankt ist und in welchem Demenzstadium sie sich befindet, ich könnte trotzdem immer noch nicht sagen, wie und wer diese Person «ist», wie sie sich selbst und ihre Umwelt erlebt, wie sie darauf reagiert, welche Bedürfnisse sie hat. Individualität und Einzigartigkeit einer Person werden durch eine Demenzerkrankung nicht geschmälert.

Wenn ich mit einem Menschen mit Demenz in Kontakt komme, sollte ich also immer die Person in ihrer Einzigartigkeit, mit ihren individuellen und situativen Bedürfnissen, Fähigkeiten und Ressourcen wahrnehmen und sie so wenig wie möglich «schubladisieren». Warum aber fällt dies vielen Menschen so schwer? Was hindert uns daran, Personen mit Demenz ohne Vorurteile und Pauschalisierungen zu begegnen?

## Stigma

Nach dem Soziologen Erwing Goffman ist ein soziales Stigma ein Merkmal, «das zutiefst diskreditierend ist und den Träger von einer gewöhnlichen Person zu einer besudelten, herabgesetzten Person reduziert»[4]. Studien haben gezeigt, dass Personen mit kognitiven Einschränkungen in den Medien sehr oft mit extrem defizitären, abwertenden oder teilweise sogar dämonisierenden Attributen versehen werden («Verlust des Selbst», «Leere Hüllen», «Tod bei lebendigem Leib», oder gar «Zombies»).[5]

Der britische Gerontologe Tom Kitwood hat sich in den 1990er-Jahren vertieft mit der Frage beschäftigt, woher solche Ressentiments kommen, und resümiert, die westliche Kultur sei «durchdrungen von einer Diskriminierung älterer Menschen, die diese als unfähig, hässlich und als Last kategorisiert und sie sowohl auf persönlicher als auch auf struktureller Ebene herabwürdigt»[6]. Dabei spielten mehr oder weniger bewusste Ängste vor eigener Gebrechlichkeit, Abhängigkeit, Wahnsinn und Tod eine zentrale Rolle. Ein realer oder imaginierter Kontakt mit älteren, schwachen, verletzlichen, geistig und psychisch instabilen Menschen trage wahrscheinlich dazu bei, «diese Ängste auszulösen und unser grundlegendes Sicherheitsempfinden zu bedrohen»[7]. Zahlreiche qualitative Studien haben mittlerweile die Annahmen von Kitwood bestätigt.[8]

### Was hilft gegen Stigmatisierung?

Angesichts der tiefen kulturellen und individualpsychologischen Verankerung von Stigmata gibt es keine einfachen und schnellen Rezepte, ihnen entgegenzuwirken. Dennoch ist ein Wandel solcher Einstellungen und Haltungen nötig und wohl auch möglich – wenn auch nur allmählich und nicht ohne Rückschläge. Aufgrund meiner theoretischen und empirischen Auseinandersetzung mit diesem Thema scheinen mir dabei folgende Ansätze und Strategien besonders wichtig:

---

4   Goffman, Stigma 11.
5   Rosin u. a., A narrative review.
6   Kitwood, Demenz 39.
7   Ebd.
8   Vgl. Dammert u. a., Person-Sein; Evans/Garner/Smith, Psychodynamic approaches; Trunkenpolz, Lebensqualität.

- *Mein Wissen vermehren* über das Phänomen Demenz als subjektive Erfahrung von Betroffenen, als Diagnose und Krankheitsbild, als gesellschaftliches Konstrukt, indem ich *gute* Bücher und Artikel zum Thema lese oder andere seriöse Quellen nutze.[9]
- *Kontakte pflegen* zu Menschen mit Demenz, um meine Vorurteile und Ängste abzubauen, indem ich der Person auf Augenhöhe begegne und sie in ihrer Einzigartigkeit kennenlerne. Es ist aus verschiedenen Zusammenhängen bekannt, dass negative Vorurteile gegenüber Menschen, die in irgendeiner Form als «anders» wahrgenommen werden, besonders gefördert werden, wenn im Alltag keine Begegnungen stattfinden. Negative Vorurteile schwächen sich im direkten Kontakt aber nur dann ab, wenn keine wesentlichen Machtunterschiede zwischen den Gruppen bestehen.
- *Selbstreflexion und Achtsamkeit üben* vor, während und nach meinen Begegnungen mit Menschen mit Demenz, indem ich meine Gefühle und Gedanken – auch die unangenehmen, hässlichen, bösen – zulasse und bewusst wahrnehme, sie aber auch wieder gehen lasse, wenn sie gehen wollen. Die Macht von Gefühlen und Gedanken wird nicht schwächer, sondern stärker, wenn ich sie verleugne oder verdränge. Selbstreflexion ist besonders förderlich, wenn ich sie nicht nur für mich, sondern mit anderen zusammen regelmässig praktiziere, z. B. in Super- oder Intervision.
- *Selbsterfahrung praktizieren,* indem ich meine unbewussten negativen Gefühle und Gedanken gegenüber Menschen mit Demenz allmählich und behutsam verarbeite. Dafür nehme ich mir die nötige Zeit, am besten mit professioneller Begleitung, z. B. in einem persönlichen Coaching oder einer Psychotherapie.

---

9 Zu empfehlen sind insbesondere Tom Kitwood, Demenz – Der person-zentrierte Ansatz im Umgang mit verwirrten, kognitiv beeinträchtigten Menschen, Bern [9]2022; Irene Bopp-Kistler (Hg.), Demenz. Fakten, Geschichten, Perspektiven, Zürich [3]2022, v. a. 268–270; Richard Taylor, Hallo Mister Alzheimer. Wie kann man weiterleben mit Demenz – Einsichten eines Betroffenen, Bern 2013; Peter Wißmann/Leo Beni Steinauer/Rolf Könemann, Herausforderung angenommen! Unser neues Leben mit Demenz, Bern 2001; Arno Geiger, Der Alte König in seinem Exil, München 2011; Informationsblätter und Broschüren von Alzheimer Schweiz: https://www.alzheimer-schweiz.ch/de/publikationen-produkte.

▸ *Positive, aber nicht verharmlosende Darstellung von Menschen mit Demenz in Medien aller Art, z. B. in Artikeln, auf Flyern, «Sozialen» Medien, Webseiten usw.*

**Demenzgerechte Kommunikation – eine zwiespältige Angelegenheit**
Neben der beschriebenen Wirkkraft des Stigmas gibt es noch andere mögliche Gründe, weshalb wir uns in der Begegnung mit Menschen mit Demenz unsicher fühlen. Einer davon ist die Angst, im Gespräch etwas falsch zu machen, nicht genügend «demenzgerecht» oder «demenzsensibel» zu kommunizieren.

Wie bereits erwähnt gibt es mittlerweile unzählige sehr unterschiedliche Ansätze «demenzgerechter» Kommunikation. Von einem Konsens zu diesem Thema kann keine Rede sein. Auch die wissenschaftliche Forschung liefert uns bislang noch keine klaren und eindeutigen Befunde dazu. Wonach können und sollen wir uns dann aber richten?

Es ist sicher hilfreich, einmal den Blickwinkel zu wechseln. Stellen wir uns doch einmal die Frage, wann und warum wir uns in einer Interaktion mit einer anderen Person wohlfühlen. Wieviel hat dies damit zu tun, dass diese Person bestimmte Regeln und Techniken kennt und beherrscht mit dem Ziel, dass die Interaktion als angenehm empfunden wird? Die meisten von uns würden eine solch technische Herangehensweise an zwischenmenschliche Kommunikation und Interaktion wohl als kalt und berechnend oder gar manipulativ empfinden. Wir wünschen uns doch echte, nicht berechnende Zuwendung. Nicht von ungefähr hat heutzutage Authentizität einen so hohen Stellenwert in unserer Gesellschaft.

Es überrascht deshalb auch nicht, dass manche Menschen mit kognitiver Beeinträchtigung die Befürchtung äussern, nach einer Demenzdiagnose von ihrem sozialen Umfeld plötzlich ganz anders – eben vermeintlich «demenzgerecht» – behandelt zu werden. Sie haben weiterhin den Wunsch nach echten Beziehungen.

Zu einer angenehmen Begegnung und Interaktion gehört neben der Authentizität auch die Rücksichtnahme auf besondere Bedürfnisse meines Gegenübers. Wer zum Beispiel hörbeinträchtig ist, ist darauf angewiesen, dass die andere Person ihre Sprechlautstärke und Artikulation entsprechend anpasst oder das Gesagte durch deutliche Mimik und Gestik verständlicher macht.

# «Und ich dachte noch: Trink den Champagner nicht!»

Zitat aus dem Film «Still Alice» (bei 00:04:21–00:04:24; Filmstill: 00:04:29)

Während ihrer Vorlesungen verliert Linguistikprofessorin Alice Howland (Julianne Moore) den Faden. Ausgerechnet der Ausdruck «Wortschatz» (im englischen Original: *lexicon*) fällt ihr nicht ein. Als der ganze Hörsaal wartet, rettet sie sich in einen Scherz und umschreibt den Begriff schliesslich mit anderen Worten.
Alarmiert ist sie zu diesem Zeitpunkt noch nicht. Erst als sie sich später auf ihrer gewohnten Joggingstrecke verirrt, wird ihr klar, dass sie sich ärztlich untersuchen lassen sollte.

**Still Alice – Mein Leben ohne Gestern**
Drama
USA, 2014
101 Min.
Regie und Drehbuch: Richard Glatzer, Wash Westmoreland

Zum Relimedia-Verleih mit Link zum Trailer:
https://www.relimedia.biz/NetBiblio/search/notice?noticeNr=DVD31567
Weitere Angaben zum Film finden sich auf S. 237–239 in diesem Band.

Bei einer Demenz können die Beeinträchtigungen der Kommunikation von Person zu Person sehr unterschiedlich ausgeprägt sein und manche Ebenen stärker betreffen als andere (Sprachverständnis, Wortfindung, Kurzzeitgedächtnis, Aufmerksamkeit usw.). Das ist einer der Gründe, weshalb es keine «one-size-fits-all»-Methode der demenzgerechten Kommunikation geben kann.

Was die Forschung dagegen immer deutlicher aufzeigt, ist die Bedeutung der inneren Haltung von Betreuenden und Pflegenden gegenüber Menschen mit Demenz.[10] Und hier schliesst sich der Kreis: Meine Gedanken und Gefühle gegenüber einer Person mit Demenz sind von viel grösserer Bedeutung für das Gelingen der Interaktion als alle Techniken und Methoden, die ich mir antrainieren kann.

**Empfehlungen für Personen in einer formellen Funktion**

Kommen Sie in einer formellen Funktion für eine Organisation mit Menschen mit Demenz in Kontakt, zum Beispiel als Seelsorger:in? Dann haben Sie eine besondere Verantwortung gegenüber einer Person mit Demenz, die Ihren Beistand, Ihren Rat oder Ihre Unterstützung sucht oder mit der sie anderweitig in Kontakt treten.

Besonders wichtig ist dabei, dass Sie sich der Grenzen Ihrer Möglichkeiten, die betroffene Person zu begleiten und zu beraten, sehr genau bewusst sind. Trotz der oben beschriebenen Individualität von Menschen mit Demenz, stossen die allermeisten Betroffenen früher oder später auf sehr ähnliche Probleme, bei denen in der Regel nur entsprechend spezialisierte Fachpersonen kompetent weiterhelfen können (z. B. finanzielle und rechtliche Fragen; Möglichkeiten der Therapie und der medikamentösen Behandlung; Vorsorgeregelungen usw.).

Dazu kommt, dass die meisten Menschen mit Demenz schnell überfordert sind, wenn ihnen zu viele verschiedene Fachpersonen Hilfe anbieten. Im Idealfall haben sie eine für diese Aufgabe hochkompetente Fachperson, die sie durch den ganzen Verlauf ihrer Demenz begleitet. Eine solche prozessorientierte, longitudinale fachliche Begleitung wird oft als zugehende Beratung bezeichnet.[11] Zahlreiche wissenschaftliche Studien haben

---

10  Siehe z. B. Blaser u. a., Kitwood reconsidered.
11  Detaillierte Beschreibung bei Vögeli/Wolf, Angehörige von Menschen mit Demenz beraten.

gezeigt, dass zugehende Beratung zu besseren Verläufen für Menschen mit Demenz und ihre Angehörigen beiträgt.[12]

Informieren Sie sich deshalb unbedingt über entsprechende Angebote in Ihrer Region und empfehlen Sie den betroffenen Personen und ihren Angehörigen, diese in Anspruch zu nehmen. Die wichtigste Organisation in diesem Zusammenhang ist Alzheimer Schweiz, insbesondere die kantonalen Sektionen, die kompetent, engagiert und regional gut vernetzt sind, sodass sie den Betroffenen auch die besten lokalen Angebote weitervermitteln können.

**Fazit**

Eine gewisse Angst vor Begegnungen mit Personen mit Demenz ist bei den meisten Menschen unvermeidlich. Dennoch wünschen wir uns, einander möglichst angstfrei begegnen zu können. Deshalb neigen wir dazu, über diese negativen Gefühle und Gedanken hinwegzugehen, sie wegzuschieben. Verdrängte oder verleugnete Gefühle und Gedanken wirken aber im Verborgenen weiter und erschweren authentische Begegnungen.

Deshalb: Suchen Sie die Begegnung mit Menschen mit Demenz! Wenn Sie sich dabei etwas unwohl, unsicher oder ängstlich fühlen, ist das völlig normal. Lassen Sie diese Gefühle zu. Aber nutzen Sie die Möglichkeiten der Selbstreflexion und Selbsterfahrung, in einem Coaching, in Super- oder Intervision, um an diesen Gefühlen und Gedanken zu arbeiten. So wird es Ihnen immer besser gelingen, Menschen mit Demenz authentisch, wertschätzend und einfühlsam zu begegnen – auf Augenhöhe.

Zum Schluss möchte ich noch einmal Richard Taylor zitieren. Als er gefragt wurde, wie man mit einem Freund, der an Demenz erkrankt ist, sprechen sollte, antwortete er:

> «Ich habe keine speziellen Vorschläge, was genau Sie zu Ihrem Freund sagen sollten. Er ist Ihr Freund. Aber ich weiß, dass Sie Ihr Gefühl des Unbehagens überwinden sollten, wenn Sie mit ihm zusammen sind. Arbeiten Sie daran und das Übrige sollte sich leichter und natürlicher ergeben.»[13]

---

12   Mittelman u. a., Improving caregiver; Thyrian u. a., Effectiveness and safety.
13   Taylor, Hallo Mister Alzheimer 131.

## Validation

Validation (von lateinisch *validus* = kräftig, wirksam, fest) ist eine Methode der empathischen Beziehungsgestaltung, die seit Langem in der Psychotherapie angewandt wird und die Naomi Feil für die Interaktion mit Menschen mit Demenz weiterentwickelt hat. Heute gibt es zahlreiche Varianten von Validation für Menschen mit Demenz. Gemeinsam ist diesen Ansätzen, dass die subjektive Realität einer Person mit Demenz respektiert wird. «Wir versuchen uns in die Perspektive des anderen Menschen zu versetzen, um zu verstehen, was er uns tatsächlich mitteilen will.»[14] Dies bedeutet unter anderem, dass wir die betroffene Person nicht korrigieren, sondern mit ihren Gefühlen und ihrem Erleben so weit wie möglich mitgehen.

Die Frage, ob und wie Validation wirkt, ist nicht leicht zu beantworten. Es gibt noch zu wenige zuverlässige Forschungsergebnisse.[15] Mehrere Untersuchungen haben aber gezeigt, dass Validation nicht für alle Menschen leicht umzusetzen ist, vor allem wenn sie nicht intensiv darin geschult und dauerhaft in der Umsetzung durch kompetente Fachpersonen unterstützt werden.[16] Eine oberflächliche Vermittlung von Validation kann sich sogar nachteilig auf die Qualität der Beziehungsgestaltung auswirken, besonders wenn die Methode schematisch angewandt wird und keine hinreichend empathische und wertschätzende Grundhaltung dahintersteht.[17] Eine solche Grundhaltung ist weder durch punktuelle Schulungen oder Trainings noch durch die Lektüre von Texten zu vermitteln, sondern benötigt eine kontinuierliche, unterstützte Selbstreflexion – individuell und im Team und mit den dafür nötigen menschlichen, zeitlichen, materiellen und räumlichen Ressourcen.[18]

---

14  Mühlegg-Weibel, «Man muss es eben so nehmen, wie es kommt» 268.
15  Siehe Boggatz/Schimböck, Validation.
16  Vgl. ebd.
17  So Dammert u. a., Person-Sein.
18  Vgl. Adlbrecht/Bartholomeyczik/Mayer, Mechanisms of impact.

## Literatur

Laura Adlbrecht/Sabine Bartholomeyczik/Hanna Mayer, Mechanisms of impact and contextual aspects of a dementia special care unit in long-term care: a process evaluation, in: BMC geriatrics 21(1), 2021, 680, DOI: 10.1186/s12877-021-02637-5.

Regula Blaser u.a., Kitwood reconsidered. Personenzentrierung und die Haltung Pflegender im Umgang mit Menschen mit Demenz, in: Journal für Psychologie 23(1), 2015, 151–166, URL: https://journal-fuer-psychologie.de/article/view/332/398.

Thomas Boggatz/Florian Schimböck, Validation bei Menschen mit Demenz. Innovation ohne Evidenz?: Systematischer Review, in: Zeitschrift für Gerontologie und Geriatrie 57(1), 2024, 13–20, DOI: 10.1007/s00391-023-02263-3.

Matthias Dammert u.a., Person-Sein zwischen Anspruch und Wirklichkeit, Weinheim 2016.

Sandra Evans/Jane Garner/Rachel Darnley Smith (Hg.), Psychodynamic Approaches to the Experience of Dementia. Perspectives from Observation, Theory and Practice, London/New York 2020.

Erving Goffman, Stigma. Über Techniken der Bewältigung beschädigter Identität, Frankfurt a. M. [4]1980.

Tom Kitwood, Demenz – Der person-zentrierte Ansatz im Umgang mit verwirrten Menschen, Bern [7]2016.

Mary Sherman Mittelman u.a., Improving caregiver well-being delays nursing home placement of patients with Alzheimer disease, in: Neurology 67(9), 2006, 1592–1599, DOI: 10.1212/01.wnl.0000242727.81172.91.

Andrea Mühlegg-Weibel, «Man muss es eben so nehmen, wie es kommt», in: Irene Bopp-Kistler (Hg.), Demenz. Fakten, Geschichten, Perspektiven, Zürich [3]2022, 268–270.

Eric R. Rosin u.a., A Narrative Review of Alzheimer's Disease Stigma, in: Journal of Alzheimer's disease 78(2), 2020, 515–528, DOI: 10.3233/JAD-200932.

Richard Taylor, Hallo Mister Alzheimer. Wie kann man weiterleben mit Demenz – Einsichten eines Betroffenen, Bern 2013.

Jochen René Thyrian u.a., Effectiveness and Safety of Dementia Care Management in Primary Care. A Randomized Clinical Trial, in: JAMA Psychiatry 74(10), 2017, 996–1004, DOI: 10.1001/jamapsychiatry.2017.2124.

Kathrin Trunkenpolz, Lebensqualität von Pflegeheimbewohnern mit Demenz – Eine psychoanalytisch orientierte Einzelfallstudie, Opladen u.a. 2018.

Samuel Vögeli/Nina Wolf, Angehörige von Menschen mit Demenz beraten. Familienzentrierte Beratung, Information und Begleitung, Bern 2023.

# Was brauchen An- und Zugehörige von Menschen mit Demenz?

Samuel Vögeli

«Die Leute, die noch nie mit dem zu tun gehabt haben, die haben keine Ahnung. Denen kann ich auch nicht erklären, was da abläuft. Die verstehen das nicht! Ich würd's auch nicht glauben, wenn ich's nicht selber erleben würde.»[1]

## Was tun und erleben An- und Zugehörige?

Um zu verstehen, welche Bedürfnisse An- und Zugehörige von Menschen mit Demenz haben, ist es hilfreich, zu erfahren, welche Verantwortungen sie übernehmen, welche Tätigkeiten sie ausüben und was sie dabei erleben. Eine Beschreibung einiger der unzähligen verschiedenen Aufgaben, welche An- und Zugehörige von Menschen mit Demenz übernehmen können, werden im Buch «Angehörige von Menschen mit Demenz beraten» von mir und meiner Kollegin Nina Wolf beschrieben.[2] Hier zur Illustration nur einige wenige Beispiele:

- ▶ soziale Kontakte pflegen
- ▶ Medikamente verabreichen
- ▶ Trauerarbeit leisten
- ▶ bei der Körperpflege unterstützen
- ▶ den Alltag gestalten
- ▶ Schuldgefühle aushalten oder bewältigen
- ▶ Selbst- und Fremdgefährdungen minimieren
- ▶ schwierige Entscheidungen treffen
- ▶ Termine einhalten
- ▶ auf die eigene Gesundheit achten
- ▶ Beschuldigungen ertragen
- ▶ sinnvolle Betätigungen ermöglichen

---

1   Zitat aus einem Interview mit einem Sohn einer Frau mit Demenz; Vögeli/Frei/Spichiger, Erfahrungen Angehöriger 87.
2   Vögeli/Wolf, Angehörige.

An- und Zugehörige sind dabei oft vor die schwierige Aufgabe gestellt, die Bedürfnisse der Person mit Demenz und ihre eigenen, wenn nicht in Einklang, so wenigstens einigermassen in eine Balance zu bringen. Die Gefahr, aufgrund der Belastungen selbst gesundheitliche Probleme zu bekommen, ist sehr gross. Besonders diejenigen Personen, die die Hauptlast der Pflege und Betreuung tragen, werden deutlich häufiger körperlich und psychisch krank als die übrige gleichaltrige Bevölkerung.

**Welche Bedürfnisse haben An- und Zugehörige?**

Dass viele An- und Zugehörige von Menschen mit Demenz ähnliche Bedürfnisse haben, zeigt sich unter anderem in Interviews und Umfragen. In einer Umfrage von Alzheimer Schweiz aus dem Jahr 2012 gaben die knapp 2000 befragten An- und Zugehörigen an, welche «Problembereiche» für sie von besonders grosser Bedeutung seien. Gemäss dieser Umfrage gibt es zahlreiche Themenfelder, die für die meisten An- und Zugehörigen von grosser bis sehr grosser Wichtigkeit sind:[3]

- Organisation des täglichen Lebens
- persönliche Erschöpfung (Entlastungsmangel)
- Verhalten der kranken Person
- Organisation von Unterstützung und Hilfe
- Beziehungen innerhalb der Familie
- Finanzen
- Isolation, Einsamkeit
- Beziehungen mit den Dienstleistern
- administrative und juristische Fragen
- mangelndes Verständnis der Aussenwelt

Es ist naheliegend, dass in diesen Bereichen besonders viel Unterstützung nötig ist. Dies entspricht auch meiner Erfahrung in der Beratung. Daraus folgt, dass Personen, die Hilfe anbieten möchten, zu eben diesen Themen auch wirklich Hilfreiches anzubieten haben sollten. Andernfalls besteht die Gefahr, dass an den Bedürfnissen der An- und Zugehörigen «vorbeigeholfen» wird.

---

3   Alzheimer Schweiz, Angehörige.

In vielen Befragungen äussern An- und Zugehörige zudem den Wunsch, möglichst wenige verschiedene Fachpersonen konsultieren zu müssen, um Beratung und Unterstützung zu erhalten. Ideal wäre für sie eine kompetente Hauptbegleitperson («one-stop»),[4] die die Fäden in der Hand hält und die verschiedenen Leistungserbringer koordiniert. Tatsächlich haben zahlreiche wissenschaftlichen Untersuchungen gezeigt, dass solche prozessorientierten, koordinierenden, zugehenden Beratungsangebote Menschen mit Demenz und ihre Angehörigen wirksam unterstützen und entlasten können.[5]

**Inklusion und Teilhabe**

Neben professioneller Unterstützung und Begleitung wünschen sich die meisten An- und Zugehörigen mehr informelle soziale Kontakte zu Menschen, die ihnen mit grossem Verständnis begegnen und sie ernst nehmen. Auch die Teilhabe in der Gemeinschaft, am kulturellen, religiösen oder spirituellen Leben ist für viele An- und Zugehörigen wichtig und wird entsprechend vermisst.

Die Gefahr der Isolation ist für Menschen mit Demenz und ihre An- und Zugehörigen gross. Zum einen fühlen sich viele Menschen mit Demenz zunehmend überfordert in Situationen mit mehr als ein paar wenigen Menschen, vor allem wenn diese lebhaft miteinander diskutieren. Auch laute Musik oder hektische bewegte Lichter oder Bilder können viele Betroffene nicht mehr verarbeiten. Wenn sie dann nicht mehr allein zu Hause bleiben können, begeben sich viele An- und Zugehörige mit der Person mit Demenz zusammen in die Abschottung.

Es kann hier nicht annähernd erschöpfend aufgezählt werden, welche Möglichkeiten es gibt, dieser Isolation entgegenzuwirken. Als Beispiele seien genannt: temporäre Fremdbetreuung zu Hause oder in einer teilstationären Einrichtung, kulturelle, religiöse und andere Veranstaltungen, die nicht überfordernd (aber auch nicht unterfordernd!) sind, Veranstaltungen für An- und Zugehörige, Gesprächsgruppen, Seminare, Ferien für Menschen mit Demenz und ihre An- und Zugehörigen. Deshalb ist es wichtig, dass An- und Zugehörige über die entsprechenden Angebote in ihrer Region

---

4   McCabe/You/Tatangelo, Hearing their voice.
5   Mittelman u. a., Improving caregiver; Thyrian u. a., Effectiveness and safety.

informiert sind. Die kantonalen Sektionen von Alzheimer Schweiz organisieren viele dieser Angebote selbst und informieren über solche anderer Anbieter.

**Uneindeutiger Verlust**

Viele An- und Zugehörige von Menschen mit fortschreitender Demenz erleben eine besondere Art von tiefer Trauer. Die Psychologin Pauline Boss prägte dafür den Begriff *ambiguous loss* (uneindeutiger Verlust).

> «Demenz schafft uneindeutigen Verlust. Die Dualität, dass ein geliebter Mensch anwesend und abwesend zugleich ist, ist verwirrend, und es ist eine gewaltige Herausforderung, die Situation zu verstehen (oder einen Sinn darin zu sehen).»[6]

In unserer Kultur gibt es keine Rituale, die die Verarbeitung dieser Art von Trauer begleiten. Die An- und Zugehörigen werden alleingelassen mit ihrem tiefen Schmerz.

> «Bei Demenzerkrankten geht definitiv etwas verloren; Sie als Angehörige spüren es, aber niemand kommt zu Ihnen – nicht wie nach dem Tod eines Angehörigen –, um Ihren Verlust zu würdigen oder Sie zu unterstützen. Die Leute sagen sogar Sätze wie: ‹Du hast Glück; du hast deinen Partner noch›, oder ‹Dein Vater/deine Mutter lebt noch.› Aber Sie wissen, dass das so nicht stimmt.»[7]

In der Beratung sollte dieses Thema Platz haben. Manche An- und Zugehörigen entwickeln eigene Abschieds-, Trauer- oder Übergangsrituale, besonders dann, wenn sie dazu ermutigt und – sofern gewünscht – dabei unterstützt und begleitet werden.

**Empfehlungen für Personen in einer formellen Funktion**

Falls Sie für eine Organisation in einer formellen Funktion arbeiten, haben Sie eine besondere Verantwortung. An- und Zugehörige sind angewiesen auf professionelle Beratung, seriöse Informationen und bedarfsgerechte Unterstützung. Es darf nicht passieren, dass so wichtige Themen wie wirksame therapeutische Möglichkeiten, Patientenverfügung bzw. Advance Care

---

6   Boss, Da und doch so fern 33.
7   Ebd. 33 f.

Planning[8], Vorsorgeregelungen, finanzielle Ansprüche oder rechtliche Fragen nicht oder zu spät in Angriff genommen werden. Falls Sie nicht ganz sicher sind, ob Sie die dazu nötigen fachlichen Kompetenzen haben, sollten Sie den Kontakt zu einer dafür spezialisierten Organisation herstellen. Ansonsten gibt es sehr viel, was Sie für An- und Zugehörige tun können. Hier eine Auswahl an Tipps:

Informieren Sie sich über die besonderen Situationen und Bedürfnisse von An- und Zugehörigen von Menschen mit Demenz. Dies ist besonders wichtig, wenn Sie sich an Projekten zur Förderung der Teilhabe von Menschen mit Demenz und ihrer An- und Zugehörigen beteiligen, damit Sie nicht an deren Bedürfnissen vorbeiplanen.

Engagieren Sie sich dafür, dass Menschen mit Demenz und ihre An- und Zugehörigen in die Planung und Umsetzung von solchen Projekten einbezogen werden, ohne sie damit zu überfordern oder ihre Belastung noch zusätzlich zu erhöhen.

Setzen Sie sich nach Ihren Möglichkeiten für die Schaffung von Begegnungen ein, für Zeit und Raum für soziale Kontakte, für eine echte Willkommenskultur in ihrem Tätigkeitsfeld.

Signalisieren Sie Menschen mit Demenz und ihren An- und Zugehörigen, dass sie bei Ihnen auf Verständnis, Wertschätzung und Empathie stossen. Informieren Sie über Ihre zeitlichen und räumlichen Möglichkeiten für Zusammensein und Gespräche.

Aber nochmals: Seien Sie sich immer bewusst, wo die Grenzen Ihrer fachlichen Kompetenzen liegen. Denken Sie immer daran, dass die allermeisten Menschen mit Demenz und ihre An- und Zugehörigen im Verlauf der Krankheit früher oder später spezialisierte Beratung und Begleitung benötigen werden. Empfehlen Sie beizeiten entsprechende Angebote, allen voran die Beratungsangebote der kantonalen Sektion von Alzheimer

---

8  Advance Care Planning (Vorausschauende Behandlungsplanung) ist ein kontinuierlicher, strukturierter Beratungs- und Begleitungsprozess mit dem Ziel, die Erwartungen einer Person an ihre zukünftige Behandlung und Pflege festzustellen sowie eindeutig und verständlich formuliert zu dokumentieren. Er ermöglicht eine umfassendere, tiefergehende Grundlage für palliative Versorgung als eine Patientenverfügung und eine vertiefte Auseinandersetzung mit Themen wie Würde, Lebensqualität, Autonomie, Abhängigkeit, Kontrollverlust, Sterben und Tod.

Schweiz. Oder wie es ein Lebenspartner einer Frau mit Demenz im Interview ausdrückte:

> «Für mich ist schon wichtig, dass ich eine Ansprechperson habe, die ich auch anrufen kann, wo ich weiß, man wird ernst genommen, man hat eine Chance, dass sie durch das Beziehungsnetz eben dann auch [...] etwas auslösen kann.»[9]

**Literatur**

Alzheimer Schweiz, Angehörige von Menschen mit Demenz geben Auskunft, 2012, URL: https://www.alzheimer-schweiz.ch/fileadmin/dam/Alzheimer_Schweiz/Dokumente/Publikationen-Produkte/198D_2014_angehoerigenbefragung.pdf.

Pauline Boss, Da und doch so fern. Vom liebevollen Umgang mit Demenzkranken, hg. von Irene Bopp-Kistler/Marianne Pletscher, aus dem Amerikanischen von Theda Krohm-Linke, Zürich 2014.

Marita McCabe/Emily You/Gemma Tatangelo, Hearing Their Voice. A Systematic Review of Dementia Family Caregivers' Needs, in: The Gerontologist 56(5), 2016, e70–e88, DOI: 10.1093/geront/gnw078.

Mary Sherman Mittelman u. a., Improving caregiver well-being delays nursing home placement of patients with Alzheimer disease, in: Neurology 67(9), 2006, 1592–1599, DOI:10.1212/01.wnl.0000242727.81172.91.

Jochen René Thyrian u. a., Effectiveness and Safety of Dementia Care Management in Primary Care. A Randomized Clinical Trial, in: JAMA Psychiatry 74(10), 2017, 996–1004, DOI: 10.1001/jamapsychiatry.2017.2124.

Samuel Vögeli/Irena Anna Frei/Elisabeth Spichiger, Erfahrungen Angehöriger mit der Betreuung von Menschen mit Demenz und zugehender Beratung. Eine interpretierende phänomenologische Studie, in: Pflege 29(2), 2016, 83–92, DOI: 10.1024/1012-5302/a000476.

Samuel Vögeli/Nina Wolf, Angehörige von Menschen mit Demenz beraten. Familienzentrierte Beratung, Information und Begleitung. Bern 2023.

---

9  Vögeli/Frei/Spichiger, Erfahrungen Angehöriger 89.

# Spirituelle Begleitung und Seelsorge

# Seelsorge als einfühlsame, zugewandte Katastrophenhilfe für Menschen mit Demenz und ihre Angehörigen

Tonja Jünger

Schon viele hochaltrige Menschen sind mir begegnet, die beschrieben ihren Gesundheitszustand mit den Worten: «Im Chopf bin i zum Glück no klar, das isch's Wichtigschte.»[1] Diese Aussage zeigt, wie sehr viele Menschen sich davor fürchten, im Alter an Demenz zu erkranken. Demenz wird als die schlimmste der vorstellbaren Katastrophen im vierten Lebensabschnitt empfunden.

Kann man in der Situation einer Katastrophe entgegen dem ersten Anschein auch Erfreuliches entdecken? Spontan würde das wohl eine Mehrheit von Befragten verneinen, erst recht wenn es um die Katastrophe «Diagnose Demenz» geht. Deswegen sind einfühlsame Anteilnahme und konkrete Hilfeleistungen von Menschen im Umfeld von Demenzerkrankten und ihren An- und Zugehörigen enorm wichtig. Gerade für Seelsorgende ist es dabei unabdingbar, über die Krankheit und ihre Folgen gut informiert zu sein und sich Gedanken darüber gemacht zu haben, was es für Erkrankte und Menschen, die eng mit ihnen verbunden sind, bedeutet, mit Demenz konfrontiert zu sein.

Ich lade Sie als Leser:in ein, mit mir zu überlegen, was Seelsorge auszeichnet, die für direkt und indirekt Betroffene hilfreich sein, ja im besten Fall ermutigend und tröstend wirken kann. Es wird sich zeigen, dass Demenz tatsächlich Vieles mit sich bringt, was als ungeheuer schmerzhafte Katastrophe erlebt wird. Schliesslich wollen wir schauen, was hilft, dass in der Katastrophe auch Schönes geschehen kann, wie in jeder Katastrophe: echte Hilfsbereitschaft und wärmende mitmenschliche Nähe, um nur zwei Aspekte zu nennen.

---

[1] «Im Kopf bin ich zum Glück noch klar, dies ist das Wichtigste.»

## Zum Begriff Seelsorge

Der Begriff spricht für sich selbst: «Der Seele Sorge tragen», oder «das Kümmern um Geist und Seele», so wurde es in der Hauszeitschrift der Pflegezentren Mattenhof/Irchelpark einmal formuliert.[2] Der Pastoraltheologe Josef Müller hat ein Seelsorgeverständnis geprägt, wonach Seelsorge «die im Bund Gottes gründenden helfenden und heilenden Beziehungen» meint. «Damit geht es um jene Vollzüge im kirchlichen Handeln, die einzelnen und bestimmten Gruppen in Ereignissen und Krisen des Lebens Begleitung anbieten.»[3]

Seelsorge hat also einen individuellen Aspekt: Begegnungen mit Einzelnen, die, wenn gewünscht, auch Gebete und Rituale beinhalten. Sie vollzieht sich aber auch in Gemeinschaft, besonders im Angebot von Gottesdiensten, gerade in Heimen oder Spitälern, deren Bewohnerinnen und Patienten auf das Angebot vor Ort angewiesen sind. Als Intention nennt Müller «helfen und heilen», also den Menschen Gutes zukommen zu lassen, dass sie sich verstanden fühlen, dass sie konkrete Unterstützung erfahren und dadurch aufatmen können. Auch das Prinzip «nicht schaden» aus der Medizinethik ist ernst zu nehmen. Eine heutige Seelsorge muss sich stetig reflektieren, also sich selbst beobachten und kritisch befragen, damit seelsorgerliches Handeln nicht verletzt durch Überheblichkeit, Be- und Verurteilung oder Grenzüberschreitungen. Das ist anspruchsvoll und gleichzeitig unverzichtbar.

Spezifisches Merkmal seelsorgerlicher Begleitung ist, dass sie mit der Präsenz Gottes rechnet und diese da und dort sichtbar macht. «Ein Verweilen im Andachtsraum, der Gottesdienst, eine Salbung – alles dies sind Momente, die die alten Menschen aus ihrem Alltag in eine andere Wirklichkeit holen. APHS [AltenPflegeHeimSeelsorge] bezeugt das ‹Andere›, das Schmerz, Verlassenheit, Vergehen aushält und überstrahlt.»[4]

---

2 Nicole Bittel, Der Seele Sorge tragen, in: Unter uns. Die Hauszeitschrift der Pflegezentren Mattenhof und Irchelpark, 42/2016, 10.

3 Josef Müller, Pastoraltheologie. Ein Handbuch für Studium und Seelsorge, Graz 1993, 16.

4 Konferenz für Altenheimseelsorge in der EKD, Ich will euch tragen bis zum Alter hin (Jes 46,4). Impulse zur Weiterentwicklung der AltenPflegeHeimSeelsorge in der Evangelischen Kirche in Deutschland (EKD), Dettingen an der Erms 2009, 9; URL: https://www.ekd.de/aphs/downloads/Impulse-zur-Altenpflegeheimseelsorge-2019.pdf (23.03.2024).

## Angst vor dem, was kommt

«I han Angscht! I han Angscht! I han Angscht! I han Angscht! I han Angscht!»[5]

Die Dame im Pflegeheim war ursprünglich Bündnerin, lebte aber schon seit vielen Jahren in Zürich. Ihre Aussage wiederholte sie unendlich viele Male. Weshalb oder wovor sie Angst hatte, konnte sie nicht formulieren. Das Betreuungsteam und ich versuchten lange herauszufinden, ob sie einmal etwas Schlimmes erlebt hatte, das ihr als Erinnerung immer noch Angst machte. Sie selbst und auch ihr Bruder, mit dem sie eng verbunden war, konnten uns nicht weiterhelfen. Heute denke ich, dass es vielleicht gar kein Ereignis aus der Vergangenheit war, das ihre Angst derart übermächtig werden liess.

Angst bemächtigt sich vieler, die an Demenz erkranken. Demenz macht Angst. Wer es sich vorzustellen versucht, wie es sich anfühlt, eine Demenz-Diagnose zu erhalten, bekommt eine Ahnung von der Bedrohung, die diese Krankheit auslöst. Es drängen sich viele Fragen auf: Wie werde ich den Alltag bewältigen können? Wer erledigt all das, was zu tun ist, wenn ich dazu nicht mehr in der Lage bin? Wo werde ich leben, wenn ich nicht mehr zu mir selbst schauen kann? Und: Wer bin ich noch, wenn ich alles vergesse? Ganz ähnliche Fragen stellen sich dem/der Partner:in, die Perspektive ist nur etwas anders. Wie werde ich mit all dem zurechtkommen, was jetzt auf mich zukommt?

Als Seelsorger:in weiss ich um die Bedrohlichkeit von Demenz, die Angst auslöst und zu Verzweiflung führen kann. In einem vertieften Gespräch mit Demenzkranken oder ihren Angehörigen kann es durchaus sein, dass ich von mir aus nach den Emotionen frage, die die Krankheit auslöst. Wenn die Angesprochenen merken, dass der/die Seelsorger:in eine Ahnung davon hat, dass sich im Inneren Ängste oder sogar Verzweiflung breit machen, können sie davon berichten. Erzählen und von einem Gegenüber gehört werden, das – ohne die Ängste kleinzureden – mitfühlt, kann für einen Moment ein wenig Erleichterung schaffen.

---

5 «Ich fürchte mich so sehr!»

## Nichts wird verurteilt

«Das isch dänn schön, dass du chunsch! Ich han dich scho vermisst, mis liebe Gottemeitli! Du bisch scho lang nüme bi mir gsii!»[6]

Nein, ich bin nicht die Patentochter der Dame, die mich freudig, mit strahlenden Augen begrüsst. Nicht zum ersten Mal verwechselt mich die Dame mit ihrem Patenkind. Da ihr das Wiedersehen so viel Vergnügen bereitet, spiele ich mit. Die Dame streckt die Hand aus, und als ich ihr die Meine reiche, zieht sie mich zu sich und umarmt mich. Ich lasse es geschehen.

Was wäre die Alternative? Ich könnte der Dame sagen, sie täusche sich, ich sei doch gar nicht ihr Patentkind, sondern die Seelsorgerin der Pfarrei. Das Strahlen im Gesicht würde erlöschen. Möglicherweise würde sie nicht verstehen respektive nicht verstehen *wollen*, dass kein Wiedersehen mit dem sympathischen Patenkind stattfindet, und falls sie es doch verstünde, wäre es ihr wahrscheinlich furchtbar peinlich. Freude und ein warmes Herz würden in Enttäuschung und Scham umschlagen. Das möchte ich vermeiden.

Man kann darüber diskutieren, ob und in welchen Situationen und unter welchen Bedingungen es sinnvoll oder falsch sei, in die Geschichten und eingebildeten Realitäten von Menschen mit Demenz miteinzusteigen. Es gibt aus meiner Sicht kein absolutes Richtig oder Falsch. In jedem Fall muss einzeln entschieden werden. In der oben geschilderten Situation bin ich «eingestiegen», weil mein Gegenüber eine Realität konstruierte, die ihr offensichtlich einige Augenblicke grosser Freude ermöglichte.

Was *durchgehend* gilt und elementar ist für Seelsorge mit Demenzerkrankten, ihren An- und Zugehörigen: Die Begegnungen sollen in einer Haltung stattfinden, die grundsätzlich alles zulässt, was gerade geschieht und was sich gerade zeigt. Gefragt ist eine Haltung, die zunächst nur wahrnimmt, was stattfindet, wie die Stimmung ist und welche Emotionen spürbar sind. Wach und unvoreingenommen beobachtend, mit der Bereitschaft, auf den Moment einzusteigen, den Kairos. Es braucht die Bereitschaft, jedes Thema und jedes Gefühl des Gegenübers zuzulassen, beispielsweise die Wut des/der Angehörigen auf den/die Erkrankte. Gut möglich, dass sich in uns die Moral zu Wort meldet, die da meint: «Das gehört sich doch nicht!»

---

6  «Ach wie schön, dass du mich besuchen kommst! Ich habe dich arg vermisst. Es ist schon so lange her, dass du zuletzt bei mir warst, mein liebes Patenkind!»

oder «Ach, ziemlich daneben, was der/die sagt oder tut!». Wir tun gut daran, diese inneren Stimmen wahrzunehmen, die Auseinandersetzung damit jedoch mit uns selbst auszumachen.

Menschen, die konfrontiert sind mit der Zumutung Demenz, empfinden starke Gefühle, auch solche, die sie selbst gerne weit von sich schieben würden. Es ist für sie deshalb ganz wichtig, dass sie Seelsorgenden begegnen, die zunächst nur wahrnehmen und annehmen, was ist. Es ist nicht ihre Aufgabe, zu beurteilen und schon gar nicht zu verurteilen.

Stellen wir uns als Beispiel vor, dass ein Partner oder eine Partnerin eines Menschen mit Demenz Aggressivität verspürt gegenüber dem/der Erkrankten. Dann ist es wahrscheinlich, dass der/die Partnerin gleichzeitig ein schlechtes Gewissen plagt. Er/Sie weiss ja, dass der/die Erkrankte nichts dafürkann und keine Aggressivität verdient. Die Aggressivität ist trotzdem da. Wird sie verdrängt oder ignoriert, kann man davon ausgehen, dass sie umso stärker wächst. Als Seelsorger:in kommt es mir zu, Demenzbetroffene mit ihren Gefühlen abzuholen, also aktiv nach Gefühlen zu fragen, aufmerksam zuzuhören, Interesse zu zeigen dafür, *wie* es sich anfühlt, und mit grosszügigem Verständnis zu reagieren. Ein Moralfinger hat hier absolut nichts verloren.

Wer im Kontext Demenz Seelsorge leistet, sollte bereit sein, sich immer wieder neu zu reflektieren und zu korrigieren. Eigene Meinungen und Sichtweisen sollen sich ändern können. Als Seelsorger:in gehe ich an der Seite der Menschen, denen ich begegne. Dabei bin ich keine, die schon alles weiss oder gar alles besser weiss. Auf kurzen Stücken eines Weges bin ich Weggefährtin. Mir ist bewusst, dass ich letztlich niemandem die Last der Krankheit abnehmen kann.

### Einen Gang runterschalten

Sie kennen es sicher: einen Tag vor sich zu haben, der tausend Aufgaben beinhaltet. Mit diesem und jenem im Kopf, das noch zu erledigen ist, hetze ich durch meinen Tag. Im besseren Fall verliere ich meine innere Ruhe nicht, doch ich bin mir bewusst: Die To-do-Liste ist lang, und am Ende des Tages werden sogar neue Punkte hinzugekommen sein. Meine Erfahrung hat mich gelehrt: Um mit Demenzerkrankten in Kontakt zu kommen, muss ich auf dem Weg zu ihnen einen Gang runterschalten. Sowohl in ihrem Tun als auch in ihrem Sprechen sind Menschen mit Demenz verlangsamt.

Bedingung für einen Kontakt von Mensch zu Mensch ist, in die verlangsamte Gangart einzuschwingen.

Demenz wirkt sich auf den ganzen Menschen aus: nicht nur auf den Geist, sondern auch auf den Körper. Neben vielem anderen verändert sich durch Demenz auch das Gehen. In meiner unmittelbaren Nachbarschaft erlebte ich einen Pfarreiangehörigen, dessen Gangart sehr früh signalisierte, dass mit ihm etwas nicht in Ordnung war. Sein Leben lang war er strammer Fussgänger gewesen, hatte als Pensionierter freiwillig in einem Museum mitgearbeitet, wo er die ganze Zeit stehen musste. Mir fiel plötzlich auf, dass er beim Gehen in seinen Kniegelenken merklich einknickte. Seine Haltung war nicht mehr aufrecht. Kurz nachdem ich dies mehrfach beobachtet hatte, traf ich ihn im Lebensmittelgeschäft mit einem Einkaufswagen, darin rund zehn Packungen Milch. Mir kam das komisch vor, denn er lebte zu zweit mit seiner Frau, und ich konnte mir nicht vorstellen, wozu sie eine solche Menge Milch brauchten. Wir kannten uns recht gut, also sprach ich ihn an und fragte, wozu er so viel Milch brauche. Er schaute auf die Tetrapaks, dann sah er ganz erstaunt zu mir, als ob er jetzt erst realisiere, dass es aus unerklärlichen Gründen so viel Milch in seinem Einkaufswagen gab. Mit ihm im Gespräch zu bleiben, mit ihm zu klären, was da passiert sei, mit ihm zurück zum Kühlregal zu gehen und neun Milchpackungen zurückzustellen, das war keine temporeiche Szene. Wir erfanden zusammen eine Geschichte, wie es zu dieser Milchschwemme hatte kommen können, und lachten dazu.

Die Situation war heikel: Ich habe meinen Nachbarn in einer Situation angesprochen, die ihm peinlich sein könnte. Das Entdecktwerden bei einem Einkauf, der mengenmässig keinen Sinn ergibt, kann Scham auslösen. Es braucht Zeit, Fingerspitzengefühl und bestenfalls Humor, damit sich der Angesprochene nicht unangenehm blossgestellt fühlt und ich nicht im Nachhinein denke: Hätte ich doch besser weggeschaut.

Seelsorge für Demenzerkrankte unter Zeitdruck kann kaum hilfreich sein. Wenn ich zeitlich gestresst bin oder emotional verstimmt, ist dies keine gute Voraussetzung für eine wohltuende seelsorgliche Begegnung. Wenn ich als Seelsorger:in auf eine geplante Begegnung zusteure, muss ich mich darauf einstellen. Vielleicht auf dem Weg zu Fuss dorthin: Meinen dichten Terminkalender, die Themen, die ich gedanklich gerade wälze, und Emotionen, die mich hindern, mich auf mein Gegenüber einzulassen, lasse ich für eine Weile los. Ich versuche, mich innerlich bereit zu machen und –

für die Zeit der Begegnung – mein Tempo dem Tempo meines Gegenübers anzupassen. Es ist Teil der Krankheit, dass das Sprechen, wenn überhaupt noch Worte da sind, verzögert erfolgt und darum mehr Zeit braucht. Bewegungen wie Gehen, aber auch Essen und Trinken erfordern Aufmerksamkeit, Zeit und Geduld. Gedankengänge funktionieren langsamer, und Erkrankte brauchen mehr Zeit, um sich auf Menschen und Orte einzustellen. Für all das bringe ich als Seelsorger:in genügend Kapazitäten mit. Falls ich spüre, dass sie mir fehlen, so ist es unter Umständen ehrlich und fair, meinen Besuch auf einen späteren Zeitpunkt zu verschieben.

**Sprachverlust**

Der Verlust der Sprache ist ein typisches Merkmal von Demenz. Bei manchen Erkrankten ist es eines der ersten wahrnehmbaren Signale, dass ihr Redefluss stockt, weil sie die richtigen Worte nicht mehr finden.

> «Äääähh! ... Chan ich's jez gaxe?»[7]

Nicht mehr mühelos in Worte fassen zu können, was man sagen möchte, ist für manche Betroffene enorm belastend. Sie reagieren manchmal mit Ungeduld und Ärger über sich selbst. Sie ringen um jedes einzelne Wort.

> «Es ist, als wären die Regale mit den ordentlich sortierten Wörtern umgefallen und als müsste ich mir aus den unsortierten Haufen das Wort heraussuchen, das ich brauche. Wenn ich dieses Wort oder sein Äquivalent finde, muss ich mir überlegen, wie ich es ausspreche und an welche Stelle des Satzes es gehört.»[8]

Respekt gegenüber jedem Menschen ist Grundlage unseres Verhaltens. Als Seelsorger:in gehe ich davon aus, dass eine demenzerkrankte Person bei jedem Versuch, sich zu äussern, etwas Sinnvolles ausdrücken will. Entsprechend bemühe ich mich, mit meinem Gegenüber nach seiner Botschaft zu suchen. Das ist allerdings eine schwierige Aufgabe: Soll ich mich eher zurückhalten und meinem Gegenüber Zeit lassen, bis es Worte findet, die einigermassen zur Botschaft passen? Oder soll ich zu Hilfe eilen, indem ich Worte zur Verfügung stelle, die passen könnten?

---

7   «Äääähh! ... Wie sage ich das bloss?»
8   Christine Bryden, Mein Tanz mit der Demenz. Trotzdem positiv leben. Aus dem Englischen von Heide Börger, Bern 2011, 125, zitiert nach: Svenja Sachweh, Spurenlesen im Sprachdschungel. Kommunikation und Verständigung mit demenzkranken Menschen, Bern ²2019, 23.

Es gibt keine starren Regeln, wie und was ich in einem stockenden Gespräch richtigerweise tue. Ich gebe zu: In meiner Tätigkeit habe ich mich oft hilflos gefühlt und war mir unsicher, ob meine Reaktionen hilfreich und nicht verletzend waren. Das ist wohl normal und nicht weiter schlimm, wenn ich mich nicht lähmen lasse, sondern ehrlich und gleichzeitig grosszügig bin mit meinem Gegenüber und mit mir selbst.

Leider folgt dieser abnehmenden Fähigkeit später auch die abnehmende Fähigkeit zu verstehen, was andere sagen. Das hat mit der nachlassenden Merkfähigkeit des Kurzzeitgedächtnisses zu tun. Demenzerkrankte können den Anfang eines Satzes bereits vergessen haben, wenn man am Satzende ankommt. Gleichzeitig ist für sie oft das Zuordnen der gehörten Pronomen zu den damit gemeinten Menschen schwierig.

> «Die Wörter ‹wir, sie, ich, du, er› stellen mich beim Sprechen vor grosse Probleme, denn ich muss überlegen, wer mit wem was macht.»[9]

Entsprechend liegt es an denen, die gesund sind, ihr Reden anzupassen. Ganz konkret bedeutet dies: nicht zu viel sprechen, nicht zu schnell sprechen, Gesten einsetzen, die untermalen, was gesagt wird, in jeden Satz nur eine Aussage packen und Pausen einlegen. Zudem erfordern die Färbung der Stimme, der Gesichtsausdruck, die Mimik und die Körperhaltung erhöhte Aufmerksamkeit. Ich achte auch darauf, wie ich mich positioniere: Tendenziell rede ich nicht von oben auf Sitzende ein, sondern begebe mich auf ihre Höhe, indem ich beispielsweise in die Hocke gehe. Möglicherweise positioniere ich mich nicht frontal, sondern seitlich oder gehe neben jemandem mit. Die Stimme soll nicht aufgeregt und hoch klingen, sondern ruhig, also in eher tiefer Stimmlage.

Nun ist Sprache für Seelsorger:innen das bevorzugte Instrument. Unsere Gottesdienste bestehen aus unzählig vielen Worten. Wir reden in der Seelsorgearbeit immerzu: in Sitzungen genauso wie in Begegnungen aller Art. Unter diesen Voraussetzungen kann es hilfreich sein, für sich nachzuspüren, wie man selbst auf einen Verlust der Fähigkeit reagieren würde, sich sprachlich auszudrücken. Was würde ein drohender Sprachverlust in mir auslösen? Welche Gefühle würden sich meiner bemächtigen?

---

9   Bryden, Mein Tanz mit der Demenz 125, zitiert nach: Sachweh, Spurenlesen 50 (vgl. Anm. 8).

## Seelsorge neu erfinden

2013 ist ein Buch erschienen, dessen Titel sich mir unauslöschlich eingeprägt hat: «Das Herz wird nicht dement».[10] Nimmt man das Herz als Symbol für menschliche Gefühle, so deckt sich die Behauptung «Das Herz wird nicht dement» mit meiner Erfahrung. Zugespitzt könnte man sagen: Je mehr die Fähigkeit abnimmt, den Verstand zu benutzen, desto stärker stehen die Emotionen für das individuelle Befinden von Demenzerkrankten im Vordergrund. Diese sind oft sehr stark ausgeprägt. Die Angst wurde schon weiter oben beschrieben. Auch der Scham sind wir schon begegnet in der Szene im Lebensmittelladen. Dazu kommen weitere Gefühle wie Wut und Verzweiflung, aber auch ausgelassene Heiterkeit, Dankbarkeit und Zuneigung. Demenzkranke – genauso wie ihre Angehörigen – haben das Bedürfnis, dass ihre Emotionen auf Verständnis stossen. Seelsorger:innen müssen dazu nicht alle sich zeigenden Gefühle nachvollziehen können. Es gilt, die Gefühle anzuerkennen, ohne sie zu beurteilen. Es kann vorkommen, dass Seelsorgende und andere, die mit dabei sind, Befremden empfinden angesichts heftiger Gefühlsausbrüche. Dann kann es hilfreich sein, sich eine Situation aus der eigenen Biografie in Erinnerung zu rufen, die heftige Gefühle ausgelöst hat, ob dies nun ein überwältigendes Glücksgefühl war oder beispielsweise ein intensives Empfinden von Hass. Wissend um eigene Emotionalität sind Seelsorgende als empathische Zuhörende, als Mit-Fühlende gefragt.

Ebenso ist bei vielen Menschen mit Demenz die Sensibilität für Stimmung und Atmosphäre gesteigert. Wahrscheinlich ist es ähnlich wie bei Sehbehinderten, deren andere Sinne geschärft sind. Wer das logische Denken und das Verstehen Stück für Stück verliert, entwickelt andere Antennen, z.B. ein Gespür für die «Wellenlänge» von Menschen. Sagt jemand: «Es war vom ersten Moment an klar, dass wir uns gut mochten. Wir hatten die gleiche Wellenlänge», so umschreibt dies etwas Unsichtbares, eine Schwingung zwischen zwei Menschen. Demenzkranke reagieren manchmal unverständlich. Es könnte damit zu tun haben, dass sie auf die «Wellenlänge» reagieren, die sie spüren und die in ihnen etwas auslöst: möglicherweise eine angenehme oder eine unschöne Erinnerung. Oder sie reagieren unbewusst auf die Ausstrahlung anderer Menschen. Begegnet ihnen jemand

---

10  Udo Baer/Gabi Schotte-Lange, Das Herz wird nicht dement. Rat für Pflegende und Angehörige, Weinheim/Basel 2013.

gestresst oder verärgert, kann es geschehen, dass sie sich davon anstecken lassen, weil ihnen der Verstand nicht hilft, sich abzugrenzen. Schliesslich möchte ich das Gefühl oder die Atmosphäre von Unsicherheit erwähnen: Da Menschen mit Demenz eingeschränkt sind in räumlicher, zeitlicher und personeller Orientierungsfähigkeit, im Sprachverstehen und sogar im Wissen, wer sie (noch) sind, fühlen sie sich oft unsicher, manchmal sogar zutiefst verunsichert. Kommen dann belastende Faktoren dazu wie Lärm oder zu viele Menschen, kann die Verunsicherung unerträglich werden.

Für Seelsorgende kann es hilfreich sein, selbst einmal intensiv der Frage nachgespürt zu haben: Was passiert mit mir, wenn ich stark verunsichert bin oder mich verloren fühle und den Eindruck habe, es liege nicht in meiner Macht, die Situation zu verändern, um mein Befinden zu verbessern? Dies mag zu einem besseren Verständnis führen: Menschen mit einer Demenz fühlen sich oft machtlos und verloren. Oder sie schämen sich, weil sie spüren, dass ihr Verhalten nicht den Erwartungen entspricht. Manche von ihnen reagieren mit Aggressivität.

Wer professionell mit Demenzkranken arbeitet, ist gewohnt, bei aggressivem Verhalten von Patient:innen sogleich zu überlegen, welche Faktoren das aggressive Verhalten auslösen. Als Seelsorger:in ist es nicht meine Aufgabe, alle möglichen medizinischen Faktoren abzuchecken. Vielmehr nehme ich die verletzliche Seele in den Blick: Ich denke und spüre nach, was sie verletzt oder verunsichert haben könnte, und überlege, was im Moment nötig und hilfreich ist, um die Situation zu beruhigen.

Seelsorge für Menschen mit Demenz heisst, im Moment ganz wach und aufmerksam zu sein für das Geschehen, die Stimmung der Menschen, ihre aktuellen Bedürfnisse und Fragen und die Atmosphäre vor Ort. Es braucht Offenheit, Spontaneität und Fantasie, fast sogar einen gewissen Erfinder- und Entdeckerinnen-Geist, um in der Situation zu finden, was helfen und heilen kann.[11] Dazu einige Beispiele aus einer Vielzahl von Möglichkeiten – lassen Sie sich nicht einschränken von fixen Vorstellungen, was der *Kern* von Seelsorge sei und was Seelsorge bestimmt *nicht* ausmache: Vielleicht ist es gerade vordringlich, dass ich mit einer Heimbewohnerin die Brille oder das Gebiss suche, die Brille wasche, sodass ihre Sicht möglichst ungetrübt ist, oder ihr dabei helfe, mit einer Haftcreme die dritten Zähne

---

11 Vgl. die oben zitierte Definition von Seelsorge nach Josef Müller (Anm. 3), «Zum Begriff Seelsorge».

wieder an den richtigen Ort zu bringen, um essen zu können. Vielleicht bin gerade ich gefragt, um zwei sich anfauchende Heimbewohner zu trennen, indem ich mit dem einen den Ort des Aufeinanderprallens verlasse und dazu etwas erzähle, was den Streithahn auf andere Gedanken bringt. Vielleicht mache ich mit einer demenzkranken Person einen Spaziergang, was gleichzeitig eine gute Tat sein könnte, um betreuenden Angehörigen eine kurze Verschnaufpause zu verschaffen. Vielleicht begleite ich eine Frau zu ihrem Coiffeusetermin, weil sie den Weg allein nicht mehr findet und die nächste Bezugsperson froh ist, einmal Zeit für sich selbst zu haben. Vielleicht ist es meine Aufgabe, einen Mann abzulenken, wenn er die Welt nicht mehr versteht oder sich beklagt, er werde von seiner Partnerin nicht mehr besucht, obschon diese fast täglich zu Besuch kommt, ihr Partner es aber kurz danach gleich wieder vergessen hat. Dann erkläre ich zuerst, dass die Partnerin gestern da war und jeden Tag herkommt. Wenn das nicht mehr geglaubt werden kann oder wenn dem sogar widersprochen wird, bleibt manchmal nichts anderes übrig, als abzulenken, indem ich von etwas ganz anderem berichte. Ein andermal besteht Seelsorge darin, einer demenzkranken Person Nähe zu schenken: bei akuter Verzweiflung oder Trauer neben sie aufs Bett zu sitzen, ihr einen Arm um die Schulter zu legen und damit zu signalisieren: Sie sind nicht allein, ich sehe Ihre Verzweiflung.[12]

Zum Neu-Erfinden von Seelsorge gehört, der Frage grösste Aufmerksamkeit zu schenken, wann Nähe wohltuend oder unerwünscht ist.[13] Weil die Verständigung durch Worte im Verlauf der Krankheit immer schwieriger, ja manchmal völlig unmöglich wird, sind Berührungen und Nähe ein Instrument, worauf Seelsorge im Kontext von Demenz nicht verzichten möchte. Unerwünschte Nähe kann jedoch Unheil anrichten, etwa wenn Seelsorgende ihre eigenen Bedürfnisse über jene der ihnen anvertrauten Menschen stellen und dadurch deren Integrität verletzen. Generell auf Berührungen zu verzichten, wäre aber gerade für die Seelsorge im Kontext von Demenz ein Verlust. Unabdingbar sind Zurückhaltung, eine kritische Selbstbeobachtung im Augenblick, wenn es darum geht, sich für oder gegen

---

12  Vgl. für wertvolle Anregungen: Anemone Eglin u.a. (Hg.), Tragendes entdecken. Spiritualität im Alltag von Menschen mit Demenz. Reflexionen und Anregungen, Zürich 2009.
13  Vgl. zum Thema: Tonja Jünger, Hautkontakt – Zwischen Magenkrampf und wohligem Schauer, in: Fachzeitschrift für Palliative Geriatrie 3/2018, 31–33.

eine Berührung zu entscheiden, und Supervision, um das eigene Tun auch ausserhalb der konkreten Situation zu reflektieren. Als Leitlinie schlage ich vor: Behutsam und zögerlich eingesetzt sind Berührungen und somit Nähe etwas Wertvolles. Im Zweifelsfall, wenn ich mir also nicht sicher bin, ob es passt, lieber darauf verzichten.

**Fokus Angehörige**

Frau H. war Profi-Musikerin. Ihren Mann hatte sie in einem international bekannten Orchester kennengelernt: sie Australierin, er Engländer. Sie spielte die Geige. Die beiden verliebten sich, liessen sich zusammen in Zürich nieder und gründeten eine Familie. Sie reisten in der ganzen Welt umher für Engagements und Aufführungen. In späteren Berufsjahren machten sie sich selbständig und spezialisierten sich auf Aufführungen moderner Musik verbunden mit szenischen Darstellungen. Sie führte Regie. Herr und Frau H. führten eine glückliche Ehe und hatten einen grossen Freundeskreis in aller Welt. Ich begegnete dem Paar erst, als Frau H. bereits schwer dement war. Sie konnte reden, sprach aber so hastig, dass man sie schlecht verstehen konnte. Überdies ergaben die aneinandergereihten Wörter keinen Sinn mehr, den ihr Mann oder sonst jemand hätte erfassen können. Sie lief ruhelos umher. Selten setzte sie sich einen Augenblick, am ehesten, wenn ihr Mann sie besuchte und ihr etwas Süsses zum Kaffee aus der Bäckerei mitbrachte. Ihre Bewegungen waren fahrig, sodass man ständig aufpassen musste, dass sie ihre Kaffeetasse nicht umwarf. Beim Essen lehnte sie es ab, Besteck zu benutzen. Man konnte ihr nur noch Esswaren anbieten, die sie mit den Fingern fassen und zum Mund führen konnte. Wenn ihr Mann zu Besuch kam, freute sie sich sichtlich. An ein sinnvolles Gespräch war jedoch nicht zu denken. Auch ein gemütliches, entspanntes Zusammensitzen war nicht möglich. Herr H. musste oft hinter seiner Frau herlaufen, weil sie sich erhob und davonlief. Manchmal liess sie sich für einige Minuten «fesseln», wenn er Fotoalben mitbrachte aus ihrer gemeinsamen Zeit oder wenn er Video-Anrufe mit dem Sohn und den Enkeln arrangierte.

Ich war mit Herrn H. in engem Austausch. Da ich ihn regelmässig sah, wenn er seine Frau im Heim besuchte, sprach ich ihn eines Tages an, um ihn zu fragen, wie es denn *ihm* gehe. Es ergaben sich daraus intensive Gespräche. Herr H. erzählte aus dem gemeinsamen Leben und stellte viele

Fragen, auf die wir gemeinsam Antworten suchten, etwa die Frage, wie oft er seine Frau besuchen solle oder ob er auch einmal ins Ausland verreisen dürfe, um Freunde zu treffen, was zur Folge hätte, dass er seine Frau einige Tage oder sogar Wochen nicht besuchen könnte. Es ging für ihn um schwierige Entscheidungen. Einmal sagte er mir in sehr ernstem Tonfall, die Krankheit sei für die nächsten Angehörigen eine noch grössere Katastrophe als für die Erkrankten selbst, denn Letztere würden das Ausmass der Katastrophe nur am Anfang bewusst miterleben. Als gesunder Partner, noch ziemlich fit, müsse er hingegen über lange Zeit hilflos dem Abbau der geistigen Kräfte seiner Frau zuschauen. Dabei verliere er sie als Gegenüber auf Augenhöhe und könne sie dennoch nicht verabschieden, da sie ja noch lebe und ihn brauche.

Unser Zusammenleben beinhaltet bestimmte Rollen: Wir sind Ehepartner:in, Lebenspartner:in, Mutter, Vater, Tochter, Sohn, Schwester, Bruder, Freund:in, Geschäftspartner:in usw. Wenn ein Mensch an Demenz erkrankt, kann er seine Rolle je länger je weniger ausfüllen. Für die Angehörigen bedeutet dies, dass sich die bisherige Beziehung und das bisherige Arrangement auflösen und dass sie ungefragt und unfreiwillig ganz neue Rollen und Aufgaben übernehmen müssen.

Ich habe Angehörige erlebt, die unbeschreiblich liebevoll mit ihren erkrankten Angehörigen umgingen. Andere wandten sich ab. Im tagtäglichen Zusammenleben kann Aggression oder gar Gewaltanwendung von Angehörigen gegenüber Erkrankten vorkommen, meist dann, wenn Betreuende am Ende ihrer Kräfte respektive Geduld sind. In jedem Fall tun Seelsorgende gut daran, auch die Angehörigen in den Blick zu nehmen und ihnen das Gespräch und weitere Hilfestellungen anzubieten.

Manche Menschen mit Demenz wenden sich im Pflegeheim[14], wo sie ein neues Zuhause finden müssen, einer neuen Liebe zu. Mehr als nur einmal habe ich erlebt, wie sich zwei zuvor fremde Menschen dort ins Herz schlossen, sich am Morgen eines neuen Tages mit Kuss begrüssten und stundenlang Händchen haltend auf dem Sofa sassen. Ihren bisherigen Partner oder ihre bisherige Partnerin liessen sie links liegen oder wehrten sich sogar vehement gegen eine Umarmung oder eine Begrüssung mit Kuss,

---

14  Heute auch Pflegezentrum, Gesundheitszentrum, Haus der Demenz usw. genannt.

wenn er oder sie zu Besuch kam. Im Heim gefundenes neues Glück kann bei bisherigen Partnerinnen und Partnern grossen Schmerz verursachen.

Mein Beitrag trägt den Titel «Seelsorge als einfühlsame, zugewandte Katastrophenhilfe». Es sollte deutlich geworden sein, dass Angehörige von Demenzkranken mindestens ebenso sehr Katastrophenhilfe nötig haben wie diese. Auch hier sind ein moralischer Zeigefinger und eine Haltung von «Ich weiss mit Sicherheit, was richtig und was falsch ist» fehl am Platz. Seelsorgende sind nicht als Allwissende gefragt, wenn eine Frau etwa aufgrund der Tatsache, dass sie ihren Partner oft gegen seinen Willen ins Tageszentrum «abschiebt», mit sich hadert, weil sie spürt, dass sie dringend Entlastung benötigt. Seelsorgende sind als Mitmenschen gefragt, die aufmerksam zuhören beim Abwägen von Für und Wider, die trösten, wenn Tränen fliessen wegen Überforderung, bei schlechtem Gewissen oder angesichts einer neuen Liebe.

Seelsorge für Erkrankte ist Katastrophenhilfe für Menschen, die in höchstem Grad vulnerabel und deshalb schutzbedürftig sind. Diese Hilfe hat auch eine gesellschaftspolitische Dimension, wenn es z. B. um die Finanzierung von Pflege und Betreuung geht oder um die Frage, welchen Wert Leben hat, wenn Menschen nicht mehr wissen, wer sie sind und waren, wen sie liebten und was sie geleistet haben. Jedes Sich-um-sie-Kümmern ist eine Form von Zuwendung zu den Schwächsten, ganz in jesuanischem Sinn.

## «Hört, es himmelt ja schon!»
## Gottesdienst feiern mit Demenzbetroffenen

Susanne Altoè

Einige Menschen sitzen schon in der hellen Stube der Pflegeabteilung. «Könnten Sie mir helfen, das Tischtuch schön hinzulegen?», frage ich, und Frau Michel steht auf. Eifrig arrangiert sie das gelbe Tuch so, wie es ihr gefällt, und stellt sorgfältig die Plastikblumen dazu, die sie in ihrer Handtasche durch die Gänge der Demenzstation getragen hat. Einen Moment hält Frau Ferrara das kleine Kreuz in der Hand, das sie aus meinem Korb gefischt hat: «Oh!», ruft sie und nimmt es nahe an ihr Gesicht. «Je, Je, Je ...!» «Je-sus» ergänze ich, und sie strahlt. Einen dicken Kuss drückt sie auf das Kruzifix und legt es sorgsam auf den Tisch. Der Raum füllt sich.

«Predigt heute Pfarrer Kurt?» «Nein, heute bin ich dran, ist das in Ordnung?» «Oh, das ist ja wunderbar! Do müemer eifach über de Haag gumpe und säge: Hey, was bruuchsch denn Du zum Seiferle!¹» «Genau, das machen wir», antworte ich, und wir lachen gemeinsam. Herr Betz zündet gewissenhaft die Kerze an.

Aus dem Lautsprecher erklingen Kirchenglocken, und Frau Lanz weist mit dem Zeigefinger nach oben: «Hört, es himmelt ja schon!» Festliche Stimmung stellt sich ein, als die Orgel einsetzt: «Alles meinem Gott zu ehren ...» Dann liest eine Pflegerin den Psalm: rhythmisch, ernst und tröstlich, wie ein ruhiger, breiter Fluss. Die Worte klingen und wirken weit über ihren Sinn hinaus: «Wer im Schutz des Höchsten wohnt ...» (Ps 91). Eine Begleitperson legt Herrn Saxer die Hand auf den Rücken, eine andere ein warmes Tuch um die Schultern von Frau Mischler: «Gott schenkt uns Geborgenheit. Bei ihm sind wir geborgen, sicher, ganz zu Hause», sage ich. «Ich gschpüüres grad!»², ruft Frau Mischler. Herr Saxer atmet tief.

Frau Hotz steht auf: «So, das reicht jetzt aber!» «Sie haben recht!», bestätige ich. «Möchten Sie gehen?» Freundlich wird Frau Hotz aus dem

---

1   Während eine Aussage semantisch keinen Sinn mehr macht, wenn sich die Sprache von Demenzerkrankten verändert, lässt sich der emotionale Sinn einer Aussage oft noch ableiten.
2   «Ich spüre es richtig!»

Kreis begleitet, dreht eine Runde und setzt sich wieder hin. Die Gemeinschaft singt und betet im Chor die in- und auswendig gelernten alten Worte: «Vater unser im Himmel ...»

Mit grosser Geste nehme ich das Buch vom Tisch und lese langsam ein paar Sätze: «Kommt alle zu mir, die ihr Euch müht und schwere Lasten tragt ...» Geschlossene Augen, gefaltete Hände. Nur Mister Childs nimmt plötzlich seinen Stuhl und stellt ihn neben meinen. «The Bible, the Bible?», fragt er und schaut mich gross an. Ich reiche sie ihm – er drückt sie fest an seine Brust. Eifer erfasst ihn. Im Silbenregen geben sich Worte zu erkennen: «Ermutigen ... Jesus, unser Leben ... Hoffnung auf Ewigkeit ...!» Die kleine Gemeinde lauscht bewegt. «Das gibt Hoffnung?», frage ich, und rundherum ist Nicken. «Ja, da isch öppe wahr!», bestätigt Frau Müller gewichtig. «Glaube gibt Kraft!» – das erste Mal, dass ich Herrn Singer einen Satz sagen höre.

Mister Childs' Predigt geht weiter: «Ermutigen, Jesus ... Heaven! Heaven!» Tränen rinnen über sein Gesicht. Seine tiefe Bewegung erfasst die Gruppe. Frau Fischer greift nach einem Taschentuch und schnäuzt sich die Nase. Herr Prager, der sich bisher zurückgehalten hat, schaut nachdenklich auf Mister Childs, verzieht das Gesicht und stellt dann fest: «Jaja, er ist halt ein Realist!» Wir stimmen zu.

«Danke, Mister Childs, für Ihre bewegenden Worte. Sie haben uns sehr ermutigt!» Er scheint von innen zu leuchten. «Guter Gott, bleib bei uns. Hilf uns und schütze uns! Amen.» «Amen!», klingt es laut. Aus dem Lautsprecher tönt das Schlusslied: «Grosser Gott, wir loben Dich!» Der kleine Chor stimmt ein.

Gottesdienst mit Demenzbetroffenen zu feiern, fordert Seelsorgende und Begleitpersonen heraus. Dabei scheinen sich die Fragen zuzuspitzen, die sich auch für gottesdienstliche Feiern in den Gemeinden stellen: Wo stehen die Menschen, die sich zur Feier versammeln? Was verbindet sie, und welche Sprache, welche Inhalte erreichen ihre Sehnsucht? Welche Rituale sind ihnen vertraut und vermitteln Geborgenheit und Sicherheit? Wie wird Gottes Heil erfahrbar, das trägt und ermutigt, den nicht immer leichten Weg des Alltags mit Zuversicht zu gehen?

Manche behaupten, dass gottesdienstliche Feiern an Bedeutung verlieren. Der sonntägliche Gottesdienst zählt immer seltener zu den Selbstverständlichkeiten einer Existenz. In vielen Gemeinden sinkt die Zahl der Teilnehmenden. Auch in Spitälern und Heimen hört man manchmal die Frage, ob sich der beträchtliche Aufwand denn noch lohne für die wenigen, die das Angebot wahrnehmen.

Weiter liesse sich fragen, ob Menschen mit einer demenziellen Erkrankung überhaupt noch Gottesdienst brauchen oder, radikaler gefragt, ob sie noch fähig sind, die würdestärkende, ordnende und nährende Kraft einer gottesdienstlichen Feier zu erfahren.

Auch den ökumenischen und zunehmend interreligiösen Kontext der Wohngruppen und Pflegestationen gilt es zu beachten. «Alle dürfen, niemand muss» an einem Gottesdienst auf einer Demenzstation teilnehmen. Was hilft, und worauf gilt es zu achten, damit nicht nur gewährleistet ist, dass ein Gottesdienst Raum und Anschluss für Menschen unterschiedlicher religiöser und spiritueller Prägung bietet, sondern damit zugleich die Authentizität der Person gewahrt bleibt, die als leitende:r Seelsorger:in tätig ist?

In den folgenden Abschnitten möchte ich darüber nachdenken, warum es Sinn ergibt, mit an Demenz erkrankten Menschen Gottesdienst zu feiern, welche Aspekte zu einer gelingenden Feier beitragen können und welche Früchte im Alltag daraus erwachsen können. Mit Gottesdienst ist dabei eine Vielzahl von Formen und Konstellationen mit je eigenen Akzenten, Möglichkeiten und Grenzen gemeint, um Menschen mit Demenz auf ihrem individuellen Lebens- und Krankheitsweg zu erreichen und zu begleiten. Der Schwerpunkt wird beim Gottesdienst auf der Demenzstation liegen. Die Perspektive dieses «Ernstfalls» möchte auch Inspiration sein für andere Kontexte gemeinsamen Betens und Feierns.

### Warum mit demenzbetroffenen Menschen Gottesdienst feiern?

#### Die Erfahrung der Zugehörigkeit

Eine Demenzerkrankung mit der Perspektive, immer mehr den «Geist» (*mens*) zu verlieren, die eigene biografische Identität, aber auch die Fähigkeit, andere zu erkennen und mit ihnen zu interagieren, ist ein schwerer Einbruch im Leben eines Menschen. «Wer bin ich noch, wenn ich mich nicht mehr erinnere, wer ich bin?» Die Veränderung der Selbst- und Fremdwahrnehmung destabilisiert. Viele Demenzbetroffene können vertraute Menschen nicht mehr zuordnen, selbst wenn sie ihnen manchmal noch vertraut erscheinen. Auch immer mehr «Unbekannte» treten ins Leben, sei es auf der Strasse des Heimatdorfes oder am Mittagstisch der Pflegeabteilung.

«Die habe ich noch nie gesehen!» Die Erfahrung von Einsamkeit und Entfremdung werden alltäglich.

Das Bedürfnis nach Zugehörigkeit zählt zu den zentralen Aspekten spiritueller Bedürfnisse und kann von Menschen mit Demenz kaum noch in abstrakter Weise erfahren werden. In einem Gottesdienst zusammenzukommen kann helfen, sich einer konkreten Gemeinschaft zugehörig zu fühlen und so die schmerzliche Erfahrung der zunehmenden Fragmentierung für einen Augenblick zu überwinden. Das gemeinsame Sitzen, Hören und Handeln stärkt das soziale Empfinden, es solidarisiert und stabilisiert. «Es ist gut, dass wir hier sind» (Mt 17,4), «zwei oder drei» (Mt 18,20) vor Gott und in seinem Namen. Wer mit mir singt und wer mit mir vertraute Worte spricht, kommt mir nahe, wird mir Bruder und Schwester auf dem Weg.

### Die Erfahrung von Verhaltenssicherheit und Kompetenz

«Was ist jetzt?» Die Welt wirkt für viele demenzerkrankte Menschen verunsichernd und mitunter bedrohlich. Immer weniger ist Verlass auf den inneren und äusseren Orientierungssinn. Angst und Scham sind oft die Folgen: «Ich weiss ja, dass ich es nicht mehr weiss ...»

Ein Gottesdienst als geführte Ritualhandlung ermöglicht, in gemeinsam vollzogenen Gesten, Worten und Gesängen Verhaltenssicherheit zu erfahren und sich in der eigenen Kompetenz wahrzunehmen. Was sich seit Kindheit tief ins Bewusstsein eingegraben hat, was «inwendig» gespeichert ist, bleibt oft noch lange erhalten, auch wenn die Demenz fortschreitet und die jüngsten Erinnerungen längst ausgelöscht hat. Farben, Gerüche und Klänge vermitteln: «Ich weiss, was hier passiert. Hier kenne ich mich aus.» So wird mitten im Kontrollverlust ein gemeinsam gesprochenes Amen oder eine Strophe «Grosser Gott, wir loben Dich» zum würdestärkenden Ereignis.

Darüber hinaus wirkt die Kraft der Wiederholung bisweilen auch bei Menschen, die nicht auf die Erfahrung einer früheren religiösen Praxis zurückgreifen können. Den Vers «Gott ist die Liebe»[3] singen in unseren Feiern viele mit, die ihn erst hier gelernt haben. Rituale reduzieren Angst. Sie geben schwierigen Emotionen einen sicheren, wertschätzenden Raum,

---

3 «Gott ist die Liebe, will mich erlösen, Gott ist die Liebe, er liebt auch mich. Drum sag ichs noch einmal: Gott ist die Liebe, Gott ist die Liebe, er liebt auch mich!» Text: August Dietrich Rische (1819–1906).

damit sie sich lösen und «abfliessen»[4] können. Häufig beschreiben Menschen die erfahrene Entlastung und den tieferen Frieden: «Ich habe so geweint. Jetzt geht es mir besser.» Anschliessend können angenehme Gefühle wieder leichter in den Vordergrund treten, die innere Anspannung lässt nach. Damit entfalten Rituale ihre ihre ordnende Wirkung in der Tiefenschicht.[5] «Danke, dass ich endlich wieder einmal den Heimweg gefunden habe!», sagte eine Frau glücklich nach einem Gottesdienst. Die Botschaft ist in ihr angekommen – und sie in ihr.

## Die Erfahrung der heilstiftenden Gegenwart Gottes

Der christliche Gottesdienst hat die Aufgabe, Gott zu ehren und die Kernbotschaft des Heils allen Menschen erfahrbar zu machen: Gottes Zuwendung zu den Menschen und seine aufrichtende, befreiende und verwandelnde Kraft.

Menschen mit Demenz sind im Verlauf ihrer Erkrankung immer weniger in der Lage, komplexe Inhalte oder eine Vielzahl von Botschaften aufzunehmen. Argumente oder Abstraktionen verlieren ihre Funktion, Sätze ihre Bedeutung. Die Frage stellt sich, wie die Kernbotschaft des Heils möglichst lang erfahrbar bleiben kann. Eine Reduktion auf das Wesentliche, auf das einfache, aber performative Wort und auf die schlichte, edle Form ermöglichen es, dass ein Gottesdienst nicht banal wird, sondern «reduziert aufs Maximum»[6] Ausdruck des unfassbar Nahen bleibt, der Güte und Menschenfreundlichkeit Gottes, seiner Liebe und Barmherzigkeit, seiner Nähe für alle, die nach ihm rufen (Ps 145,18) und die in der Würde der Gotteskindschaft vor ihm stehen.

Die Harmonie von *lex credendi* und *lex orandi* als Grundprinzip scheint im Kontext von Demenz sogar an Bedeutung zu gewinnen: Nonverbale und paraverbale Botschaften bleiben, ähnlich wie die Emotionen, länger zugänglich als Wortinhalte. Dass die Botschaft sich nicht nur im Wort ausdrückt, sondern sich auch in der Form möglichst kohärent manifestiert, lässt sie

---

4   Der Begriff bezieht sich auf das Konzept der Integrativen Validation nach Richard© – IVA.
5   Karolin Küpper-Popp/Ida Lamp (Hg.), Rituale und Symbole in der Hospizarbeit. Ein Praxisbuch, München 2014, 26.
6   Der Slogan «Reduce to the max» geht zurück auf die Zürcher Werbeagentur Weber, Hodel, Schmid.

klarer wirken, gerade wenn aus dem Gesamt der Impulse nur noch einzelne ankommen.

### Die Erfahrung von Transzendenz

Sich zum Gottesdienst zu versammeln bedeutet, den Alltag zu unterbrechen und Raum zu schaffen für das Fest. Das «Heilige» ereigne sich in einer Pause, sagt ein Kalenderspruch. Auch Menschen mit Demenz vermögen noch lange zu erkennen, was Fest ist und Feier und dass sich dort Besonderes erfahren lässt. Ein Heraustreten aus den immergleichen Abläufen und Orten des Alltags in einen sakralen Raum oder zu einem geschmückten Tisch kann eine wohltuende Kraft entwickeln und das leise Einbrechen des Geheimnisvollen und Unfassbaren in Schönheit und Wohlklang ermöglichen: «Auch Ihnen ganz frohe Weihnachten!» heisst es dann auch mal mitten im Juni, als Ausdruck dafür, dass das Heilige erfahrbar war, mitten unter uns.

Der Gottesdienst als Symbolhandlung trägt in sich eine Botschaft, die über sich hinausweist. Auch im Beten und Feiern mit Demenzerkrankten erweist Gott sich als der eigentlich Handelnde, dem wir den Weg bereiten (Jes 40,3). In der Unvorhersehbarkeit der Beiträge von Mitfeiernden kann der Gottesdienst auch für die leitende Person zur spirituellen Übung werden, zum gelassenen und bisweilen humorvollen Überlassen an Gott, der grösser ist als sorgfältige Abläufe und beste Absichten. Gerade Unerwartetes oder selbst Irritierendes kann zur Begegnung mit dem Anderen werden, vor dem alle gleichwertig stehen. Wir klopfen an, Gott aber öffnet (Mt 7,7). Oder in einem anderen Bild: Er kommt und tritt ein, auch durch verschlossene Türen (Joh 20,26).

Die in Gottesdiensten angebotenen Kernbotschaften, greifbar in biblischen Bildern, Texten und Symbolen, aber auch geschöpft aus der Erfahrung der Natur und des alltäglichen Lebens, erweisen sich für Menschen vielfältiger Prägung immer wieder als anschlussfähig. Sie berühren und bewegen, ohne zu bedrängen, weil sie an die Grunderfahrungen menschlicher Existenz anknüpfen. Wie eben dargelegt, werden beim Gottesdienst darüber hinaus die Erfahrung von Zugehörigkeit, Verhaltenssicherheit und Kompetenz sowie die Erfahrung einer heiligen und heilsstiftenden Gegenwart, die die Grenzen des Materiellen übersteigt. Die gemeinsame Feier ermöglicht so eine spirituelle Erfahrung, die über religiöse und kulturelle Grenzen hinaus verbindend und würdestärkend wirkt.

**Volle, tätige Teilnahme – auch für Menschen mit Demenz?**
Wann beginnt ein Gottesdienst?
Auch ein Gottesdienst mit Demenzerkrankten will vorbereitet sein – konkret räumlich, aber auch innerlich. Doch was ist mit jenen, die kaum noch über den Augenblick hinaus etwas erwarten können? Eine Möglichkeit, sich auf den Gottesdienst einzustimmen und nicht nur Teilnahme, sondern auch Teilhabe erfahrbar zu machen besteht darin, den Gottesdienst-Ort gemeinsam vorzubereiten. Während Pflegende und Begleitpersonen Menschen an den Ort bringen, an dem der Gottesdienst stattfindet, herrscht oft buntes Treiben. Wer mithelfen kann, ein Tischtuch zu arrangieren, wer gefragt wird, wo man die Blumen hinstellen soll, wer ein Symbol «begreifen» darf, bevor es in der Mitte allen zum Bestaunen angeboten wird, erfährt sich von Anfang an als Teil des Geschehens: «Das habe ich gemacht. Hier bleibe ich!» Eine Bitte um Mithilfe validiert, ermutigt, und vermittelt Gleichwertigkeit. Dabei ist weniger wichtig, ob die Blumen vollständig in der Vase landen oder ob die Krippenfigur in der Rollator-Tasche verschwindet. Mit dem Unerwarteten umzugehen, ist Teil der Rechnung.

Eine persönliche Begrüssung und ein Ausdruck der Freude entfalten oft eine starke Wirkung bei den Mitfeiernden, denn jeder Mensch trägt in sich das Bedürfnis, gesehen und erkannt zu werden. «Ah, Sie kennen mich? Dann ist ja gut!» Ein Ansprechen, möglichst mit dem Namen, vermittelt das Gefühl der Zugehörigkeit und Sicherheit. Und warum nicht mit einem Symbol von Person zu Person gehen, während alle schon sitzen: «Schauen Sie, was ich heute mitgebracht habe!» – Eine Blume, ein Holzherz oder ein laminiertes Bild kann so zum verbindenden Element werden und staunen lassen, den Ton setzen und frohe Erwartung wecken, noch bevor die eigentliche Feier beginnt.

Wenn dann vom Band die Kirchenglocken erklingen, wird es häufig still. Im Dickicht einer Demenz erfahren Menschen durch bekannte Reize manchmal eine Art «Lichtung». «Hört, es himmelt ja schon!», sagte einmal eine Frau und hob den Zeigefinger. Eine andere senkte den Blick und faltete die Hände. Der Geruch einer echten Kerze, der Duft von Weihrauch oder Tannenharz, von Blumen oder einem frischen Brot erreicht Menschen manchmal noch, wenn sie schon tief hinter der Krankheit verborgen scheinen. Je besser man eine Person, ihre Kultur und Erfahrungsprägung kennt, desto gezielter können «Lichtungen» angeboten werden, die in die Realität des Geschehens jenseits der Realität der Worte hineinführen.

### Altes und Neues schätzen

Immer wieder stellt sich die Frage, ob die hergebrachten Formen noch angemessen sind oder ob man neue suchen muss, um Menschen mit der Botschaft des Evangeliums zu erreichen.[7] Zahlreiche Vorlagen für sogenannte Demenzgottesdienste scheinen sich eher auf neue Feierformen zu konzentrieren. Sie erweisen sich insofern als hilfreich, als sie sich in Inhalt und Gestalt beschränken und allgemein zugängliche Themen in einfacher Form aufbereiten. Auch Erkenntnisse aus der Demenzforschung oder Methoden aus Pflege und Betreuung können Brücken bauen und der Botschaft ermöglichen, ihr Ziel besser zu erreichen. Es ist für Vorbereitende hilfreich zu verstehen, wie Menschen mit Demenz wahrnehmen und kommunizieren,[8] wie wichtig das Ansprechen der Sinne ist, ohne dabei eine Reizüberflutung und Überforderung zu erzeugen.[9]

Andererseits sind die Schätze überlieferter Formen oft noch das, was Menschen von Kindheit an vertraut ist. Es ist erstaunlich, wie viele Strophen auswendig gesungen werden und wie Menschen, deren Sprache sich sonst bereits zur Unkenntlichkeit aufgelöst hat, klar und deutlich in Psalmen und Gebete einstimmen. Die gemeinsame religiöse Prägung führt dazu, dass manche Dinge «einfach da» sind. Gut lesbare Liedblätter machen es leichter, oder ein Bild kann helfen: «Unser nächstes Lied steht oben beim Stern». Ein Instrument stütz den Gesang, aber auch der Chor aus dem Lautsprecher erzielt seine Wirkung, wenn man dadurch einstimmen kann in etwas Grösseres, das trägt und den Raum erfüllt.

Das Lied- und Kulturgut gemeinsamer kirchlicher Praxis verbindet nicht nur die Menschen untereinander. Es ist auch für diejenigen zugäng-

---

[7] Bleibt man bei hergebrachten Formen, so können Formulierungen in leichter Sprache eine Hilfe sein.
[8] Hier sei neben anderen auf das Konzept der Integrativen Validation nach Richard© – IVA verwiesen.
[9] Praxisversuche zeigen, dass Elemente der Basalen Stimulation© nach Andreas Fröhlich auch im Feiern von Gottesdiensten mit an fortgeschrittener Demenz erkrankten Menschen hilfreich sein können.

lich, die einen Gottesdienst vorbereiten: «Grosser Gott, wir loben dich!» ist ein sicherer, gemeinsamer Höhepunkt einer Feier. Noch macht es im Altersbereich Sinn, sich an die vertrauten Texte zu halten. Neue Fragen werden sich stellen, wenn sich dieser gemeinsame Schatz im Wechsel der Generationen mehr und mehr verliert. Wie werden wir als Gemeinschaft an Erfahrungen anknüpfen, wenn die spirituelle Prägung mehr und mehr individualisiert ist und die Zugehörigkeit zu einer konkreten Glaubens- und Feiergemeinschaft kaum mehr eine Rolle spielt? Welche Lieder werden wir singen, wenn nicht mehr «Es Buurebüebli» oder «So nimm denn meine Hände» Menschen verbinden? Wie lange noch ist «in Ewigkeit, Amen» anschlussfähig?

Neue Formen und individualisierte Feiern werden an Bedeutung gewinnen. Die Kunst, religiöse und spirituelle Ressourcen zu entdecken, zu erfragen und zu stärken, wird wichtiger werden, wenn Seelsorgende Spiritualität als Dimension der menschlichen Existenz auch in Zukunft ernst nehmen und wachhalten wollen. Welche Kompetenzen es dazu von Begleiter:innen brauchen wird, ist Gegenstand der Forschung. Dass sie exklusiv dem theologischen Bereich entstammen werden, scheint dabei unwahrscheinlich.

Verkündigung des Wortes?

Eines der augenscheinlichsten Zeichen einer Demenz ist der progressive Sprachverlust. Die verbale Kommunikation wird mehr und mehr zum «Spurenlesen im Sprachdschungel»[10]. Für den christlichen Gottesdienst, in dem das lebendige Wort zentrale Bedeutung hat, ist dies eine Herausforderung.

Es kann helfen, sich im Blick auf die Verkündigung auf die verschiedenen Dimensionen der Kommunikation zu besinnen. Nur ein Viertel der Kommunikation, heisst es, ist auf der verbalen Ebene angesiedelt. Gerade sie verschliesst sich im Verlauf einer Demenz oft als Erstes dem Zugriff. Entsprechend gewinnt die nonverbale Ebene an Bedeutung: die Körpersprache, die Mimik und Gestik, aber auch die Nähe und Distanz zu den Ange-

---

10  Svenja Sachweh beschreibt in ihrem Buch unter diesem Titel ausführlich und praxistauglich, wie die Kommunikation mit an Demenz erkrankten Menschen gestaltet werden kann. Svenja Sachweh: Spurenlesen im Sprachdschungel. Kommunikation und Verständigung mit demenzkranken Menschen, Bern ²2019.

sprochenen. Es ist ein Unterschied, ob eine feiernde Gemeinde in einer Stube im Kreis versammelt sitzt oder ob man sich in einem Sakralraum gegenübersteht. Beides hat seine Wirkung und Kraft. Auch Kleidung und Habitus sind bedeutungsvoll: Wie trete ich auf? Sind meine Gesten weit und frei oder wirken sie angespannt und zufällig?

Es lohnt sich auch darauf zu achten, als Gottesdienstleiter:in bewusst und «aufgeräumt» in eine Feier zu gehen. Stimmungen scheinen sich leicht auf Demenzerkrankte zu übertragen. So ist die Phase der inneren Vorbereitung und der des äusseren Ankommens auch für Leitende und Begleitende ein wichtiger Faktor für eine gelingende Feier.

Die achtsame paraverbale Kommunikation ist nicht nur aufgrund der häufigen Einschränkung in der Hör- und Sehfähigkeit von älteren Menschen zentral. Ein langsames Sprechtempo, klare Artikulation und besonders deutliche Sprechpausen helfen bei erschwerter Reizverarbeitung. Die Sprachmelodie und Tonhöhe kann etwas von der Stimmung des Inhalts vermitteln, auch wenn Worte nicht mehr erkannt werden. Eine dem Raum angemessene Lautstärke fördert das Wohlbefinden. Ein nicht eingeschaltetes Hörgerät führt hingegen gern einmal zu Unruhe und Aufregung: «Man versteht ja gar nichts!» Ein Zuviel an Reizen wiederum treibt in die Flucht.

Die Aufgabe der Verkündigung erweist sich im Demenz-Kontext immer wieder als geteilte: Die natürlichen und anerzogenen Hemmschwellen bieten nicht mehr den gleichen Widerstand, sodass Gedachtes und Empfundenes oft gern zur «gemeinsamen Predigt» mitgeteilt wird. Ein kleiner Kreis wird eher zum Dialog ermutigen. Im formellen Setting eines Sakralraumes, bei dem die Rollen durch liturgische Kleidung und feierliche Musik klarer unterschieden sind, kann meist mit mehr Zurückhaltung gerechnet werden. Beides kann als wohltuend empfunden werden. Für wen welche Form geeignet ist, muss im Einzelfall sorgfältig geklärt werden. Die Zusammenarbeit und der Austausch mit Angehörigen oder Pflegenden ist dabei zentral.

Manchmal ist ein gemeinsames Dank- und Fürbittgebet möglich: «Wofür möchten Sie heute beten, Frau Merz?» – «Dass wir gesund bleiben und gut schlafen können.» – «Dass wir gesund bleiben und gut schlafen können!» Eine Wiederholung validiert die Aussage und macht sie für die anderen besser verständlich. Eine einfache Formel kann folgen: «Guter Gott, zusammen mit Frau Merz beten wir, dass wir gesund bleiben und gut schlafen können. Amen.» Ein Blick ins Gesicht von Frau Merz lässt erahnen: Sie fühlt ihr Anliegen gehört und gewürdigt. Auch litaneiartige Gebete oder Gesten können das Gebet rhythmisch und spielerisch lebendig werden lassen: «Für den Himmel, für die Erde: danke, guter Gott! Für den Abend für den Morgen: danke, guter Gott! Für den Frieden, für die Liebe: danke, guter Gott!»

Sakramente und Symbolhandlungen

Um Symbolhandlungen zu verstehen und ihre Wirkung zu erfahren, ist oft ein hoher Grad an Abstraktionsvermögen nötig. Für die Feier mit Demenzbetroffenen ist es darum wichtig, sich über die Kapazität der Teilnehmenden klar zu werden. Viele Gottesdienstvorlagen erweisen sich in der Praxis als zu komplex. Sie mögen inspirieren, bedürfen aber oft der Anpassung und Vereinfachung, denn ein Symbol, das nicht mehr erfasst werden kann, stiftet mehr Verunsicherung, als dass es eine Realität verdichtet ausdrückt, wie es seine Aufgabe wäre. Die Konzentration auf Elementares scheint sich in der Praxis zu bewähren: Wasser, Erde, Stein, Licht ... Eine Blume oder ein frischer Zweig, ein warmer Schal oder Sand, der durch die Finger rinnt – diese und ähnliche Zeichen zu deuten, bleibt oft noch lange möglich. «Die hat's gut, die lacht!», sagte ein Mann über eine Sonnenblume. «Weil sie in die Sonne schaut», sagte ein anderer, und das Predigtgespräch war geboren.

Der Gottesdienst kann bei den Mitfeiernden vielerlei auslösen. Nicht immer hat die persönliche Geschichte oder Erfahrung etwas damit zu tun. Manchmal ist es die momentane Befindlichkeit, ein Schmerz oder eine Anspannung, die eine Reaktion hervorruft oder verstärkt. Manchmal lässt sich aber auch erahnen, was einem Menschen wichtig war. Ein gläubiger Mann lehnte zur Überraschung der Pflegenden einmal die Teilnahme an einem von einer Frau geleiteten Gottesdienst auf der Pflegeabteilung ab: «Was ist das für eine Sekte? Ich bin katholisch!» Eine persönliche Kränkung wäre hier fehl am Platz. Vielmehr gilt es, auch in dieser Situation das Empfinden des Menschen zu achten und zu respektieren. Der sensible Umgang mit spirituellen Bedürfnissen und Empfindungen bedeutet auch rücksichtsvolle Distanz. Je vulnerabler die Person, desto wichtiger wird die Wahrung von Grenzen.

Ein besonderes Thema sind im katholischen Kontext die Sakramente und die sakramentalen Handlungen, die noch viele Demenzerkrankte von Kindheit an geprägt haben. Die immergleichen Gebete, Riten und Rituale bleiben lange wiedererkennbar. Sie im Kontext des sakramentalen Gottesdienstes gutgemeint zu vereinfachen, ist nicht immer die Lösung. «Das stimmt aber nicht», sagte einmal eine Frau lautstark zu ihrer Nachbarin, als ein Priester bei der Eucharistiefeier improvisierte. Eine hochbetagte Frau schlug um sich, als sie nach einem Sturz im Bett lag und von einem Priester besucht wurde. Er wollte ihr die Krankensalbung spenden, wie sie es «in guten Zeiten» verfügt hatte. Doch erst als er sich die violette Stola umlegte, schien die Frau aus ihrer Not zu erwachen. Sie griff nach der Stola und rief: «Es ist keine Täuschung! Mein Bruder hatte auch so eine!» Ihr Bruder war Kapuzinermissionar gewesen. Augenblicklich beruhigte sie sich. Immer wieder kommt es vor, dass Menschen die Hände falten oder ein Gebet zu murmeln beginnen, wenn sie bei der Krankenkommunion die Hostie vor Augen haben. Ob es sich um eine Art Körpergedächtnis handelt oder ob die Seele tatsächlich jenseits des entschwindenden Geistes wach und klar bleibt, wird ein Geheimnis bleiben.

### Gradualität und Grenzen

Wie jeder Mensch einzigartig ist in seinem Wesen, so ist jede Demenz einzigartig in ihrem Verlauf. Bedürfnisse und Möglichkeiten verändern sich. Sorgfalt und Achtsamkeit im Umgang sind die erste Regel, auch im Feiern von Gottesdiensten. Eine Biografie zu kennen, kann hilfreich sein. Vor allem aber ist behutsam wahrzunehmen, was sich vor, während und im Nachklang einer Feier zeigt.

Immer wieder gilt es, die sensible Balance zwischen Partizipation und den nötigen Schutzräumen zu finden. Gewisse Menschen fühlen sich in der grossen Gruppe wohl und getragen, andere sind dadurch überfordert. Die kleine, homogene Gruppe bietet eher die Möglichkeit, während der Feier in individuellem Kontakt zu bleiben und auf Bedürfnisse und Reaktionen einzugehen. Genügend und einfühlsame Begleitpersonen sowie eine eher kurze Folge von einfachen, kurzen Sequenzen, scheinen mit dem Fortschreiten einer Demenz wichtiger zu werden.

Jede Art von Feier hat ihre kreativen Grenzen, über die hinaus ein origineles Verhalten als störend empfunden wird oder Unruhe bringen kann. Aber nicht allein die leitende Person soll dabei bewerten, was stimmig oder störend ist. Etwas, das nicht den gängigen Normen entspricht, kann von Mitfeiernden durchaus als wertvoll und berührend empfunden werden. Für Leitende kann es hilfreich und entlastend sein, in der Situation einen Schritt zurückzutreten und zu vertrauen, dass sich vieles von selbst löst. Schwierige Gefühle sollen Platz haben in gottesdienstlichen Feiern. Gerade der Trauer Raum zu geben, damit sie sich nach einem bewusst oder unbewusst wahrgenommenen Abschied oder Todesfall lösen kann, die Stimmung dann aber wieder einem hoffnungsvollen Weitergehen zuzuleiten, erweist sich als hohe, wichtige Kunst.

Die Sicherheit soll zu jeder Zeit gewährleistet sein. Offenes Feuer oder zerbrechliche Gegenstände dürfen bewusst und sorgsam eingesetzt werden. Bewegungsfreiheit und genügend Begleitpersonen ermöglichen, dass Menschen ihrem Bewegungsdrang nachgeben können, ohne sich oder andere zu gefährden. Die Grundhaltung der Akzeptanz vermittelt auch nach innen Sicherheit und Stabilität.

**Früchte**

*Wirkung in den Menschen mit Demenz*

Die Atmosphäre auf einer Pflegestation wird von vielen Faktoren beeinflusst. Wenn es gelingt, eine Feierstimmung zu schaffen, verharren Menschen nach dem letzten Lied oft ganz entspannt. Niemand scheint den Zauber brechen und die heilige Gegenwart vertreiben zu wollen. Die Überleitung zurück in den Alltag bedarf darum der gleichen Aufmerksamkeit wie das Sammeln. Formulierungen wie «Das war jetzt schön!» und «Man möchte gar nicht mehr aufhören!» validieren die Gefühle. Still ein Getränk anzubieten, ist eine Form, den Übergang von der Feier in den Alltag zu erleichtern. Noch sitzt man, aber die Gespräche wenden sich neuen Themen zu. «Das machen wir bald wieder einmal!» Die Perspektive, dass sich ein solcher Moment wiederholen kann, tut gut. Die Veränderung in der Atmosphäre hat manchmal auch überraschende Folgen, etwa eine Dankesrede der ehemaligen Kirchgemeindepräsidentin mit der Bitte, im nächsten Jahr wiederzukommen.

Was Gott selbst als Handelnder in den Menschen bewegt, wissen wir nicht. Welche innere Erfahrung weiterwirkt, bleibt ein Geheimnis. Pflegende berichten, dass die Stimmung oft besonders ruhig und gelöst ist nach der Feier. Menschen schliefen besser, bräuchten weniger Medikamente. Ob es biochemische Prozesse sind, die nach der Gipfelerfahrung weiterwirken, oder der Tröster-Geist, der weht, wo er will (Joh 3,8), darf offen bleiben, wenn die Früchte Friede, Freude und Geborgenheit sind (Gal 5,22).

### Leitende, An- und Zugehörige sowie andere Begleitpersonen

Ist es An- und Zugehörige möglich, an Gottesdiensten mit Demenzbetroffenen teilzunehmen, zeigen sie sich oft berührt, ihre Kranken in einem anderen Licht und Kontext zu erfahren. Im Alltag scheint der Blick oft defizitorientiert zu sein: Augenfällig ist, was nicht mehr ist und nicht mehr geht. Im gemeinsamen Feiern verschwimmen diese Grenzen. Zusammengehörigkeit und die Offenheit auf etwas Grösseres hin, das die Würde stärkt und Hoffnung schenkt, trägt bei, die Krankheit, die hilflos macht, für einen Augenblick hintanzustellen. Das Fest vermittelt sichtbar, hörbar und begreifbar, dass das Menschsein zu jedem Zeitpunkt wertvoll bleibt. «Ich sehe, mein Mann ist hier gut aufgehoben und nicht nur versorgt.» Nicht zuletzt ermöglicht das gemeinsame Sein «vor einem Grösseren» als verbindender Bezugspunkt eine neue Gleichwertigkeit – alle erfahren sich als Bedürftige, Beschenkte und einzigartig Geliebte.

### *Memoria Dei* in zweifachem Sinn

Für Menschen mit Demenz hat das Feiern von Gottesdiensten eine besondere Bedeutung. Das Zusammenspiel von Menschlichem und Göttlichem wird konkret und wahrnehmbar. Es öffnet sich dabei ein dreifaches Fenster: eines in die Vergangenheit, eines in die Tiefe der Gegenwart und eines in die Zukunft. Für die Feiernden wird eine Realität erfahrbar, die die Grenzen des Alltags und seine Last übersteigt und hinweist auf eine Hoffnung, die trägt.

In der feiernden Gemeinschaft vor Gott wird Identität als etwas Geschenktes erfahrbar: in der Erinnerung und Manifestierung der gemeinsamen, unverlierbaren Würde als Menschen nach dem Ebenbild Gottes und vor seinem Antlitz. Es geht um eine Identität, die fähig ist, die Fragmentierung und den Verlust des Ich zu halten und über die Kontingenz innerweltlicher Konzepte hinaus zu heilen. So bedeutet Gottesdienst feiern auch für Demenzbetroffene *Memoria Dei* im zweifachen Sinn: Als Gedächtnisfeier Gottes, die wir bewahren, aber auch als Feier der Tatsache, dass wir im Gedächtnis Gottes bleiben, das uns bewahrt, wenn Ersteres nicht mehr möglich ist.[11]

---

[11] Vgl. John Swinton, Dementia. Living in the Memory of God, Grand Rapids, Michigan 2012.

# «Jede kleine ‹Fensteröffnung› der Seele zählt ...»[1]
## Zur Feier von Sakramenten mit an Demenz erkrankten Menschen

Birgit Jeggle-Merz

Demenz lässt sich nicht reduzieren auf eine Erkrankung, die medizinische und seelsorgliche Interventionen erfordert. Sie ist mehr als das. Demenz ist eine Weise menschlichen Seins,[2] die eine Reihe von theologischen Fragen aufwirft. Die wissenschaftliche Theologie beginnt sich allerdings erst langsam mit solchen Fragen auseinanderzusetzen. Sie betreffen vor allem die Ekklesiologie und die Sakramententheologie. Dabei fällt auf, dass Demenz auch in theologischen Debatten oft in erster Linie unter der Dimension Verlust gesehen wird: Verlust von Sprache, von Gedächtnis und kognitiven Fähigkeiten, von körperlicher Integrität und Selbständigkeit. Ein solches Zugehen auf Menschen, die von Demenz betroffen sind, birgt die Gefahr, dass demenzielles Sein vor allem als defizitäres oder beschädigtes Menschsein wahrgenommen wird. Verkannt werden dabei nicht nur die vielfältigen Ressourcen, die ein Mensch trotz Demenz hat. Auch das Menschenbild gerät leicht in eine Schieflage. Leben wird anders, ohne Zweifel. Aber Menschen mit Demenz sind und bleiben Getaufte, also «Christusähnliche» (vgl. Röm 6) und insofern Glieder des einen Leibes Christi.

Während die Frage, wie mit an Demenz erkrankten Menschen Gottesdienst gefeiert werden kann mit dem Ziel, sie und ihre Familien in die Mitte der Gemeinden (zurück) zu holen, in den letzten Jahren in zahlreichen Handreichungen und Publikationen behandelt wurde, werden nur selten Themen rund um die Feier von Sakramenten aufgegriffen. Die Zurückhaltung ist nachvollziehbar, münden doch Überlegungen, ob mit Demenzerkrankten Eucharistie gefeiert, ihnen die Krankensalbung gespendet werden kann oder ob sie in der Lage sind, das Sakrament von Umkehr und Versöhnung zu empfangen, letztlich immer in grundsätzlichen Fragestellungen: Können an Demenz erkrankte Menschen überhaupt erfassen, was in den

---
1 «Gott hält uns alle in seiner Hand» 7.
2 Vgl. Dörner, Die neue menschliche Seinsweise der Demenz 247.

Sakramenten gefeiert wird? Wie viel kognitive Gehirnleistung ist dafür notwendig? Können sich Menschen trotz ihrer Erkrankung den Glauben an den Gott Jesu Christi erhalten? Wie sieht dieser aus, wenn Erlösung, Gnade und Heil nicht mehr inhaltlich gefüllt werden können?

**Kommunionempfang für Menschen mit Demenz?**
In der Praxis begegnet man am häufigsten der sorgenvollen Frage, ob man Demenzerkrankten die Kommunion spenden dürfe. Diejenigen, die hier Vorbehalte vorbringen, verweisen auf Can. 913 § 1 CIC/1983, der die Kommunionspendung an Kinder verbietet, die noch nicht den vollen Vernunftgebrauch erlangt haben. Postuliert wird, dass Demenzerkrankte aufgrund ihrer eingeschränkten kognitiven Fähigkeiten mit kleinen Kindern zu vergleichen seien und ihnen folglich die Kommunion zu verweigern sei. Verstärkt wird diese Sichtweise noch durch Hinzuziehung von Can. 99 CIC/1983: «Wer dauerhaft des Vernunftgebrauchs entbehrt, gilt als seiner nicht mächtig und wird Kindern gleichgestellt.»

*Demenz als Regression zum Kleinkind?*
In der Geistesgeschichte des Abendlandes hat es tatsächlich lange Tradition, alte Menschen mit Kindern zu vergleichen. Schon Plato war der Ansicht, dass «der Greis zum zweiten Mal zum Kinde» werde.[3] Bis in die Neuzeit hinein prägt diese Sicht auf alte Menschen die gesellschaftliche Einschätzung und gewinnt – wie Verena Wetzstein nachweist – neue Fahrt im Blick auf Demenz. Verschiedene Autoren sehen im stufenweisen Prozess der Zerstörung des Gehirns «Parallelen zur Entwicklung des Gehirns von Säuglingen, allerdings in entgegengesetzter Richtung».[4] Doch: Ein erwachsener Mensch kann sich «unmöglich zu einem Kind *zurück*entwickeln», denn es gehört zum Wesen eines Kindes, «dass es sich nach *vorne* entwickelt. Kinder erwerben Fähigkeiten, Demenzkranke verlieren Fähigkeiten. Der Umgang mit Kindern schärft den Blick für Fortschritte, der Umgang mit Demenzkranken den Blick für Verlust.»[5]

---

3 Plato, Die Gesetze I, 14 646a.
4 Wetzstein, Diagnose Alzheimer 162.
5 Geiger, Der alte König in seinem Exil 14.

Kommunionempfang als Recht jedes und jeder Getauften
Folglich kann weder Can. 913 CIC/1983 noch Can. 99 CIC/1983 im Fall eines Christen und einer Christin, der oder die von Demenz betroffen ist, Anwendung finden. Es ist jedoch ein anderer Kanon des Kirchenrechts, der nicht übersehen werden darf: Can 912 CIC/1983 legt fest, dass «jeder Getaufte, der rechtlich nicht daran gehindert ist, [...] zur heiligen Kommunion zugelassen werden» kann und muss. Denn:

> «Die Kommunion ist Nahrung auf dem Weg, Weg-Zehrung nicht nur angesichts des unmittelbar bevorstehenden Todes. Der Nahrung bedarf der Mensch, um zu überleben. Wer ein Leben lang geistlich vom Brot des Lebens gelebt hat, dem darf dieses Brot nur dann vorenthalten werden, wenn die Spendung aus einem erkennbaren Grund Missbrauch wäre.»[6]

Menschen, die vor einer Erkrankung Christ:innen waren, bleiben es auch mit ihrer Erkrankung. Diesbezüglich ändert sich nichts. Alle Menschen sind nach christlichem Verständnis, seien sie gesund oder weniger gesund, geistig fit oder mental eingeschränkt, körperlich unversehrt oder beeinträchtigt, gottgewollte und von Gott geliebte Menschen. Gott bejaht sie in jedem Augenblick ihres Lebens. Die Zuwendung Gottes ist nicht davon abhängig, wie funktionsfähig das Gehirn eines Menschen ist, inwieweit sich ein Mensch in seinem Alltag selbst versorgen kann oder ob er ein voll funktionsfähiges Glied von Gesellschaft oder Gemeinde ist. Seine Menschenwürde ist von all dem nicht abhängig. Folglich ist ein Ausschluss von der Kommunion für in irgendeiner Weise beeinträchtigte Menschen, die den Wunsch äussern zu kommunizieren, theologisch nicht zu rechtfertigen.[7]

**Demenz als «neue menschliche Seinsweise»**

In immer neuen Melodiefolgen erzählt die Bibel davon, dass Gott mit den Menschen, die er als sein Gegenüber geschaffen hat (vgl. Gen 1), in Beziehung treten will. Alle Sakramentenfeiern knüpfen an diese Erfahrung an und bauen darauf, dass dieser Gott, der nach christlicher Vorstellung selbst Mensch wurde und sein Leben hingab, den Menschen nahe sein will. Das christliche Menschenbild ist zutiefst davon geprägt. Nirgends ist in der Bibel

---

6 Nagel, «Weg-Zehrung» 72.
7 Vgl. Zeßner-Spitzenberg, Vergessen und Erinnern 210.

allerdings davon die Rede, dass dies nur für unversehrtes menschliches Leben gelte.

Der Psychiater und Medizinforscher Klaus Dörner sieht Demenz als «neue menschliche Seinsweise»[8], von der her das Menschsein in Gesellschaft und Theologie neu gedacht werden müsse. Demenzkranke lehrten die gegenwärtige Gesellschaft ein anderes Menschenbild, so führt er aus, das nicht vom Perfekten, Vollkommenen ausgeht, sondern beim Schwachen ansetzt.

> «Ein Menschenbild muss vom Letzten her gedacht werden und das sind neben den Menschen im Koma, vielleicht auch neben den Hirntoten – die Menschen in der menschlichen Seinsweise der Demenz.»[9]

Dieses Zusehen auf von Demenz betroffene Christinnen und Christen lässt die Frage, ob mit ihnen Sakramente gefeiert werden können, in einem anderen Licht erscheinen. Nicht ihre Unvollkommenheit und ihre Verletzlichkeit stehen dann im Fokus, sondern ihre Geschöpflichkeit und ihr Sein im Gegenüber zu Gott.

### Leibgedächtnis als Basis von Transzendenzerfahrungen

Mit der grundsätzlichen Feststellung, dass Demenzerkrankte geliebte Kinder Gottes sind und bleiben, sind jedoch noch nicht alle Bedenken ausgeräumt. Vorgebracht wird, dass alle Formen von Gottesdienst – und so auch Sakramentenfeiern – aus der Erinnerung an die Taten Gottes lebten, durch die in der Geschichte Gottes mit den Menschen Heil geschehen ist. Zu derartigen Erinnerungsleistungen seien an Demenz erkrankte Menschen aber nicht mehr fähig. Doch: Erinnerung ist nicht eindimensional. «Auch wenn der Kopf ‹auslässt›, gibt es Wege des Erinnerns, die über den Körper, über die Sinne gehen.»[10] Demenzerkrankte geben der christlichen Gemeinschaft die Gelegenheit, sich neu bewusst zu werden, dass die Basis aller Transzendenzerfahrungen weniger das Gehirn, sondern mehr der Leib ist. Er ist Speicherort all dessen, was der und die Einzelne erfahren und erlebt hat. Auch in der Demenz gibt es «eine Form des Gedächtnisses, die kaum ver-

---

8  Dörner, Die neue menschliche Seinsweise der Demenz 247.
9  Ebd. 248.
10 «Ja, ich will euch tragen bis zum Alter hin ...» 3.

loren geht und die dafür sorgt, dass die Identität des Menschen wachgehalten wird: unser Leibgedächtnis»[11].

Rückgang des Glaubens?

In diesem Leibgedächtnis sind auch Glaubenserfahrungen tief eingeschrieben. Auch wenn ein Mensch mit Demenz Glaubensinhalte nicht mehr in der gleichen Weise reflektieren kann, wie es ihm in früherer Zeit möglich war, so ist dennoch ein Rückgang des Glaubens damit nicht zwangsläufig verbunden.

> «Denn Menschen mit einer demenziellen Veränderung bringen den ganzen Erfahrungs- und Glaubensschatz ihres Lebens mit. Wenn Religion für sie immer schon wichtig gewesen ist, dann kann sie auch in der Demenz noch von hohem Stellenwert sein. Dieser Glaube ist dann weniger ein reflektierter Glaube, sondern vor allem ein Vertrauensglaube, der durch eine freundliche Stimme und Stimmlage und behutsame körperliche Nähe gespeist wird.»[12]

Warum sollte also ein Mensch mit Demenz nicht offen sein können für die Feier von Sakramenten? Warum sollte er nicht die Stärkung durch die Salbung mit Krankenöl und das Gebet über ihn erfahren können? Warum sollte er nicht die Befreiung erleben können, die die Zusage Gottes im Sakrament von Umkehr und Versöhnung vermittelt? Ein Mensch mit Demenz lebt – im wahrsten Sinn des Wortes – und ist deshalb konfrontiert mit Sorgen und Ängsten sowie mit Freuden und Sehnsüchten. Er ist vielleicht nicht mehr in der Lage, diese verbal zu äussern, was aber nicht bedeutet, dass sie weniger bedeutsam für ihn wären. Er hat vielleicht die Fähigkeit verloren, sich auf eine Sache zu konzentrieren und kann einer Feier nicht mehr ganz folgen, aber:

> «Jede kleine ‹Fensteröffnung› der Seele zählt und ist ein großer Erfolg. Es geht nicht um die durchgängige Beteiligung aller Anwesenden.»[13]

Demenzielles Sein weist die christliche Gemeinschaft darauf hin, dass ihr Gott, als dessen Ebenbild der Mensch geschaffen ist, mit Tod und Auferstehung Jesu Christi nicht mehr der Gott der Stärke, sondern der Schwäche ist, und nicht mehr der Gott der Macht, sondern der Ohnmacht.[14]

---

11   Bolle, Wo Himmel und Erde sich berühren 49 f.
12   Kotulek, Kraft schöpfen 52.
13   «Gott hält uns alle in seiner Hand» 7.
14   Vgl. Luther, Religion und Alltag 176.

**Literatur**

«Gott hält uns alle in seiner Hand». Arbeitshilfe zu Gottesdiensten gemeinsam gefeiert mit Menschen mit Demenz. Hg. v. Kompetenzzentrum Demenz in Schleswig-Holstein. Redaktion: Frauke Niejahr u. a., Norderstedt ²2016, URL: https://www.demenz-sh.de/wp-content/uploads/2016/07/gottesdienst_demenz_web_2016.pdf (7.12.2023).

«Ja, ich will euch tragen bis zum Alter hin ...». Gemeinden feiern demenzfreundliche Gottesdienste. Hg.: Kategoriale Seelsorge der Erzdiözese Wien, Fachbereich Seniorenpastoral. Redaktion: Beatrix Auer u. a., Wien o. J., URL: https://www.caritas-wien.at/fileadmin/storage/wien/hilfe-angebote/zusammenleben/pfarrcaritas/mitarbeit-engagement/Demenzfreundlicher_Gottesdienst_Web.pdf (7.12.2023).

Geertje Bolle, Wo Himmel und Erde sich berühren. Spiritualität und Demenz, in: Menschen mit Demenz in der Kirche – wie eigene Angebote gelingen. Ein gemeinsamer Text der Deutschen Bischofskonferenz und der Evangelischen Kirche in Deutschland v. 30.08.2023. Hg. v. Sekretariat der Deutschen Bischofskonferenz (Gemeinsame Texte 29), Bonn 2023, 45–50, URL: https://www.dbk-shop.de/media/files_public/c4621330b0909a337043f2772ec5e943/DBK_629.pdf.

Klaus Dörner, Die neue menschliche Seinsweise der Demenz, in: Lebendige Seelsorge 59 (2008) 244–248.

Arno Geiger, Der alte König in seinem Exil, München 2011.

Maria Kotulek, Kraft schöpfen für den Alltag. Seelsorge für Menschen mit Demenz und ihre Angehörigen und Zugehörigen, in: Menschen mit Demenz in der Kirche – wie eigene Angebote gelingen. Ein gemeinsamer Text der Deutschen Bischofskonferenz und der Evangelischen Kirche in Deutschland v. 30.08.2023. Hg. v. Sekretariat der Deutschen Bischofskonferenz (Gemeinsame Texte 29). Bonn 2023, 51–54, URL: https://www.dbk-shop.de/media/files_public/c4621330b0909a337043f2772ec5e943/DBK_629.pdf.

Henning Luther, Religion und Alltag. Bausteine zu einer Praktischen Theologie des Subjekts, Stuttgart 1992.

Eduard Nagel, «Weg-Zehrung». Können Menschen mit Demenz die Kommunion empfangen?, in: Gottesdienst 40 (2006) 72.

Verena Wetzstein, Diagnose Alzheimer – Grundlagen einer Ethik der Demenz, Frankfurt a. M. 2005.

Franz Josef Zeßner-Spitzenberg, Vergessen und Erinnern. Menschen mit Demenz feiern Gottesdienst im Pflegeheim (Studien zur Theologie und Praxis der Seelsorge 94), Würzburg 2016.

# Gottes Treue in alltäglichen Zeichen und Gesten

Tonja Jünger

Krankheit macht einsam. Vielleicht nicht unbedingt bei einer akut bedrohlichen Erkrankung – vorausgesetzt, man ist Teil einer Familie oder verfügt über einen Kreis von vertrauten Freund:innen. Viele Kranke erleben jedoch, dass das Interesse des Umfelds mit der Zeit nachlässt. Die meisten unheilbaren, chronischen Krankheiten bringen Einschränkungen mit sich, die eine Teilnahme am gesellschaftlichen Leben erschweren oder verunmöglichen. Chronisch Kranke werden dadurch für ihr Umfeld immer weniger «attraktiv». Kontakte brechen ab, der Freundeskreis schrumpft.

So geht es auch Menschen mit Demenz und ihren Angehörigen. Da Demenzkranke mit der Zeit nicht mehr aktiv an Gesprächen teilnehmen können, sind sie keine attraktiven Gesprächspartner:innen mehr. Wenn sie nicht mehr fähig sind, «anständig» zu essen, weil sie die Hände zu Hilfe nehmen oder beim Essen sabbern, so wirkt dies hemmend, sie zum Essen in fröhlicher Runde einzuladen.

Dass Krankheit einsam macht, ist für Menschen mit Demenz eine bittere Realität. Umso wichtiger ist es für sie zu erleben, dass es gleichwohl Menschen gibt, die treu bleiben. Und – sie möchten spüren, dass auch Gott ihnen treu ist. Seelsorger:innen sind Botschafter:innen dieser Treue. Wenn Betroffene merken, dass sie ganz wahrgenommen werden – als einzigartige Person mit vielfältigen Facetten –, und wenn sie sich im konkreten Moment ernst genommen fühlen als Mensch mit Nöten und Freuden, kann Gottes Treue spürbar werden. Für Seelsorgende bedingt dies, Nähe herstellen zu können durch eine feinfühlige Präsenz im Augenblick und durch die Bereitschaft, sich spontan auf Gesten, Zeichen und Handlungen einzulassen, die Gottes Liebe und Barmherzigkeit durchscheinen lassen. Nachfolgend dazu einige Beispiele aus einer bunten Palette, die jede:r Seelsorger:in gemäss den eigenen Fähigkeiten erweitern möge.

### Wiederholung individuell

Für meine Besuche im Pflegeheim habe ich mich jeweils bemüht, mich speziell anzuziehen. Im Allgemeinen leiden viele Heimbewohner:innen an Reizarmut, teils auch an grosser Langeweile. Deswegen ist jeder Besuch in einer Pflegeinstitution für die Bewohner:innen ein Ereignis, und zwar in allen Dimensionen. Eine davon ist die Kleidung der Besuchenden.

Herr G. ist mir in Erinnerung geblieben. Er war passionierter Schneider gewesen. Jedes Mal kommentierte er die Kleidung, die ich trug. Ich hätte das als Einmischung in meine persönlichen Vorlieben empfinden können. Damit hätte ich den Kontakt zu diesem aufgeweckten Bewohner erschwert. Stattdessen entschied ich mich, seine Bemerkungen zu meiner «Aaleggi»[1] als Aufhänger zu nutzen, um mit ihm in Beziehung zu treten. Seine zuverlässigen und treffenden Kommentare nahm ich als Einladung, mich für ihn und die anderen Bewohner:innen bewusst zu kleiden.

Zu meiner Garderobe gehörte ein langer, nach unten sehr weit werdender Jupe, der aus verschiedenen Stoffstreifen gefertigt war, gelb-grün gemustert. Dieser Jupe gefiel Herrn G. besonders gut. Seine Komplimente waren charmant und schmeichelten mir durchaus. Besonders freute ich mich jeweils über das Strahlen in seinem Gesicht: Es war Ausdruck seiner beruflichen Leidenschaft und Zeichen seiner in Augenblicken aufscheinenden Lebendigkeit.

Der Zürcher Psychiater Christoph Held spricht von einem «veränderten Selbsterleben»[2]. In Folge von Demenz löse sich die Ich-Identität langsam auf und gehe verloren, was offenkundig werde, wenn Betroffene z. B. ihr eigenes Alter falsch angeben, wenn sie nicht mehr sagen können, ob sie Kinder hatten, oder wenn sie sich selbst im Spiegel nicht mehr erkennen.[3] Seelsorgende im Kontext von Demenz benötigen darum stellvertretende Kenntnis von Gewohnheiten, Lebensdaten und speziellen Eigenheiten der Persönlichkeit, mit der sie es zu tun haben. Sie sollten die ihnen anvertrauten Personen gut kennen, um *mit* ihnen Vertrautes zu vollziehen und *für* sie Vertrautes wiederholen zu können. Gerade dann ist dies wichtig, wenn einer an Demenz erkrankten Person das früher Vertraute nicht mehr geläufig ist. Durch das Wiederholen dessen, was sie früher schon gern tat, durch das Antippen einer Eigenheit, die sie auszeichnete, durch das Anknüpfen an Bekanntes und Erinnertes helfen wir dem Gegenüber, Teile seines Selbst wiederzufinden und so einen Moment der Bestärkung der eigenen Identität zu erleben. Dies

---

[1] Schweizerdeutsch für die Kleidung, die man trägt bzw. angezogen hat.
[2] Vgl. Christoph Held, Was ist «gute» Demenzpflege? Verändertes Selbsterleben bei Demenz – ein Praxisbuch für Pflegende, Bern ²2018.
[3] Ebd. 45.

kann durch eine spezielle Art der Begrüssung geschehen oder anhand eines Fotos von Familienangehörigen: Wenn die erkrankte Person nicht mehr weiss, wer auf der Aufnahme abgebildet ist, so weiss ich es hoffentlich und kann den Namen oder die Art der Beziehung benennen: «Ist das nicht Ihre Tochter, die Sie grossgezogen haben?»; «Das war Ihr Arbeitskollege, stimmt's?» Auch die Erinnerung an einen Ort, mit dem sie zeitlebens verbunden war, kann wertvoll sein – an einen Berg, den sie unzählige Male bestiegen hat, oder an das Dorf mit der Ferienwohnung, wo Generationen einer Familie Zeit gemeinsam verbracht haben. Mein Kontakthalten und meine treuen Besuche bei Demenz-Betroffenen sind die Grundlage für Verbindung auch dann, wenn alles im Nebel des Vergessens verschwindet.

### ... jetzt und in der Stunde unseres Todes

> «Gegrüsst seist du, Maria, voll der Gnade, der Herr ist mit dir. Du bist gebenedeit unter den Frauen, und gebenedeit ist die Frucht deines Leibes, Jesus. Heilige Maria, Mutter Gottes, bitte für uns Sünder, jetzt und in der Stunde unseres Todes. Amen.»[4]

Das Gebet zu Maria ist einigen Menschen sehr vertraut und wichtig. Andere können damit wenig anfangen oder empfinden eine Abneigung dagegen. Auch ich gehöre zu denen, die lange Zeit nicht viel mit dem «Gegrüsst seist du, Maria» anfangen konnten. Das hat sich geändert.

Manche Menschen, die erfassen, dass ihr Leben endlich ist, ziehen Bilanz. Beim Zurückblicken kann es geschehen, dass sie da oder dort in dem, was sie getan oder nicht getan haben, ein Versagen sehen und Schuld empfinden. Wenn uns Menschen davon erzählen, so sind wir als Seelsorgende vor allem Mitmenschen, die selbst genauso da und dort versagen. Wenn wir uns dazu äussern, sind deshalb Bescheidenheit und Verständnis gefragt. Fehl am Platz wäre ein Verharmlosen im Stil von «halb so wild». Aus dem Erkennen von Scheitern und Schuld ergeben sich oft dringende Fragen, etwa jene nach der Strafe durch einen Gott, dessen (Un-)Barmherzigkeit im Jenseits wir im Diesseits letztlich nicht abschätzen können. Dabei

---

4   Das Ave Maria/«Gegrüsst seist du, Maria» beinhaltet im ersten Teil die Marienanreden des Erzengels Gabriel bei der Verkündigung des Herrn (Lk 1,28) und Elisabeths beim Besuch Marias (Lk 1,42). Es ist auch Bestandteil des Rosenkranzgebetes.

geht es nicht darum, als studierte Theolog:innen dem Gegenüber fixfertige Weisheiten zu vermitteln, sondern mit ihm zusammen um Antworten zu ringen. Wir dürfen zugeben, dass wir letztlich nicht wissen, wie es sein wird. Und: Wir dürfen mit den Menschen beten. Wir können sie ermutigen, ihr Empfinden von Schuld vor Gott zu bringen und um Barmherzigkeit und Vergebung zu bitten. Das «Gegrüsst seist du, Maria» kann hier zum Einsatz kommen und möglicherweise Trost spenden, indem es die Hoffnung verleiht, dass Maria für den Sünder oder die schuldig Gewordene einsteht.

Zu bekennen und zu bereuen, was misslungen ist oder was sich im Nachhinein als falsch herausgestellt hat, das Gefühl, versagt zu haben, zu teilen, geteilte Ehrlichkeit und Demut und schliesslich das Gebet um Gottes Barmherzigkeit – all dies kann einen Moment schaffen, in dem Gottes Wärme spürbar wird im Ernstnehmen dessen, was ist und was war.

### Wo man singt, da lass dich ruhig nieder

> «Wo man singt, da lass dich ruhig nieder, böse Menschen haben keine Lieder.»[5]

So sagt es der Volksmund. Daran anknüpfend stelle ich fest: Singen tut der Seele und auch dem Körper gut. Menschen atmen beim Singen automatisch aktiver, sie spüren Energie, und ganz oft hilft ein Lied, aktueller Lähmung oder Bedrücktheit zu entfliehen. Es gibt Lieder zu den Jahreszeiten und zu Festen, manche Lieder geben Stimmungen wie Fröhlichkeit, Dankbarkeit, Kummer wieder, andere beschreiben Erfahrungen wie Liebe oder Verlassen-Werden – sie sind ein wunderbares Mittel gerade da, wo starke Emotionen im Spiel sind und es schwerfällt, Worte zu finden.

Ich behaupte: Seelsorgende, die singen und ein breites Repertoire an Liedern kennen, sind im Vorteil. Es ist ein bekanntes Phänomen, dass Menschen mit Demenz, die die Sprache verloren haben, durchaus noch singen können und dabei Liedtexte fehlerlos und ohne zu stottern mitsingen. Allen, die sich zutrauen, spontan mit Menschen zu singen, empfehle ich, ein Liederbüchlein mit sich zu tragen oder sich selbst eines zusammenzustellen mit Liedern, die bekannt sind und die man selbst frei singen kann. Das folgende Schweizer Volkslied etwa stösst fast immer auf Anklang. Es schafft

---

5 Sprichwort. Erste und letzte Zeile aus Johann Gottfried Seumes Gedicht/Volkslied «Die Gesänge».

eine heitere Stimmung. Es kann Spannungen lösen, die in der Luft liegen, oder eine Seele erleichtern, auf der Traurigkeit oder Schwere liegt:

> «S'isch mer alles ei Ding, ob i lach oder sing,
> |: han es Härzeli wie-nes Vögeli, darum liebe-n-i so ring. :|»

Ein Lied, das zu Menschen passt, die es schwer haben, ist das sogenannte Beresina-Lied:

> «Unser Leben gleicht der Reise eines Wandrers in der Nacht.
> Jeder hat auf seinem Gleise |: etwas, das ihm Kummer macht. :|
>
> Aber unerwartet schwindet vor uns Nacht und Dunkelheit,
> und der Schwerbedrückte findet |: Linderung in seinem Leid. :|
>
> Mutig, mutig, liebe Brüder, gebt das bange Sorgen auf:
> Morgen steigt die Sonne wieder |: freundlich an dem Himmel auf. :|
>
> Darum lasst uns weitergehen, weichet nicht verzagt zurück!
> Dort in jenen fernen Höhen |: wartet unser noch ein Glück. :|»[6]

Der Text nimmt den Kummer auf und anerkennt, dass es im Laufe eines Lebens, ja im Leben aller Menschen Ereignisse gibt, die zu Sorgen Anlass geben. Dazu passt auch die Melodie, die nicht eben fröhlich daherkommt. Das Lied bleibt jedoch nicht beim Kummer stehen, sondern benennt die Hoffnung auf einen neuen Tag, auf das Glück, das sich im weiteren Verlauf des Weges wieder einstellen wird.

Das Guggisberglied wiederum ist ein Lied, das die Sehnsucht benennt, wie sie sehr viele Menschen im Laufe ihres Lebens erfahren: die Sehnsucht nach einem/einer Liebsten, der/die nicht erreichbar ist – aus welchem Grund auch immer. Dieses Schweizer Volkslied hat zehn Strophen, die bekanntesten davon sind:

> «1. 's isch äben e Mönsch uf Ärde – Simelibärg!
> – Und ds Vreneli ab em Guggisbärg
> Und ds Simes Hans-Joggeli änet dem Bärg –
> 's isch äben e Mönsch uf Ärde,
> Dass i möcht bi-n-ihm si.

---

6   Volkslied nach dem Gedicht «Die Nachtreise» von Ludwig Giseke. Die Melodie komponierte 1823 der Erfurter Organist und Musikdirektor Johann Immanuel Müller (1774–1839).

2. Und mah-n-er mir nit wärde – Simelibärg!
– Und ds Vreneli ab em Guggisbärg
Und ds Simes Hans-Joggeli änet dem Bärg –
Und mah-n-er mir nid wärde,
Vor Chummer stirben-i.

2a. U stirben-i vor Chummer – Simelibärg!
– Und ds Vreneli ab em Guggisbärg
Und ds Simes Hans-Joggeli änet dem Bärg –
U stirben-i vor Chummer,
So leit me mi i ds Grab.

9. Dört unden i der Tiefi – Simelibärg!
– Und ds Vreneli ab em Guggisbärg
Und ds Simes Hans-Joggeli änet dem Bärg –
Dört unden i der Tiefi,
Da steit es Mülirad.

10. Das mahlet nüt as Liebi – Simelibärg!
– Und ds Vreneli ab em Guggisbärg
Und ds Simes Hans-Joggeli änet dem Bärg –
Das mahlet nüt als Liebi,
Die Nacht und auch den Tag.

10a. Das Mülirad isch broche – Simelibärg!
– Und ds Vreneli ab em Guggisbärg
Und ds Simes Hans-Joggeli änet dem Bärg –
Das Mülirad isch broche,
Mys Lyd das het en Änd.»[7]

Seine melancholische Melodie und der traurig stimmende Text sind geeignet, gemeinsam den Schmerz der unerfüllten Sehnsucht zu besingen und zu teilen.

Seelsorge im Kontext von Demenz hat auch die Aufgabe, auf der Ebene von Gefühlen und Stimmungen erlebbar zu machen, dass sich die von uns betreuten Menschen nicht allein gelassen fühlen, sondern spüren: «Da ist mir jemand nahe, die Seelsorgerin versteht mich und kann sich einfühlen in meine Befindlichkeit.» Gemeinsames Singen oder auch Lieder vorzusingen sind dazu ein wunderbares Hilfsmittel.

---

7   Hier zitiert in der Textfassung von Otto von Greyerz nach https://de.wikipedia.org/wiki/Guggisberglied.

Schliesslich möchte ich dazu anregen, Personen, die wir seelsorgerlich begleiten, nach ihrem Lieblingslied zu fragen. Allenfalls können auch Angehörige darüber Auskunft geben. Wenn ich nämlich das Lieblingslied oder zwei, drei Lieblingslieder einer Person kenne, so kann das Singen dieses Liedes zu einem Ritual werden, das auch dann noch «funktioniert», wenn gesprochene Worte nicht mehr verständlich sind. Menschen im Stadium einer schweren Demenz scheinen manchmal in sich selbst zu versinken: Sie ziehen sich zurück in ihre Innenwelt und sind mit Worten kaum mehr zu erreichen. Ein Lied, das ich immer wieder mit ihnen oder für sie gesungen habe, kann solche Menschen aus ihrer Versenkung holen und damit für einige wache Augenblicke sorgen. Gelingt dies, realisiert die an Demenz erkrankte Person im besten Fall, dass ihre Seelsorgerin trotz fortschreitender Erkrankung immer noch da ist – so treu, wie wir es uns auch für die Präsenz Gottes wünschen: Gott ist und bleibt treu an der Seite der Schwächsten.

Neben Volksliedern können auch religiöse Lieder gesungen werden. Ein beliebtes Lied ist das auf Psalm 23 beruhende: «Der Herr ist mein getreuer Hirt, nichts fehlt mir, er ist gut». Der Text dieses Liedes besingt in der zweiten Strophe Gottes Treue, wenn die Wege, die vor einem liegen, dunkel sind. Es ist ein Lied, das erschüttertes Vertrauen stärken kann.

**Wasser des Lebens**

Herr L. war durch und durch Stadt-Zürcher. Sein Leben lang hatte er in Zürich gewohnt. Im Quartier überall bekannt und Mitglied in vielen Vereinen, wirkte an vielen Anlässen und Veranstaltungen mit und pflegte einen grossen Bekanntenkreis. Eigene Kinder hatte er nicht, aber mehrere Patenkinder. Als ich ihn kennenlernte, war er charmanter Bewohner eines Pflegeheimes in Zürich; ein grosser, kräftiger Mann, der gern redete und dazu durchs Heim spazierte, wenn immer möglich auf der grossen Aussenterrasse. Er äusserte jeweils deutlich seine Freude über meine Besuche. Mit Religion hatte er nichts am Hut, es ging ihm um Geselligkeit. Mit der Zeit jedoch nahmen körperliche Gebresten und Einschränkungen zu. Darauf reagierte er unwirsch, ungeduldig und manchmal auch aggressiv gegenüber Pflegenden und anderen Mitbewohner:innen. Seine Schritte wurden dann stampfend und seine Stimme konnte bedrohlich laut werden. Ich hatte es mir zur Angewohnheit gemacht, in solchen Situationen deeskalierend mit ihm mitzugehen, an seiner Seite zu laufen, mit ruhiger Stimme nach den

Gründen seines Ärgers zu fragen. Irgendwann hatte ich während einer der gemeinsamen Runden durch die Abteilung zum ersten Mal ein Glas Wasser geholt und bot es ihm an. Und siehe da: Er nahm es dankbar und trank es in einem Zug. Gerne nahm er noch ein zweites Glas – er wartete ungeduldig, bis ich damit angelaufen kam – und Wasser trinkend gelang es später wiederholt, ihn zu beruhigen.

Viele ältere Menschen trinken zu wenig. Ursache ist u. a. das nachlassende Durstgefühl im Alter. Vor vielen Jahren – eine wichtige Prüfung stand bevor – sagte mir jemand, dass unser Hirn Wasser benötige, um schnell denken zu können. Spätestens seit dieser Einsicht achte ich für mich selbst auf eine ausreichende Wasserzufuhr. In der Arbeit mit Menschen, die dement sind, ist mir die «Wasserversorgung» oft in den Sinn gekommen: Wenn sie geistig abwesend, schläfrig oder akut verwirrt waren, so kam mir oft unwillkürlich der Gedanke, dass ihnen vielleicht ein Glas Wasser guttun würde. Wer mit einem an Demenz erkrankten Menschen einen Spaziergang macht, kann ein Fläschchen Wasser und allenfalls einen leichten Becher mitnehmen. Wer regelmässig in einem Heim ein- und ausgeht, sollte sich kundig machen, wo und wie man am einfachsten zu einem Glas Wasser kommen kann, ohne die Mitarbeitenden in der Pflege in Anspruch nehmen zu müssen.

Es ist nicht nötig, irgendetwas Frommes zu sagen, wenn ich jemandem etwas zu trinken gebe, etwa dass der Glaube an Jesus lebendig mache. Ich halte es für sinnvoll, diese Geste neben der frohen Botschaft und einer grundsätzlich offenen, vorbehaltlos annehmenden Haltung den Menschen gegenüber als hilfreiches Element von Seelsorge ins Repertoire aufzunehmen. Bei Herrn L. wurde das Holen und Bringen zu einem verbindenden Zeichen für unsere gute Beziehung und das gemeinsame Aushalten von Begrenzungen und Ärgernissen.

### Ein Schoggitäfeli als Brücke zum Himmel

Nicht für alle ist Schokolade die Lieblings-Zwischenverpflegung. Aber Schokolade ist eindeutig geeignet, um müde Lebensgeister zu wecken. Die meiste Zeit hatte ich in meinem «Seelsorge-Bag» auch eine Tafel Schokolade mit dabei, meist eine angebrauchte, nie eine mit Nüssen.[8] Der Vorteil

---

[8] Nüsse bergen ein Allergierisiko und es besteht die Gefahr, sich daran zu verschlucken oder sie nicht richtig zu zerkauen.

von Tafelschokolade ist, dass sie sich leicht in kleine, mundgerechte «Schoggitäfeli»[9] brechen lässt.

Wer mit Demenzerkrankten zu tun hat, erlebt es regelmässig, dass bei einem Besuch das Gegenüber nicht wach ist. Vielleicht döst die Person, vielleicht ist sie einfach im Geist weit weg, in einer anderen Welt. Dann gibt es für mich als Seelsorger:in zwei Möglichkeiten: Ich kann weitergehen, um zunächst jemanden in einem lichten Moment zu erwischen, womit die Kontaktaufnahme ohne grosse Anstrengung gelingt. Oder ich entscheide mich dafür, jemanden zu «wecken», also einen Versuch zu wagen, mein Gegenüber in die Gegenwart zu holen, um in seinem eintönigen Alltag einen Farbpunkt zu setzen. Wofür ich mich entscheide, ist auch davon abhängig, wieviel Energie ich in mir selbst spüre, ob ich mich stark und wach genug fühle für ein kleines Auferweckungswunder.

Da viele ältere Menschen wenig Appetit verspüren und manche auch Mühe haben mit Kauen, ist die Kalorienzufuhr nicht immer genügend gewährleistet. Natürlich kann Schokolade keine gute Ernährung ersetzen und die Problematik von Diabetes-Erkrankungen und Übergewicht muss mitbedacht werden. Wer dies tut, darf Schokolade einsetzen als Muntermacherin, Stimmungsaufhellerin und Förderin von Glücksmomenten. Damit meine ich allerdings nicht, dass Seelsorger:innen durchs Heim gehen sollen, um allerorten Schöggeli zu verteilen. Es geht vielmehr um Schokolade als mögliches Element im Rahmen einer Begegnung, deren Kern das persönliche Ansprechen und Erkennen der Einzigartigkeit der Person ist.

Nie werde ich folgende Szene vergessen: Ich sass am Bett einer Heimbewohnerin, die ich immer wieder besucht hatte. Ihre Kräfte hatten stark nachgelassen, doch als ich sie anredete, schauten mich ihre Augen wach an, und ich hatte den Eindruck, sie erkenne mich. Ob sie hätte sagen können, dass ich die Seelsorgerin bin, weiss ich nicht sicher. Aber die Stimmung war so, als begegneten sich zwei Menschen, die bekannt und recht vertraut sind. Welche Worte ich gesagt und ob ich Antwort bekommen habe, kann ich nicht mehr sagen. Doch ich erinnere mich an den Moment, wo ich die Dame im Bett fragte, ob sie Lust habe auf ein «Täfeli Schoggi». Ihr Gesicht strahlte mit einem Mal, sie nickte fast unmerklich. Also klaubte ich meine Tafelschokolade hervor, machte im oberen Teil die Folie weg und brach ein Stück

---

9   Schweizerdeutscher Ausdruck für ein aus einem «Reiheli Schoggi» herausgebrochenes einzelnes Stück Schokolade.

Schokolade ab. Als ich es der Bewohnerin reichte, erinnerte mich die Geste unwillkürlich an das Sakrament der Eucharistie.[10] In mir war die Gewissheit: «Wo zwei oder drei in meinem Namen versammelt sind, da bin ich mitten unter ihnen.» (Mt 28,20) Deshalb war es selbstverständlich, dass auch ich, obwohl keine Freundin von Schokolade, ein Stücklein Schokolade zu mir nahm. Gemeinsam Schokolade zu geniessen, verband und schuf Nähe. Ohne religiöse Worte und ohne explizite Deutung: Die Dame und ich erlebten einen Glücksmoment, ihr leuchtendes Gesicht zeigte dies deutlich. Gott sei Dank.

---

10  Für ein weites Sakramentalitätsverständnis, das für die Seelsorge hilfreich ist, siehe: Leonardo Boff, Kleine Sakramentenlehre, Ostfildern 2021.

# «Oma wird nie wieder gesund werden. [...] Aber wir alle werden dafür sorgen, dass Oma eine schöne Zeit hat. [...] Darüber bin ich froh.»

Zitat aus dem Film «Romys Salon» (bei 1:22:54–1:23:14; Filmstill: 1:22:43)

Diese Worte der zehnjährigen Romy (Vita Heijmen) stehen am Ende eines ebenso aufregenden wie schönen gemeinsamen Abenteuers, das sie mit ihrer Grossmutter Stine (Beppie Melissen) erlebt hat. Zu Anfang ist es noch Stine, die auf ihre Enkelin aufpasst. Doch aufgrund von Stines Demenzerkrankung verändern sich die Rollen mit der Zeit. Romy macht das nichts aus. Sie passt gerne auf ihre Grossmutter auf und geniesst es, in deren Frisörsalon mitzuarbeiten. Nach einem Road-Trip nach Dänemark, ins Land von Stines Kindheit, zeigt sich jedoch, dass alle – auch Romys Eltern – mithelfen müssen, damit es Oma und Enkelin gutgeht.

**Romys Salon**
Drama/Kinder- und Jugendfilm
NL/D, 2019
90 Min.
Regie: Mischa Kamp
Drehbuch: Tamara Bos

Zum Relimedia-Verleih mit Link zum Trailer:
https://www.relimedia.biz/NetBiblio/search/notice?noticeNr=DVD32017
Weitere Angaben zum Film finden sich auf S. 235 f. in diesem Band.

# Von Vorsorge bis Inklusion: Demenz als Querschnittsthema

# Pfarreien als Orte der Krisenprophylaxe und Resilienzförderung

Hella Sodies

Ein Sonntagvormittag, etwa zehn Minuten vor Gottesdienstbeginn. Wir feiern gleich Erntedank. Die Liturgie wird von einigen Schüler:innen der 6. Klasse mitgestaltet. Im Eingangsbereich begrüsse ich die ankommenden Mitfeiernden, darunter auch Frau L., die von ihrem Mann hereingeschoben wird. Noch habe ich mich nicht daran gewöhnt, sie im Rollstuhl zu sehen. Sie und ihr Mann gehören zur Gründergeneration der Pfarrei vor knapp 50 Jahren[1] und feiern den Sonntagsgottesdienst regelmässig mit. Auch wenn Frau L. schon seit mehreren Jahren an Alzheimer erkrankt ist, konnte sie bis vor wenigen Wochen den Weg zur Kirche und innerhalb unseres Begegnungszentrums noch zu Fuss machen. Ein weiterer Krankheitsschub hat sie nun auch in ihrer körperlichen Autonomie stark eingeschränkt.

Im Foyer vor dem Aufgang zur Kirche im ersten Stock ist viel Trubel. Unter den Angekommenen sind mehrere Pfarreimitglieder, die Herrn und Frau L. gut kennen und die auch Frau L. noch vertraut sind – auch wenn diese schon lange keine Namen und Zusammenhänge mehr weiss. Mehrere wenden sich ihr für eine kurze Begrüssung zu. Es freut mich einmal mehr zu sehen, wie selbstverständlich sie, ohne überfordert zu werden, integriert ist und wie ihre verschiedenen Beeinträchtigungen von vielen mitgetragen werden.

Doch dann scheint sich die Unruhe im Erdgeschoss auf Frau L. zu übertragen. Sie wendet ihren Oberkörper im Rollstuhl in alle Richtungen, ruft ihren Ehemann, wird ungehalten und stimmlich lauter. Die anderen Pfarreimitglieder wissen ihr Verhalten zu lesen und ziehen sich zurück. Herr L. schiebt sie zum Lift und versucht, sie zu beruhigen. Während ich die Treppe nach oben gehe, höre ich sie unten weiter laut ausrufen. Ich werde

---

[1] Die signifikante Entstehungsgeschichte der Pfarrei Greifensee – Nänikon ist aufgearbeitet im Buch Hella Sodies/Manfred Belok, Wir haben einfach gemacht. Aggiornamento in Greifensee. Eine nachkonziliare Pfarrei erfindet sich, Zürich 2022. Ein grosser Teil der Texte geht zurück auf ein umfangreiches Projekt, bestehend aus Interviews und Ergebnissen von «Erzählcafés», in denen sich zahlreiche Gemeindemitglieder mit ihren Erinnerungen eingebracht haben.

etwas nervös. Wird es die Ministrant:innen und insbesondere die inhaltlich beteiligten Schüler:innen verstören, wenn Frau L. oben während des Gottesdienstes weiterhin so unruhig sein sollte? Ich spreche kurz mit den Kindern, um sie auf mögliches «irritierendes» Verhalten von Frau L. vorzubereiten. Die Reaktion einer der jüngsten Ministrantinnen rührt mich zutiefst: «Ich kenne sie. Das ist doch kein Problem. Sie soll einfach dabei sein. Das ist eben bei manchen alten Menschen so.»

Später beim Friedensgruss geht besagte Ministrantin zu Frau L., legt ihr kurz die Hand auf den Arm, lächelt sie an und wünscht ihr alles Gute. Frau L., die entgegen meiner Befürchtung während des gesamten Gottesdienstes völlig ruhig und gesammelt ist, strahlt zurück. Viele in der Gottesdienstgemeinschaft bemerken diese Geste. Nicht nur mir geht das Herz auf.

Im Nachgang dieser Erfahrung denke ich an einen der letzten Spaziergänge mit meinem Vater etwa ein Jahr zuvor zurück. Er war damals in einer ähnlichen Phase der Alzheimer-Krankheit wie Frau L., jedoch noch einigermassen stabil auf den Beinen. Unterwegs wurde er von einer mir unbekannten Dame angesprochen, die im Vorgarten am Arbeiten war. Er zeigte mir gerade Blätter einer Hecke und erzählte etwas dazu – ganz in seiner Welt –, als die Anwohnerin ihre Arbeit unterbrach und sich, sicherlich mit besten Absichten, in unser «Gespräch» einmischte. Mir wurde schnell klar, dass sie die Verfassung meines Vaters entweder nicht durchschaute oder keine Idee hatte, wie sie mit ihm bzw. seinen nicht zu ihren Äusserungen passenden Antworten umgehen sollte. Sie redete immer energischer auf ihn ein, während er zunehmend angespannt wurde, bis es mir schliesslich gelang, uns einigermassen elegant aus der Situation zu «befreien» und weiterzugehen.

**Die Pfarrei als Ort der Sensibilisierung für den Umgang mit Erkrankten**

Wie dankbar bin ich angesichts solcher für meinen Vater und mich schwierigen Erfahrungen, dass jüngere und ältere Pfarreimitglieder zum Beispiel dank Frau L. und ihrer regelmässigen Präsenz im Gottesdienst in unserer Gemeinde selbstverständlich und beiläufig für den Umgang mit an Demenz erkrankten Menschen sensibilisiert werden und hilfreiche, wertschätzende Verhaltensweisen lernen können. Das tut Letzteren und ihren Angehörigen gut.

Es sind Erlebnisse wie diese, die mich darüber nachdenken lassen, wie Pfarreien in der Gesellschaft aktiver Vorsorge für einen konstruktiven Umgang mit Demenz leisten und eine Demenz-Resilienz quer durch die Generationen fördern können. Denn zum einen kann jeder Mensch eines Tages selbst erkranken oder als Angehörige:r betroffen sein, und entsprechende Diagnosen sind vielfach mit Panik und grossen Ängsten vor Überforderung verbunden. Zum anderen werden wir in einer Gesellschaft mit einem steigenden Anteil an älteren Menschen im Alltag vermehrt Berührungspunkte mit demenziell erkrankten Menschen haben, auch wenn wir familiär nicht betroffen sein sollten.

### Die Pfarrei als Ort der Entlastung und «safe space»

Unsere Erfahrungen in der Gemeinde zeigen mir, dass Pfarreien einen nicht zu unterschätzenden Beitrag leisten können, dass Menschen mit Demenz und deren Umfeld noch über einen langen Zeitraum – die Angehörigen im Idealfall über den Tod der erkrankten Person hinaus – in ein entlastendes Netz eingebettet sind, das sozialer Isolation vorbeugt. Dieses Netz kann die vielfältigen alltäglichen Herausforderungen insbesondere für die pflegenden Angehörigen in der Regel nicht abnehmen, aber es hilft, sie auszuhalten und anzunehmen. Ausserdem kann es ermutigen und dabei unterstützen, zum richtigen Zeitpunkt weitere Hilfe beizuziehen. Betreuende und pflegende Angehörige erleben, dass sie mit ihren Sorgen nicht allein sind und dass ihre oft auch familiär belastete Situation zur Sprache kommen kann.

Je nach Pfarreigrösse und Vernetzungsmöglichkeiten vor Ort ist es darüber hinaus möglich, in den eigenen Räumlichkeiten professionelle Unterstützungsangebote anzubieten (Diakonie als Grundvollzug der Kirche).[2] Da langjährige Pfarreimitglieder mit den Räumen des Kirchenzentrums in der Regel bestens vertraut sind, entfallen für erkrankte Menschen Herausforderungen, die sich bei Entlastungsangeboten an fremden Orten zu Beginn oft stellen. Arbeiten bei diesen Angeboten zudem vertraute Pfarreimitglieder als Freiwillige mit, die möglicherweise sogar den Krankheitsverlauf und damit einhergehende Verhaltensänderungen mitbekommen haben, wird speziell für die Angehörigen eine weitere Hemmschwelle gesenkt.

Doch auch unabhängig von professionellen Angeboten können Pfarreien einen wertvollen Dienst an der Integration von demenziell erkrank-

---

2 Vergleiche hierzu den nächsten Beitrag, in dem solche Angebote der römisch-katholischen Pfarrei Guthirt Zürich-Wipkingen und der Drehscheibe Demenz der reformierten Kirchgemeinde Zürich vorstellt werden.

ten Menschen leisten, weil sie von ihrem Selbstverständnis her Orte der Gemeinschaft (Koinonia als Grundvollzug der Kirche) sind. Sie sprechen mit zwanglosen Begegnungsangeboten gerade im Bereich der Senior:innenarbeit und der generationenverbindenden Arbeit ein Bedürfnis vieler Demenzerkrankter an, die oft die Gesellschaft anderer Menschen suchen.

Mir kommt Frau V. in den Sinn, die in einer frühen Phase, aber bereits mit deutlichen Anzeichen ihrer Alzheimererkrankung noch mit auf eine unserer generationenverbindenden Pfarreireisen kam. Sie wollte unbedingt teilnehmen. Möglich machten es ihre Kolleginnen aus der Pfarrei, die sich zutrauten, ihr über die vier Reisetage hinweg die nötige Sicherheit zu vermitteln und die sich, wo immer es nötig war, um sie kümmerten. Dass dies gelang, berührte uns im Pfarreiteam sehr. Wir selbst hätten dies nicht leisten können; Frau V. war mit uns viel weniger vertraut als mit ihren langjährigen Freundinnen. Die persönlichen Beziehungen waren entscheidend.

Insbesondere für Menschen, die langjährig einer Pfarrei angehören und dort eine Beheimatung gefunden haben, kann die Pfarrei auch bei einer demenziellen Erkrankung noch lange ein «safe space» bleiben. Hier treffen sie auf vertraute Personen, in deren Gegenwart sie sich sicher fühlen – auch wenn sie diese nicht mehr «kennen». So wird die Pfarrei in der Zeit der Krankheit zu einer wertvollen und Resilienz fördernden Ressource. Allerdings ist damit zu rechnen, dass die aktuelle kirchliche Umbruchsituation – mit der fortschreitenden Verkleinerung oder gar Auflösung von klassischen, über die Jahre gewachsenen Kerngemeinden – zwangsläufig dazu führt, dass diese Ressource zukünftig immer weniger Menschen zur Verfügung stehen wird, da die Intensität der pfarreilichen Bindungen und damit auch die Beheimatung abnimmt.

**Die Pfarrei als Ort des Willkommens**

Neben der sozialen Beheimatung in der Pfarreigemeinschaft kann für Betroffene auch die rituelle Beheimatung in der Liturgie der Pfarrei eine stabilisierende Ressource sein. Selbst wenn Gottesdienste, anders als in spezialisierten Institutionen, nicht speziell für Demenzkranke gestaltet werden, bieten die wiederkehrenden Abläufe Sicherheit und die Möglichkeit, sich beispielsweise durch den Gesang ohne kognitive Leistungen aktiv zu beteiligen (Liturgie als Grundvollzug der Kirche). Erkrankte erleben sich als

Teil einer Gemeinschaft, in der sie genauso wie die «Gesunden» ihren Platz haben und zu der sie etwas beitragen können. Dies steigert im Idealfall ihr Selbstwertfühl und begünstigt ihre Resilienz (und indirekt auch diejenige der Angehörigen). Daneben können Gottesdienste selbstverständlich auch Demenzkranke spirituell nähren, sei es durch Musik oder die Sinne ansprechende Elemente.

Verantwortliche in den Pfarreien könnten diese Möglichkeit des Dienstes an einer Menschengruppe, die für ihre Bedürfnisse kaum selbst einstehen kann, in der Liturgiegestaltung im Blick auf ihre konkreten Pfarreiangehörigen stärker berücksichtigen und darüber mit der «gesunden» Pfarreigemeinschaft punktuell ins Gespräch kommen. Mir scheint, das Bewusstsein für diese Ressourcen und damit das Verständnis für entsprechende Anpassungen in der Liturgie liessen sich vielerorts noch steigern.

Ich bin überzeugt, dass sich eine sorgfältige Vorbereitung von Inhalten, Musik und Sprache lohnt: Liturg:innen vermitteln der feiernden Gemeinschaft damit, dass in den Pfarreigottesdiensten grundsätzlich alle willkommen sind und dass die unterschiedlichen Bedürfnisse wahrgenommen werden, auch wenn nicht allen in jeder Liturgie gleichermassen nachgekommen werden kann. Pfarreien setzen damit Zeichen für ihr Menschenbild und leben eine christliche Willkommenskultur, die niemanden ausschliesst. Und sie machen gegenüber den übrigen, (noch) gesunden Pfarreimitgliedern damit indirekt die Zusage, auch in Zukunft ein Ort zu sein, an dem sie ggf. auch mit ihren Gebrechen und Krankheiten willkommen sind und Unterstützung finden.

Ich denke neben Frau L., die noch flüssig im Gottesdienst mitgesungen hat, als sie schon kaum mehr sprach, an Frau V., die bei weit fortgeschrittener Erkrankung noch punktuell in den Gottesdienst kam. Nach dem Tod des Ehemannes war dies dank einem Fahrdienst zugewandter anderer Pfarreimitglieder möglich. Beim anschliessenden Kirchenkaffee pflegte sie aufzublühen und hatte sichtbar Freude am Zusammensein mit anderen Pfarreiangehörigen – in einer eher frühen Krankheitsphase trotz massiver Wortfindungsstörungen, in einer späteren Phase auch ohne grosse Beteiligung am Gespräch. Für ihren Ehepartner, der sie in den ersten Jahren der Krankheit noch begleiten konnte, war dies jeweils eine Zeit, in der er vergleichsweise entspannt und auf sich selbst konzentriert mit anderen im Gespräch kommen konnte – im Wissen darum, dass diverse Menschen um ihn herum seine Frau im Blick hatten. Durch angemessene Interaktionen blieb sie in die Gemeinschaft miteinbezogen. Ähnlich wie bei Frau L. waren dank der regelmässigen Begegnung am Sonntag mehrere Pfarreimitglieder mit dem Krankheitsverlauf bei Frau V. vertraut. Manche hatten gelernt, sich in ihrer Kommunikation den Möglichkeiten und Bedürfnissen von ihr anzupassen.

Pfarreien stehen vor der kontinuierlichen Aufgabe, sich zu überlegen, wie und wie deutlich sie gegenüber Erkrankten sowie ihren An- und Zugehörigen Zeichen setzen, dass sie – letztlich nicht nur für demenziell erkrankte Menschen – inklusive Orte sind, wo zwar nicht bei jedem Anlass, aber vom grundsätzlichen Verständnis her jeder und jede unabhängig von seinen und ihren kognitiven, körperlichen und sozialen Möglichkeiten willkommen ist.

Sie könnten häufig noch deutlich stärker beispielhaft sein für eine demenzfreundliche Gesellschaft – Biotope des Miteinanders von beeinträchtigten und «gesunden» Menschen, wo Zugehörigkeit zweckfrei und niederschwellig gelebt werden kann. Niemand muss etwas «leisten», um dabei sein zu können. Die Gegenwart, das gemeinsame Erlebnis im Jetzt, steht im Mittelpunkt. Auch in der seelsorglichen Begegnung muss kein spezifisches Ziel erreicht werden, sondern der Mensch steht mit seinen aktuellen Bedürfnissen im Zentrum. Es geht primär um die jesuanische Zugewandtheit zu den Menschen und ihre Begleitung, nicht darum, «Lösungen» finden zu müssen.

**Voraussetzungen in den Pfarreien schaffen**

Wie können Seelsorgeteams, Pfarreiräte und interessierte Freiwillige gute Voraussetzungen für das Gesagte schaffen? Neben der allgemeinen Förderung von Sensibilität für die Bedürfnisse von Erkrankten und ihrem Umfeld dürfte es hilfreich sein, Grundkenntnisse über Krankheitsformen und über einen aus medizinischer und psychologischer Sicht hilfreichen Umgang mit von Demenz Betroffenen zu vermitteln. Meine Erfahrungen aus der Begleitung meines an Alzheimer erkrankten Vaters und aus Fortbildungen, die ich in diesem privaten Kontext gemacht habe (z. B. in Validation), nützen unmittelbar auch in der Pfarreiarbeit.[3] Bei Bedarf kann ich meine Kennt-

---

3   Vgl. zum Thema Kommunikation insbesondere den Beitrag «Jenseits von Stigma und Standardisierung» von Samuel Vögeli, S. 135–144.

nisse zudem an andere Teammitglieder und Freiwillige – manchmal auch an überforderte Angehörige – weitergeben.

So, wie wir in unseren Seelsorgeteams darauf drängen, dass ein Teammitglied Fachperson für die Jugend sein sollte, sollten wir darauf hinarbeiten, dass in jedem Seelsorgeteam mindestens eine Person ein Grundwissen über Demenzerkrankungen mitbringt oder aufzubauen bereit ist, um als Multiplikatorin und Wegbereiterin für die Integration von Betroffenen und ihren Angehörigen zu wirken. Weiterhin sollten Freiwillige überall dort, wo es die Situation nahelegt – wenn z. B. demenziell erkrankte Menschen regelmässig am Mittagstisch einer Pfarrei oder anderen Anlässen teilnehmen –, die Möglichkeit haben, sich fachlich weiterzubilden. So können Berührungsängste und Unsicherheiten im Umgang mit Betroffenen reduziert werden.

Mindestens genauso erstrebenswert wie der Ausbau an hilfreicher Fachkompetenz scheint mir zu sein, dass in Pfarreien selbstverständlicher über Demenzerkrankungen und die damit einhergehenden Herausforderungen gesprochen und dass bewusst eine resilienzfördernde Gesprächskultur in der Pastoral gepflegt wird. Es ist ein Segen, wenn Gemeinden Orte sind, an denen es – selbstverständlich nicht nur für Demenzbetroffene – normal ist, auch ausserhalb eines Seelsorgegesprächs persönliche Sorgen, Lasten und Grenzen auszudrücken. Wo gibt es in der Gesellschaft Orte und Beziehungsnetze, in denen Überforderung und Angst ausgesprochen werden können und vom Umfeld empathisch begleitet werden? Die Familie ist bei Demenzerkrankungen oft komplex in die Notlage verstrickt und kann keine Aussenperspektive einnehmen. Manchmal ist es unter engsten Freund:innen möglich, offen über die Situation zu sprechen, doch nicht alle Menschen verfügen über solche Ressourcen in ihren privaten Netzwerken.

Ich denke an Herrn T., der im Alltag vermehrt Symptome zeigt, die eine demenzielle Erkrankung vermuten lassen, der sich aber, anders als seine besorgte Partnerin, darüber ausschweigt und ausweicht, wenn er darauf angesprochen wird. Ich wünsche dem Paar, dass er in der Pfarreigemeinschaft die Angst vor einer Abklärung bzw. vor der Diagnose genauso aussprechen kann wie sie die Frustration über den abklärungsunwilligen Ehemann – und dass beide Verständnis und Zuwendung erfahren und sich dadurch in ihrer Situation weniger allein fühlen.

Alle Menschen profitieren von einem Umfeld, das ihren Umgang mit Krisen nicht bewertet, sondern akzeptiert, und Schwierigkeiten, die sich daraus ergeben, zu verstehen versucht und mitträgt, soweit das möglich ist. Wenn Pfarreien eine solche Haltung echten Interesses an der Lebenssituation anderer und eine Haltung zugewandter Anteilnahme kultivieren, schaffen sie damit (auch) für Demenzbetroffene und ihre Angehörigen ein stützendes Umfeld. Es wird nicht primär die Katastrophe gesehen, sondern dem Menschen wird weiterhin in seinem So-Sein Raum gegeben. Pfarreien, die dies vorleben, ziehen der Krankheit ein Stück weit ihren Stachel. Sie zeigen, dass Hilfsbedürftigkeit und das Angewiesensein auf andere unabdingbar zu unserem Menschsein gehören und orientieren sich an der Menschenzugewandtheit Jesu: «Was möchtest du, dass ich dir tue?»

Über das konkrete Verhalten im Alltag hinaus haben es Seelsorgende in der Hand, Fragen des christlichen Menschenbildes und der Menschenwürde in ihren Pfarreien anzusprechen, z. B. in der Sonntagspredigt, in der Ansprache an der Trauerfeier eines an Alzheimer verstorbenen Menschen oder im Bereich der Erwachsenenbildung (Martyria als Grundvollzug der Kirche). Sie können damit die grundlegende Bejahung jedes Menschen jenseits seiner kognitiven und sozialen Fähigkeiten auch theologisch verankern und leisten so einen zusätzlichen Beitrag zur Integration und Wertschätzung demenziell erkrankter Menschen in unserer vielfach auf Leistung und fortwährende Optimierung ausgerichteten Gesellschaft.

Wenn wir den Menschen aus christlicher Perspektive als Ebenbild Gottes betrachten – was sagt das über eine demenzerkrankte Person sowie über den Umgang von Gesunden mit Krankheiten und Beeinträchtigungen? Dies sind Fragen, die in der Pastoral öfter gestellt werden sollten, weil die Antworten darauf für alle (heute noch) «Gesunden» hilfreich sein können, einer potenziellen eigenen Erkrankung in der Zukunft etwas gelassener und vertrauensvoller entgegenzugehen: Wir sind und bleiben Mensch, auch wenn Fähigkeiten abnehmen und Identität wegzubrechen droht.

Ausserdem öffnen solche Fragen den Raum zu spirituellen und theologischen Ressourcen. Ist es möglich, sich (auch) geistlich auf eine mögliche demenzielle, degenerativ verlaufende Erkrankung vorzubereiten? Abschliessend lässt sich diese Frage nicht beantworten, jede Form von Austausch dazu kann aber, neben der Pflege einer persönlichen spirituellen Praxis, ein Teil der individuellen Vorbereitung werden. Auch das ist eine Form von Krisenprophylaxe und Resilienzförderung.

## Räume für ein Miteinander ermöglichen
# Demenz-Projekte der römisch-katholischen Pfarrei Guthirt Zürich-Wipkingen und der Drehscheibe Demenz der reformierten Kirchgemeinde Zürich

Marcel von Holzen, Petra Mühlhäuser, Monika Hänggi, Roland Wuillemin, Daniel Johannes Frei

In der Stadt Zürich gibt es sowohl auf römisch-katholischer als auch auf reformierter Seite bereits langjährige Bemühungen in Richtung einer demenzsensiblen Kirche. Aus katholischer Warte werden im Folgenden Pfarrer Marcel von Holzen und Seelsorgerin Petra Mühlhäuser, beide in Guthirt Zürich-Wipkingen tätig, ihre Motivation darstellen und erläutern, wie es in ihrer Pfarrei nicht zuletzt dank engagierten Pfarreimitgliedern und kirchlichen Mitarbeitenden zu besonderen Inklusions- und Vernetzungsangeboten gekommen ist. Von reformierter Seite schildern Sozialdiakonin Monika Hänggi und Pfarrer Roland Wuillemin, worum es sich bei der von der reformierten Kirchgemeinde Zürich getragenen Drehscheibe Demenz handelt, wie sie entstanden ist und wie sie funktioniert. Von den Projekten und Veranstaltungsangeboten beider Institutionen wurden neun für eine Kurzportrait-Serie ausgewählt. Es sind sehr unterschiedliche Angebote, teils gezielt für Demenzerkrankte konzipiert, teils nur für Angehörige, teils für beide oder gar offen für alle, die teilnehmen möchten. Meist handelt es sich um eine Zusammenarbeit mit Institutionen wie Alzheimer Zürich oder Spitex Zürich. Gerade in ihrer inhaltlichen und konzeptionellen Vielfalt sollen die portraitierten Angebote dazu ermutigen, kirchlich, aber durchaus auch über den kirchlichen Binnenraum hinaus mehr Räume für ein Miteinander zu schaffen und zu etablieren.

**Pfarrei Guthirt – «Menschen aller Art in die Mitte!» als Jesus-Erbe ernst nehmen (Marcel von Holzen und Petra Mühlhäuser)**

«Steh auf und stell dich in die Mitte!»[1] Nach dieser Aufforderung heilt Jesus in der Synagoge einen Mann mit einer gelähmten Hand. Und er gibt mit diesem kurzen Satz ein soziales Statement ab: Der Mann konnte nicht voll arbeiten und war vermutlich auch stigmatisiert wegen seiner behinderten Hand. Dabei gehört er in die Mitte – in die Mitte der Gesellschaft. Er soll aufstehen – er soll sich nicht verstecken müssen. Er soll dazugehören. Das ist nicht die einzige Stelle in den Evangelien, in der sich Jesus demonstrativ mit jenen am Rand der damaligen Gesellschaft abgibt.

So sollte Kirche sein: eine Gemeinschaft, in der die Schwachen und Verrufenen selbstverständlich dabei sind, in der alle Menschen die Möglichkeit haben, mit ihren Stärken und Schwächen und ihrer ganz eigenen Individualität am gesellschaftlichen Leben teilzunehmen. Und sie sollen sich nicht nur als Geduldete empfinden, sondern als Eingeladene. Kurz: Kirche soll Inklusion leben, nicht nur weil das alle Teile der Gesellschaft tun sollten. Vielmehr gehört es zum kirchlichen Grundauftrag, zum beständigen Jesus-Erbe, zur christlichen DNA.

*«Tut dies zu meinem Gedächtnis»*
An diese DNA erinnert in Guthirt das Bibelzitat, das in grossen Lettern über dem Hauptportal angebracht ist: VENITE AD ME OMNES (Kommt alle zu mir, Mt 23,4). Die Kirche ist ein Ort, an dem Jesus alle willkommen heisst und die Jünger lehrt, es ihm gleichzutun. Daran erinnert auch jede Eucharistiefeier: «Tut dies zu meinem Gedächtnis.» Die Erinnerung an Jesu Mahl ist eine Einladung, die Mahlgemeinde, bestehend aus unterschiedlichen Generationen, achtsam in den Blick zu nehmen und die unterschiedlichen Prozesse zu erkennen, in denen die verschiedenen Menschen stehen. So kann gerade den Seelsorgenden, aber auch engagierten Gemeindemitgliedern besonders auffallen, wenn etwa ältere Personen, die bisher den Gottesdienst als regelmässigen Treffpunkt aufsuchten, fernbleiben. Spätestens dann gilt es nach den Gründen zu fragen und nach Lösungen zu suchen, wie der Kontakt – gerade auch im Falle von Demenz – den Umständen entsprechend gestaltet werden kann. In solchen Situationen erweist sich der Bibelspruch «Kommt alle zu mir» als konkrete Handlungsmaxime, die auf

---

[1] Mk 3,1–5; Lk 6,6–10.

verschiedene Weisen praktiziert werden kann. Es ist daher besonders schön, dass in Guthirt die verschiedenen Angebote für Demenzbetroffene von Pfarreimitgliedern angestossen wurden und teilweise auch auf freiwilliger Basis (und dennoch hoch professionell) durchgeführt werden. Diese Initiativen kommen sozusagen «von unten».

*Das Unbehagen soll bleiben*
Dabei spielt Inklusion schon länger eine Rolle in Guthirt. Menschen mit einer Beeinträchtigung gehören dazu – ob in der Minischar oder am Mittagstisch. Damit das immer etwas besser klappt, meldet sich der Inklusionsbeauftragte zu Wort – ein Pfarreimitglied mit persönlicher Nähe zum Thema. Wenn zum Beispiel der Lift im Pfarreizentrum erneuert werden muss, fällt ihm auf, dass das Projekt noch nicht ganz den Ansprüchen von Rollstuhlfahrenden genügt, und er meldet dies.

Das klingt sehr schön. Doch in unseren Kirchen, auch in Guthirt, haben wir den Auftrag Jesu noch längst nicht vollständig umgesetzt – den Auftrag, Menschen aller Art in die Mitte zu nehmen. Auch wenn Inklusion schon länger ein Thema ist, finden unsere Veranstaltungen meist ein eher homogenes Publikum – auch betreffend Alter, Herkunft und Milieu. Das Unbehagen bleibt also – und das muss so sein. Denn so fanden die beiden Initiativen zum Thema Demenz offene Ohren in Guthirt.

Beide Initiant:innen sind Fachpersonen, beide kamen unabhängig voneinander und fast gleichzeitig auf die Pfarreiverantwortlichen zu: Irene Bopp-Kistler, Geriaterin und langjährige Leiterin der Memory-Klinik im Stadtspital Waid, wollte in ihrer Pfarrei Guthirt das erste Gipfeltreffen in der Stadt Zürich gründen. Die beiden Leiterinnen, beide ebenfalls Fachfrauen, hatte sie auch schon gefunden. Peter Baumann, der pensionierte Organist und Chorleiter von Guthirt, brachte seinerseits die Idee vor, einen Chor für Menschen mit und ohne Demenz aufzubauen. Fachliche Unterstützung fand er ebenfalls bei Irene Bopp. Die Trägerschaft für beide Angebote übernahm ALZ (Alzheimer Zürich), Gastgeberin ist die Pfarrei Guthirt. Für beide Angebote waren schnell motivierte Freiwillige gefunden – aus der Pfarrei und darüber hinaus.

*Ein gesundes Gleichgewicht finden*
Ein «unglaublich grosses Ja zu diesen Angeboten» erlebte Irene Bopp in der Pfarrei nach eigenen Angaben. Das hört man gerne, doch auch damit ist es noch lange nicht getan in Sachen Inklusion. Wichtig ist, dass Pfarrei und Angebote für Demenzbetroffene zusammenfinden, dass die Pfarreiangehörigen die Angebote kennen und (etwa mit Kollekten) mittragen. Wichtig ist, dass der Chor gelegentlich in einem Gottesdienst singt. Dass im Chor auch Gesunde mitsingen und dass in beiden Angeboten Freiwillige mittun. Wichtig ist eine Haltung von Leitenden und Helfenden, dank der sich alle willkommen und voll akzeptiert wissen. Wichtig ist, dass sich diese Haltung in die Gemeinde hinein fortsetzt.

Gleichzeitig brauchen Menschen mit Demenz einen schützenden Raum. Wenn sie unter sich sind, fallen ihre Defizite nicht auf. Es gilt ein Gleichgewicht zu finden zwischen für-sich-sein und mittendrin-sein. Kommt hinzu, dass sich Demenz sehr unterschiedlich äussern kann. Wer zu stark eingeschränkt ist, stört vielleicht oder wird unsicher und fühlt sich nicht mehr wohl. In diesem Fall würden die Leitenden das Gespräch suchen und die Betroffenen allenfalls an andere Angebote weiterverweisen. Beratend steht dann Irene Bopp den Leitenden zur Seite. Ohne Fachleute ist dieses Gleichgewicht schwer zu finden. Und auch ohne engagierte Pfarreiangehörige und Freiwillige sind Angebote in dieser Form nicht möglich.

Damit zeigt sich auch: Inklusion ist nicht einfach gemacht, und man kann das Thema abhaken. Mit solchen Angeboten beginnt die Arbeit erst so richtig. Nicht nur, dass weitere Angebote gefragt sind – geplant sind etwa Gottesdienste für Menschen mit und ohne Demenz.

Inklusion ist auch deshalb nie ganz erreicht, weil sich die Bedürfnisse ändern. So ist Demenz ein relativ neues Thema. Vor zwanzig Jahren stand es wohl noch bei keiner Pfarrei in der Agenda. Pfarreiverantwortliche und -angehörige müssen immer wieder neu offen sein für weitere Menschen aller Art, die ihren Platz in der Mitte noch nicht eingenommen haben. Hinter dieser Haltung, die Jesus so konsequent vorgelebt hat, hinkt auch eine Pfarrei immer hinterher.

## Drehscheibe Demenz – eine Initiative der reformierten Kirchgemeinde Zürich (Monika Hänggi und Roland Wuillemin)

> «Wir haben nun einen ganzen Nachmittag gesungen, und ich weiss noch immer nicht, wer denn nun Demenz hat und wer nicht. Aber weisst du was? Eigentlich spielt das überhaupt keine Rolle, es war einfach schön!»

Diese Aussage einer Teilnehmerin des Sing-Cafés zeigt, worum es uns in der Drehscheibe Demenz geht: Menschen mit Demenz und ihre Angehörigen sollen sich in der Kirchgemeinde Zürich wohlfühlen. Dies soll nicht einfach in einer demenzfreundlichen Nische umgesetzt werden, sondern in unserem ganzen Gemeindeleben. Es ist der Ansatz der Inklusion: Anstelle etwa eines «Demenzgottesdienstes» versuchen wir die klassischen Gottesdienste demenzfreundlicher zu gestalten. Unser Gottesdienst «kurz und gut» ist ein halbstündiger Gottesdienst mit einfacher Sprache und sinnlichen Elementen. Er ist zwar für Menschen mit Demenz besonders geeignet. Aber es sind alle dazu eingeladen, und die Mehrheit der Teilnehmenden sind Menschen ohne Demenzdiagnose.

Die Anfänge der Drehscheibe Demenz gehen auf die ehemaligen Kirchgemeinden Oberstrass und Unterstrass zurück. Dabei wurde von Anfang an die Zusammenarbeit mit anderen Institutionen gesucht, vor allem mit der Memory Clinic Entlisberg und der Spitex Zürich, die noch heute einen Standort in unserem Kirchgemeindehaus in Oberstrass hat. Auf dem Weg zu einer demenzsensiblen Kirche sind wir nicht in einem binnenkirchlichen Raum unterwegs, sondern sind Teil einer grösseren Bewegung, die sich für eine demenzsensible Gesellschaft einsetzt. Dazu brauchen wir die Zusammenarbeit und den Austausch mit vielen anderen, die sich im Bereich Demenz engagieren. Sichtbar wird unsere Vernetzung besonders an der Tagung «Dialog Demenz», die wir alle zwei Jahre zusammen mit der Spitex durchführen. Da kommt es jeweils zu einem intensiven Austausch von Betroffenen, Angehörigen und Fachpersonen aus verschiedenen Institutionen.

Ab 2021 erhielten wir die Mittel und den Auftrag, mit der Drehscheibe Demenz das Thema in die ganze Kirchgemeinde Zürich einzubringen. Wir sind zwar weiterhin im Kirchenkreis sechs verwurzelt. Aber es nehmen Menschen aus der ganzen Stadt und darüber hinaus an unseren Angeboten teil. In den anderen Kirchenkreisen ist die Sensibilität für das Thema am Wachsen.

Was konkret passiert, zeigen sieben ausgewählte Angebote. Diese sind zwar besonders für Menschen mit Demenz und ihre Angehörigen konzipiert, aber bei fast allen wird auch breiter dazu eingeladen. So singen und tanzen in unserem Sing-Café und im Tanzcafé Menschen mit und ohne Demenz miteinander. Auch die anderen Angebote unseres Kirchenkreises sollen Menschen mit Demenz besuchen können. In manchen Gefässen klappt das schon gut, etwa bei den verschiedenen Mittagstischen oder bei den Senior:innenferien, in die auch Demenzerkrankte eingeladen sind. Besonders ist auch unser Tagesstrukturangebot «Dunnschtigs-Club». Hier sind auch die Angehörigen zur Teilnahme eingeladen. So können die Betroffenen und Angehörigen selbst entscheiden, ob sie dieses Angebot als Entlastung für die Angehörigen nutzen oder ob es für sie eine Gelegenheit ist, gemeinsam eine gute Zeit zu erleben.

Seelsorge und Beratung gehört zu unseren Kernaufgaben. Wir haben die Erfahrung gemacht, dass wir für Betroffene und Angehörige oft eine niederschwelligere Adresse sind als andere Stellen. Natürlich können wir fachliche Beratungen nicht ersetzen. Aber wir helfen den Menschen, die richtige Fachberatung zu finden. Und häufig ist bei Betroffenen und Angehörigen das Bedürfnis nach einer zusätzlichen Begleitung da, neben dem, was medizinische oder pflegerische Institutionen anbieten. Damit ist unsere seelsorgerliche und diakonische Kompetenz gefragt. Pfarramt und Sozialdiakonie arbeiten dabei auf Augenhöhe zusammen. Das zeigt sich auch darin, dass wir als Sozialdiakonin und als Pfarrer gemeinsam die Drehscheibe Demenz leiten.

Eine demenzfreundliche Kirche braucht Sensibilisierung und Schulung. Deshalb erarbeiten wir derzeit zusammen mit der Landeskirche und der Stadt Zürich ein Schulungskonzept. Ziel ist ein modulartiges Angebot, das für Betroffene, Angehörige, Mitarbeitende und Freiwillige attraktiv ist. Ein erster Schritt ist ein Kurs für Angehörige, der an zehn Nachmittagen stattfinden soll. Während des Kurses können die Betroffenen in unserem Tagesstrukturangebot betreut werden.

Den Weg zur demenzsensiblen Kirche können wir nicht allein gehen. Wir müssen unsere Gemeindeglieder und die Mitarbeitenden mit auf den Weg nehmen. Die Mitarbeitenden sensibilisieren wir unter anderem damit, dass wir regelmässig am Kirchenkreiskonvent einen Block zum Thema Demenz anbieten. In diesem Gefäss sind etwa auch die Hauswarte dabei, denen für eine demenzsensible Umgebung eine Schlüsselrolle zukommt. Schlussendlich geht es darum, dass unsere Leute gute Begegnungen mit Menschen mit Demenz haben können und dabei die Erfahrung machen: Die Menschen mit Demenz brauchen uns als Kirche. Und vielleicht noch mehr: Wir als Kirche brauchen die Menschen mit Demenz. Sie helfen uns, eine offene und menschenfreundliche Kirche zu werden.

## Werktagsgottesdienst «kurz und gut» – zusammen feiern

Der Gottesdienst «kurz und gut» findet einmal im Monat in der Kirche Oberstrass statt. Es ist ein halbstündiger Kurzgottesdienst am Donnerstag um 11 Uhr, also vor dem Mittag. Mit bekannten Liedern, einer einfachen Sprache und sinnlichen Elementen ist er für Menschen mit Demenz besonders geeignet. Es ist aber nicht ein «Demenzgottesdienst». Es ist ein offenes Angebot, und es sind mehrheitlich Menschen ohne Demenz, die mitfeiern. Nach dem Gottesdienst sind alle zum Mittagstisch im Kirchgemeindehaus Oberstrass eingeladen.

Der Gottesdienst wird von Pfr. Daniel Johannes Frei und Pfr. Roland Wuillemin geleitet. Jemand aus dem Organist:innen-Team spielt die Orgel. Sie begleiten die Lieder und spielen als Musikstücke bekannte und gut zugängliche Melodien. Die beiden Pfarrer tragen den Talar. So ist der gottesdienstliche Rahmen auf den ersten Blick erkennbar. Der Ablauf ist immer gleich: Musik, Begrüssung, Lied, Gebet, Lesung/Geschichte, Predigt, Musik, Fürbitte, Mitteilungen. Lied, Unser Vater, Segen, Musik.

Wir nehmen uns die Zeit, alle persönlich zu begrüssen; Menschen mit Demenz helfen wir, einen Platz zu finden, an dem es ihnen wohl ist. Wichtig ist zudem der barrierefreie Zugang und all die anderen «äusseren» Dinge: Das Licht muss stimmen, der Raum warm genug sein, die Tonanlage richtig eingestellt. Während des Gottesdienstes braucht es die «Bereitschaft zur Störung». Ein Mensch mit Demenz steht vielleicht auf oder muss aufs WC. Ein lockerer Umgang damit ist für alle entlastend. Nach dem Gottesdienst werden die Menschen persönlich verabschiedet und diejenigen, die zum Mittagstisch mitkommen, ins Kirchgemeindehaus begleitet.

Der Gottesdienst «kurz und gut» ist eine Oase im Alltag für Menschen mit und ohne Demenz. Die Elemente, die ihn gelingen lassen, gelten für alle Veranstaltungen, wenn wir eine demenzsensible und gastfreundliche Kirche sein wollen.

**monatlich**
**Gottesdienst**
**offen für alle**
**Mittagstisch**

**Mehr Infos**
https://www.reformiert-zuerich.ch/-4/kirchenkreis-6/drehscheibe-demenz~3099/-demenz~3098/werktagsgottesdienst-kurz-und-gut/86455/

Roland Wuillemin, Drehscheibe Demenz

## Hirntraining – sich fit halten und austauschen

Wie kann man das Hirn trainieren? Wir lösen Aufgaben mit Papier und Stift. Es gibt kleine Bewegungsübungen. Auch das Plaudern bei einer Tasse Kaffee gehört mit dazu. Denn das Zusammensein mit anderen ist selbst ein entscheidender Teil des Trainings. Wichtig ist: Es gibt keinen Wettbewerb, wer schneller oder besser ist. Das wöchentliche Hirntraining ist ein Beitrag dazu, das Gehirn fit zu halten und die vorhandenen Hirnressourcen zu erhalten und zu stärken.

Zum Hirntraining sind Menschen mit und ohne Demenz eingeladen. Das Konzept wurde von der Neuropsychologin Birte Weinheimer entwickelt. Sie erstellte in den ersten Jahren auch die Trainingsunterlagen. Derzeit gibt es zwei Gruppen, die sich wöchentlich nachmittags für eineinhalb oder zwei Stunden in der Stiftung Alterswohnungen an der Scheuchzerstrasse und in der Stiftung Alterssiedlung Hadlaub treffen. Eine dritte Gruppe ist im Haus Sonnegg im Kirchenkreis zehn im Aufbau. Die Trainingsunterlagen werden von der Sozialpädagogin Monika Leemann erstellt. Die Leitung der Nachmittage wird zum Teil von Freiwilligen übernommen. Die Drehscheibe Demenz unterstützt andere Kirchenkreise oder Kirchgemeinden, die ein Hirntraining anbieten möchten, und stellt ihnen die Trainingsunterlagen kostenlos zur Verfügung.

Manche Teilnehmende kommen sporadisch ins Hirntraining, andere sind jedes Mal dabei. Es dürfen auch Menschen teilnehmen, die nicht in den oben genannten Siedlungen wohnen. Für viele, die mitmachen, ist das Hirntraining ein wichtiger Fixpunkt in der Woche und hat für sie neben der Arbeit fürs Gehirn eine wichtige soziale Funktion. Das Miteinander von Menschen mit und ohne Demenz funktioniert gut. Einzelne Teilnehmende übernehmen Verantwortung und helfen den anderen beim Lösen der Aufgaben. Menschen mit Demenz haben Erfolgserlebnisse, wenn auch sie die Übungen schaffen können. Bei manchen Aufgaben, die Altwissen hervorholen, sind sie manchmal sogar schneller als die anderen.

`wöchentlich`
`Hirntraining`
`offen für alle`
`Kaffee`

**Mehr Infos**
https://www.reformiert-zuerich.ch/-4/kirchenkreis-6/drehscheibe-demenz~3099/-demenz~3098/hirntraining/61010/

Roland Wuillemin, Drehscheibe Demenz

## Der Weischno-Chor – «Ihr könnt das!»

Wöchentlich am Donnerstagnachmittag kommen Menschen mit und ohne Demenz nach Guthirt, um altbekannte Volkslieder, Evergreens oder Schlager zu singen. Man singt ohne Druck: «Der Weischno-Chor ist nicht in erster Linie ein musikalisches, sondern ein soziales Ereignis», sagt Chorleiter Peter Baumann. «Wir müssen in unserer Gesellschaft neben der Darbietungskultur vor allem auch die Mitmachkultur fördern.» Der Chor tritt zwar auf, etwa in Gottesdiensten oder im Altersheim, aber nur im kleinen Rahmen. Die Hauptsache ist das gemeinsame Singen. Nach der Probe sitzt man gemütlich beisammen bei Kaffee und Kuchen.

Mitsingen im Weischno-Chor können Betroffene ebenso wie Gesunde. Chorleiter ist Peter Baumann, pensionierter Organist und Chorleiter von Guthirt. Er arbeitet unentgeltlich, ebenso wie die Geriaterin Irene Bopp-Kistler, die beratend mitwirkt. Die Betroffenen kommen selbständig oder, bei Bedarf, mit Begleitperson. Eine Gruppe freiwilliger Mitarbeiter:innen steht helfend zur Seite. Die Kirchgemeinde stellt Pfarreisaal und Infrastruktur zur Verfügung. Zudem übernimmt sie bei Auftritten die Hälfte der Gagen für Solisten, die andere Hälfte finanziert der Verein ALZ (Alzheimer Zürich), der die Trägerschaft innehat und für Werbung und Spesen des Chorleiters aufkommt. Für die Teilnehmenden ist das Angebot kostenlos.

Der Weischno-Chor macht Stimmübungen und singt ein- oder zweistimmig, in Kanons bis vierstimmig. Peter Baumann hat die Erfahrung gemacht, dass auch Demenzbetroffene lernfähig sind und gefordert werden wollen. Der Zuspruch «Ihr könnt das!» ermuntert dazu, die knifflige Stelle nochmal zu probieren. Es muss nicht perfekt sein, aber man freut sich über Verbesserungen. «Das stärkt das Selbstwertgefühl und die Selbstwirksamkeit», so Baumann. «Man ist ein Handelnder und wird auch so wahrgenommen.» Und alle gehören dazu. Irene Bopp erzählt: «Man freut sich gemeinsam. Der Chor gibt allen etwas.» Sie berichtet von einem Sänger mit einer schweren Sprach- und Wortfindungsstörung: Singen fällt ihm leichter als Sprechen. Und es macht ihn glücklich: Nach einem Auftritt zu Weihnachten rief er begeistert seine Tochter an und erklärte fast mühelos: «Das sind die schönsten Weihnachten, die ich je hatte!»

- wöchentlich
- Singen
- offen für alle
- Kaffee & Kuchen
- Auftritte vor Publikum

**Mehr Infos**
https://www.alzheimer-schweiz.ch/de/zuerich/angebote/beitrag/weischno-chor

Petra Mühlhäuser, Pfarrei Guthirt

## Das Sing-Café – weiterhin Teil der Gesellschaft sein dürfen

Kinder auf Bobbycars äugen durch die offene Saaltüre, wo eine grosse Gruppe meist älterer Menschen, «es Buurebuebli mani nid ...» singt. Der Pianist sieht die Kinder und stimmt spontan «alli mini Äntli» an. Lachende Gesichter wenden sich den Kindern zu, Mütter mit ihren Kindern auf dem Arm beginnen mitzusingen. Es ist Freitagnachmittag und Sing-Café «für Menschen mit Demenz und alle, die gerne singen». Einmal monatlich treffen sich Menschen mit Demenz mit und ohne ihre Angehörigen sowie singfreudige Menschen aus dem Quartier im Kirchgemeindehaus Oberstrass, um gemeinsam zu singen. Eine ausgiebe Zvieri-Pause erlaubt es, miteinander ins Gespräch zu kommen. Obwohl Teilnehmende oft sagen, dass sie gar nicht singen können, hallt es jeweils wunderbar durchs ganze Kirchgemeindehaus, wenn als Auftakt in den Nachmittag das Lied «vom Aufgang der Sonne» angestimmt wird.

Teilnehmen können Demenzbetroffene und alle, die gerne singen. Man ist frei, später zu kommen und/oder früher zu gehen. Es wird nicht geübt und geprobt.  Demenzbetroffene werden oft von ihren Angehörigen begleitet, ermöglicht das Singen doch gemeinsames Tun in einer Gemeinschaft, die nicht zwischen «dement» oder «nicht dement» unterscheidet. Geleitet wird das Sing-Café von Hans Egli, einem pensionierten Organisten, unterstützt wird er von einer Akkordeonistin, einer Geigerin und einem Gitarrenspieler. Es sind Hobbymusiker:innen, die irgendwann ins Sing-Café reingeschaut und als Freiwillige dabeigeblieben sind. In der Pause werden die von Spitex-Lernenden frisch gebackenen Wähen gegessen. Finanziert und organisiert wird das Sing-Café vom Kirchenkreis sechs in Kooperation mit der Spitex Zürich. Freiwillige holen bei Bedarf Teilnehmende zuhause ab und helfen beim Suchen der Jacken am Schluss des Nachmittags. Für die Teilnehmenden ist das Angebot kostenlos.

Im Sing-Café wird Zugehörigkeit und Teilhabe sicht- und spürbar. Das zwanglose Singen mit anderen gibt Angehörigen Kraft für den Alltag, ermöglicht gemeinsame  Erlebnisse. Die strahlenden Gesichter am Schluss und die Tatsache, dass das Sing-Café immer noch wächst, sprechen für sich.

**monatlich**
**Singen**
**offen für alle**
**Zvieri**
**Abholservice**

**Mehr Infos**
https://www.reformiert-zuerich.ch/-4/
kirchenkreis-6/-demenzzentrum~3098/
sing-cafe/38833/

Monika Hänggi, Drehscheibe Demenz

## Gipfeltreffen – ein geschützter, wohltuender Raum

Es ist Juni, die Tour de Suisse startet. Im Gipfeltreffen folgt man der Route und schaut, was es dort zu sehen gibt. Der Tisch ist liebevoll dekoriert, Bilder, Rätsel und Geschichten zum Thema liegen bereit. Geht es diesmal um die Tour de Suisse, so können ein andermal z. B. Teesorten oder der Wald thematisch im Zentrum stehen.

Jeden Montag treffen sich gegen zehn Demenz-Betroffene, Freiwillige und die beiden Leiterinnen von 10:30 bis 16:30 Uhr zum Gipfeltreffen. Anders als sonst in diesem an unterschiedlichen Orten verbreiteten Format beginnt man aber nicht mit Gipfeli, sondern spaziert zunächst vom Pfarreizentrum ins Quartierrestaurant zum Mittagessen. Danach geht es weiter mit leichten Turnübungen sowie dem thematischen Schwerpunkt.

Willkommen sind beim Gipfeltreffen leicht und mittelschwer Betroffene – damit niemand stört und sich alle wohlfühlen. Begleitet werden sie von den beiden Leiterinnen, zwei Fachfrauen, und Freiwilligen. Im Hintergrund wirkt die Initiantin und Geriaterin Irene Bopp-Kistler beratend. Treffpunkt ist der Mehrzweckraum, den die Kirchgemeinde zur Verfügung stellt. Der Verein ALZ (Alzheimer Zürich), der die Trägerschaft innehat, übernimmt Werbung und Spesen. Er zahlt den Leiterinnen einen Lohn, schult und unterstützt sie. Für die Teilnehmenden betragen die Kosten pro Treffen 75 Fr., wovon die Stiftung Sonnweid pro Person 25 Fr. übernimmt. Dadurch beträgt die Teilnahmegebühr 50 Fr. pro Treffen. Das Mittagessen inkl. Getränk, ca. 18 Fr., wird von den Teilnehmenden direkt bezahlt.

Montags ist nicht selten lautes Lachen zu hören im Pfarreizentrum. Im Gipfeltreffen geht es herzlich und unbeschwert zu. «Unsere Gäste machen hier positive Erlebnisse», sagt Irena Cavelti. Die pensionierte Sozialdiakonin leitet gemeinsam mit Barbara Otth, Pflegefachfrau und Körpertherapeutin, das «Gipfeltreffen». Intensiv und liebevoll bereiten sie sich jeweils vor und schaffen einen geschützten und wohltuenden Raum – «damit die Leute wissen, dass sie etwas wert sind», so Barbara Otth.

«Hier bin ich gesund, daheim bin ich immer so blöd», hat ein Gast einmal gesagt. Es tut gut, wenn Vergesslichkeit sein darf oder wenn man sogar etwas zum Thema beitragen oder jemandem helfen kann. Auch deshalb ist es sinnvoll, dass Angehörige nicht dabei sind. «Es ist ein Win-win-Projekt», sagt Irena Cavelti. «Für unsere Gäste ist das Gipfeltreffen ein Kurs, für die Angehörigen freie Zeit.»

**wöchentlich**
**ohne Angehörige**
**mit Mittagessen**
**kostenpflichtiges Angebot**

**Mehr Infos**
https://guthirt.ch/angebote-gruppen/sozialdienst/alz-gipfeltreffen/

Petra Mühlhäuser, Pfarrei Guthirt

## Der Dunnschtigs-Club – aus den eigenen vier Wänden herauskommen

Menschen mit Gedächtnisschwierigkeiten oder einer Demenzerkrankung treffen sich regelmässig am Donnerstag von 11:30 bis 17:00 Uhr im Kirchgemeindehaus Oberstrass und verbringen im geschützten Rahmen gemeinsame Zeit mit anderen Betroffenen. Auch Angehörige sind willkommen. Nach einem gemeinsamen Mittagessen richtet sich das Dunnschtigs-Club-Programm nach den Interessen der Teilnehmenden und den Bedürfnissen der Gruppe. Manchmal geht es hinaus – sei es für einen kleinen Spaziergang, einen Schiffsausflug oder einen Museumsbesuch –, manchmal passt es, im Gruppenraum zu bleiben, um zu reden, zu diskutieren, Musik zu hören, zu spielen oder sich Geschichten zu erzählen.

Organisiert und durchgeführt wird der Dunnschtigs-Club vom Kirchenkreis sechs. Das Leitungsteam besteht aus einer Pfarrperson sowie einer sozialdiakonischen Mitarbeiterin, unterstützt durch zwei Spitex-Lernende.

Der Dunnschtigs-Club ist für Demenzbetroffene und ihre Angehörigen ein Ort, wo Lebenssinn, die Teilnahme am gesellschaftlichen Leben und die Gründe, sich des Tages zu freuen, erhalten bleiben sollen. Noch bestehende Fähigkeiten werden durch das Nachmittagsprogramm gestärkt. Angestrebt wird eine Selbstbestätigung durch gelungene, an früher anknüpfende Beschäftigungen wie Kochen, Spielen, Malen oder Werken, oft auch mit dem Partner/der Partnerin. Deshalb dürfen Angehörige, falls sie dies möchten, gerne am Dunnschtigs-Club teilnehmen. Die Teilnahme ist gratis, für das Mittagessen bezahlen alle 12 Fr.

«Es ist so schön, euch wieder zu sehen», sagt ein Betroffener, und seine Frau meint, wie gut es ihnen täte, einmal in der Woche mit anderen Menschen etwas zu unternehmen. Bisher hätten sie sich oft mit anderen Paaren getroffen, aber das sei inzwischen kaum mehr möglich, da ihr Mann am Gespräch nicht mehr teilnehmen könne. Im Dunnschtigs-Club entstehen immer wieder Gespräche, wo die verschiedenen kognitiven Fähigkeiten ihren Platz haben. Ein Betroffener sagte: «Ich möchte etwas sagen, aber meine Worte fallen herunter», eine andere: «Vielen Dank, das hat gut getan zu reden, in meinem Hirn kann ich nicht finden, was ich sagen möchte.» Ausflüge wie auf den Zürichsee oder in ein Museum werden sehr genossen: «Wir kommen sonst kaum aus unseren Wänden heraus. So toll, wieder mal miteinander etwas anderes zu erleben.»

`wöchentlich`
`Aktivitäten`
`Angehörige willkommen`
`mit Mittagessen`

**Mehr Infos**
https://reformiert-zuerich.ch/-4/
kirchenkreis-6/-demenzzentrum~3098/
dunnschtigs-club/61007/

Daniel Johannes Frei, Drehscheibe Demenz

## «Bewegung im Sitzen» – Bewegung trotz körperlicher Einschränkung

Das Taxi bringt Frau S. nach Oberstrass, wo Tamara sie schon erwartet und in den Raum führt, wo «Bewegung im Sitzen» stattfinden wird. Frau S. ist im Rollstuhl, leidet an Parkinson und kann fast nicht mehr sprechen. Sie verschiebt jeweils ihre Physiotherapiestunde, um am Angebot teilnehmen zu können. Ein Kreis mit bequemen Stühlen ist aufgestellt, in der Mitte steht ein Blumenstrauss, hinten ist der Tisch schon liebevoll für die anschliessende Kaffeerunde gedeckt. Menschen mit und ohne Demenz, im Rollstuhl oder noch einigermassen gut zu Fuss, die sich aber in anderen Turnangeboten unwohl fühlen, treffen ein, begrüssen sich, freuen sich an den Blumen. Musik erklingt, Tamara zeigt Übungen mit den Händen, die zuhause nachgemacht werden können. Alle machen die Übungen, so gut sie es können. Es wird gelacht, wenn etwas nicht auf Anhieb gelingt. Bestärkung darin ist spürbar, es noch einmal zu versuchen.

«Bewegung im Sitzen» findet monatlich an einem Mittwoch statt, jeweils von 14:30 bis 15:30 Uhr. Man trifft sich im grossen Saal des Ev.-ref. Kirchgemeindehauses Oberstrass. Teilnehmen können Demenzbetroffene und ihre Angehörigen, Menschen im Rollstuhl und Menschen, die ihre Koordination und Beweglichkeit in einer kleinen Gruppe stärken möchten. Das anschliessende Zusammensein bei Kaffee und Guetzli stärkt das Vertrauen untereinander. Achtsam und liebevoll werden diejenigen unterstützt, die sich nicht selbst einschenken können, es wird viel gelacht und in Erinnerungen geschwelgt. «Bewegung im Sitzen» wird von Tamara Dübendorfer geleitet. Sie ist Spitex-Mitarbeitende und ausgebildete Fachperson in aktivierender Betreuung.

Finanziert und organisiert wird das Angebot vom Kirchenkreis sechs. Für die Teilnehmenden ist «Bewegung im Sitzen» kostenlos. Taxifahrten werden zur Hälfte vom Kirchenkreis sechs bezahlt.

«Wer rastet, der rostet», heisst es in einem Sprichwort. Damit ist nicht nur der Körper, sondern auch der Geist gemeint. Es besteht die Gefahr eines Teufelskreises: Menschen mit körperlicher Einschränkung oder Demenz trauen sich weniger zu, ziehen sich aus der Öffentlichkeit zurück, vereinsamen. «Bewegung im Sitzen» beugt dem vor und motiviert in einer kleinen Runde, sich und seinem Körper wieder etwas zuzutrauen.

**Mehr Infos**
https://www.reformiert-zuerich.ch/-4/kirchenkreis-6/drehscheibe-demenz~3099/-demenz~3098/bewegung-im-sitzen/72483/

`wöchentlich`
`Bewegung`
`Angehörige willkommen`
`Kaffee & Guetzli`

Monika Hänggi, Drehscheibe Demenz

## Das Tanzcafé – tanzen macht glücklich

Wenn Beat Berger um 14:30 Uhr die Musik laut aufdreht, wird die Tanzfläche für Paare und Alleinstehende freigegeben. Es ist Zeit für Josefinas Tanzcafé. Ein erstes Paar wagt sich auf die Tanzfläche. Er ist dement, führt seine Frau aber sicher, wagt gekonnte Drehungen und begleitet sie nach dem Lied galant wieder an den Platz. Unglaublich schön sei dies für sie gewesen, meint die Frau nachher. Esther, die Frau von Beat, die mit ihm zusammen Josefinas Tanzcafé gegründet hat, holt eine Frau im Rollstuhl auf die Tanzfläche. An den einladend gedeckten Tischen wird geplaudert, der Musik gelauscht und den Tanzenden zugesehen. Alte Schlager, moderne Discomusik und Evergreens werden gespielt. Gegen Schluss reihen sich die Teilnehmenden zur Polonaise auf. Spätestens dann hat die Freude an der Bewegung und an der Musik alle gepackt, niemand bleibt mehr am Platz sitzen.

Das Tanzcafé findet sechsmal im Jahr statt, jeweils an einem Dienstagnachmittag von 14:30 bis 16:30 Uhr. Teilnehmen können Demenzbetroffene und alle, die gerne tanzen und einen vergnüglichen Nachmittag in schöner Ambiance mit anderen verbringen möchten. Die Augen einer fast 100 Jahre alten Teilnehmerin beginnen schon im Foyer zu strahlen, wenn sie die Musik im Saal hört, andere freuen sich am Kuchen und den Mini-Sandwiches, die von Freiwilligen liebevoll zubereitet und serviert werden.

Organisiert und finanziert wird das Tanzcafé vom Kirchenkreis sechs. Beat und Esther Berger, die das Tanzcafé gegründet haben, legen die Platten auf und sind verantwortlich für das abwechslungsreiche Musik-Programm. Freiwillige Taxitänzer:innen fordern die etwas Schüchternen zum Tanz auf.

«Für Angehörige mit einem von Demenz betroffenen Partner ist das Tanzcafé eine schöne Pause im Alltag. Denn beim Tanzen fällt die Einschränkung in der Kommunikation weg», meint Beat Berger. «Man bewegt sich wieder auf Augenhöhe.» Der  Zugang zu Liedern und der Musik und auch die Bewegungsfähigkeit bleiben bei vielen Menschen mit Demenz sehr lange intakt. Tanzen und sich zu Musik bewegen, bleibt eine Quelle der Freude und weckt oft Erinnerungen an die Jugend, an die erste Liebe und an fröhliche Feiern.

**6x pro Jahr**
**Tanz**
**offen für alle**
**Getränk & Snacks**
**Abholservice**

**Mehr Infos**
https://www.reformiert-zuerich.ch/-4/
kirchenkreis-6/drehscheibe-demenz~
3099/-demenz~3098/tanzcafe/61009/

Monika Hänggi, Drehscheibe Demenz

## Treff für Angehörige – zuhören, ermutigen, Erfahrungen teilen, Verständnis spüren

Viele Menschen mit Demenz werden von ihren Angehörigen daheim unterstützt, betreut und gepflegt. Die Krankheit verändert auch ihren Alltag und den Umgang miteinander. Auch bei institutioneller Betreuung bleibt die Begleitung für die Angehörigen meist anspruchsvoll. Einmal im Monat treffen sich Angehöre für anderthalb Stunden, um über das zu sprechen, was sie bewegt und beschäftigt.

Der monatliche Treff für Angehörige wurde von der Neuropsychologin Birte Weinheimer ins Leben gerufen. Heute wird er von Pfarrer Roland Wuillemin und von der Sozialpädagogin Monika Leemann geleitet. Die Teilnehmenden berichten aus ihrem Alltag, von schwirigen Situationen, aber auch von schönen Erfahrungen. Und sie tauschen aus, wie der Alltag leichter gestaltet werden kann.

Die Teilnehmenden des Treffs drücken immer wieder aus, dass die Gespräche in der Gruppe für sie hilfreich sind: «Zuhören, ermutigen, Erfahrungen teilen, Verständnis spüren: Das alles hilft mir bei der Bewältigung der täglichen Herausforderungen.» Angehörige sind manchmal mit Unverständnis konfrontiert. «Es ist ja gar nicht so schlimm mit deiner Frau.» Solche oft gut gemeinte Aussagen von Bekannten lassen Angehörige von Menschen mit Demenz allein zurück. Im Treff kommen die Angehörigen mit Menschen ins Gespräch, die das Zusammenleben mit Betroffenen aus eigener Erfahrung kennen und selbst erfahren haben, dass Ratschläge von Nichtbetroffenen manchmal verletzend sind.

Zentrales Anliegen im Treff ist, dass unterstützende, pflegende Angehörige sich selbst ernst nehmen. Eine Unterstützung funktioniert nur so lange, wie es auch den Angehörigen gut geht. Eine Frau sagte: «Der Treff hilft mir, bei der Betreuung meines Mannes mich selbst nicht zu vergessen.»

**monatlich**
**Austausch**
**für Angehörige**

**Mehr Infos**
https://www.reformiert-zuerich.ch/-4/kirchenkreis-6/drehscheibe-demenz~3099/-demenz~3098/angehorigen-treff/38838/

Roland Wuillemin, Drehscheibe Demenz

# Vom schlummernden Potenzial der Kirchen in Sachen Demenz
## Interview mit dem Theologen und Synodalrat Daniel Otth

*Daniel Otth, Sie sind zum einen Synodalrat für Soziales und Ökologie der Katholischen Kirche im Kanton Zürich, zum anderen arbeiten Sie an der Universität Zürich als Theologe beim Forschungsprojekt «Demenzfreundliche Kirchgemeinden in der Stadt Zürich» mit. Konkret widmen Sie sich im Rahmen einer Doktorarbeit dem Thema «demenzfreundliche Kirchgemeinden». Wie sind Sie auf dieses Thema gestossen und was interessiert Sie besonders daran?*

In meiner Verwandtschaft hatten wir einen liebenswürdigen und sehr feinfühligen Menschen, der das Schicksal einer Frontallappendemenz erdulden musste. Durch diese persönliche Sensibilisierung habe ich in vielen Gesprächen mit Freunden erfahren, dass auch manche von ihnen Elternteile, Geschwister oder Bekannte haben, die demenziell erkrankt sind. Ich begann mich für Daten zu diesem Thema zu interessieren, zum Beispiel für Prognosen von anerkannten Institutionen und dem Bundesamt für Statistik.

*Was kam dabei heraus?*

Das Fazit war für mich ernüchternd. Derzeit wird in der Schweiz von etwa 150 000 betroffenen Personen ausgegangen. Aufgrund der demografischen Entwicklung ist in absehbarer Zeit mit einer Verdoppelung zu rechnen. Wenn wir daraus folgern, dass jeder demenzkranke Mensch ein bis drei enge Verwandte hat, die sich um ihn kümmern, und wenn wir die pflegerischen und andere Ressourcen dazuzählen, die im Verlauf der Erkrankung benötigt werden, ist zu erwarten, dass uns das Thema künftig gesamtgesellschaftlich und somit volkswirtschaftlich enorm beschäftigen wird. Es reizte mich, den Folgen für die Kirchen genauer nachzugehen.

*Somit knüpfen Sie mit Ihrer Forschung an einen gesamtgesellschaftlichen Trend an, dem Thema Demenz mehr Beachtung zu schenken?*

Demenz «geniesst» seit etwa 20 Jahren steigende öffentliche Aufmerksamkeit. Dies gilt sowohl medial als auch in Kultur oder für die medizinische und pharmazeutische Forschung. In vielen Bereichen werden Möglichkeiten ausgelotet, um die wachsende Herausforderung bestmöglich zu bewältigen. Mein Fokus ist auf unsere Kirchen gerichtet. Ich meine, dass diese mit ihren vielen Kirchgemeinden und Pfarreien, mit ihrem hervorragend ausgebildeten Personal, mit ihrem Zugang zu freiwillig Engagierten und letztlich auch mit ihren zentral gelegenen und gut unterhaltenen Liegenschaften über ein enormes, weitgehend noch schlummerndes Potenzial im erwähnten Zusammenhang verfügen.

*Standen die Kirchen bisher tendenziell abseits, was das Thema Demenz angeht?*
Das kann man so nicht sagen. Ich kenne mittlerweile einige Kirchgemeinden, Kirchenkreise und viele kirchlich engagierte Personen, die sich seit Jahren leidenschaftlich und wirksam für Menschen mit Demenz und deren Angehörige einsetzen. Ich weiss auch, dass an manchen Orten innerkirchlich vernetzt oder in Vernetzung mit zivilgesellschaftlichen Institutionen Konzepte erarbeitet und umgesetzt werden. Was mir bisher tatsächlich immer noch zu fehlen scheint, ist der Durchsetzungswille und vielleicht auch die Erkenntnis in den grossen Kirchenzentralen, um das, was auf uns zukommen wird, mit koordinierter Kraft anzuschieben.

*Wie lässt sich begründen, dass sich Kirchen um das Thema Demenz kümmern sollen?*
Ein grundlegender Wesenszug aller Kirchen ist Diakonie beziehungsweise die christlich gebotene und umgesetzte Nächstenliebe. In ein zeitgemässes Verständnis übersetzt ist damit die Wahrnehmung der sozialen Verantwortung gemeint, der Dienst an der Gemeinschaft oder ganz konkret Nachbarschaftshilfe. Menschen mit einer demenziellen Erkrankung, aber auch Angehörige, die sich bis zur Erschöpfung um sie sorgen, brauchen Unterstützung von ihrem nächsten familiären, sozialen und örtlichen Umfeld. Kirchen beziehungsweise präziser Kirchgemeinden können in unmittelbarer Nachbarschaft solche Unterstützung bieten.

*Gerade die durch Kirchensteuern finanzierten Kirchen werben in jüngster Zeit gerne mit ihrem sozialen Engagement ...*
Man kann durchaus auch den gesamtgesellschaftlichen Mehrwert in die Waagschale werfen. In Zeiten von wachsenden Kirchenaustrittszahlen und einem zunehmenden Desinteresse an der seelsorgerischen Kompetenz

von Kirchen ist gerade deren diakonisches Engagement ein offensichtlicher Mehrwert für die Gesellschaft.

*Auf welchen Ebenen sehen Sie im kirchlichen Umfeld Handlungsbedarf?*
Auf verschiedenen: Zuerst muss auf allen relevanten Stufen kirchlicher Organisationen das Bewusstsein geweckt werden, wie wichtig und brisant die Demenzthematik ist. Wenn dies gelingt, ist schon sehr viel erreicht. Sodann sollte eine koordinierte Bestandesaufnahme von laufenden oder geplanten Projekten erfolgen. Man müsste die engagierten kircheninternen und kirchennahen Personen und ihre Erfahrungen erfassen und sie dafür gewinnen, in einem gesamtheitlichen Konzept mitzuarbeiten. Es wird zwar schon viel gemacht, aber – wie so oft in grossen Organisationen – weiss die linke Hand häufig wenig über die rechte. Das so gesammelte Wissen könnte dann allen Kirchgemeinden, Pfarreien, Dekanaten, Kirchenkreisen, Dienststellen und Missionen zugänglich gemacht werden. Parallel dazu wäre es sinnvoll, die Zusammenarbeit zwischen den Konfessionen oder darüber hinaus den interreligiösen Austausch auszubauen. Je nach lokalen Stärken könnten Ressourcen auf eine Kirchgemeinde im Quartier oder im Dorf konzentriert werden, unabhängig von deren Konfessionszugehörigkeit.

*Es geht aber wohl nicht nur um binnenkirchliche Bemühungen.*
Nein, denn es gilt klar auch, die Vernetzung mit zivilgesellschaftlichen und behördlichen Strukturen zu fördern und zu pflegen. Behördliche Spezialist:innen oder Hausärzte respektive Hausärztinnen sollten beispielsweise wissen, welche Zuständigkeiten, Bereitschaften und Kapazitäten in Pfarreien herrschen. Umgekehrt darf es nicht sein, dass Fachexpertise von ausserhalb der Kirchen ignoriert wird.

*Kann kirchliches Engagement im Bereich Demenz auch an Grenzen stossen?*
Tatsächlich ist es zentral, aus kirchlicher Sicht auch die Grenzen eigener Zuständigkeiten und Fähigkeiten zu erkennen. Ebenso gilt es, Grenzen im emotionalen Engagement zu beachten. Sonst besteht die Gefahr, dass Freiwillige und kirchliche Mitarbeitende ausbrennen. Angesichts des grossen Potenzials an freiwilligen interessierten Kirchgemeindemitgliedern ist eine Ausbildung und Begleitung durch Fachleute wichtig, aber eben auch das Wissen darum, wann in der konkreten Arbeit mit Betroffenen andere Stellen oder Fachkräfte ins Boot zu holen sind.

*Ist bei kirchlichen Projekten generell ein Zusammenspannen mit nicht-kirchlichen Institutionen ideal?*
Dafür gibt es gute Beispiele, gerade auch innerhalb der Stadt Zürich. Der reformierte Kirchenkreis sechs in Zürich-Oberstrass führt z. B. seit mehreren Jahren verschiedene gern besuchte Aktivitäten für Menschen mit Demenz und deren Angehörige durch, teilweise gemeinsam mit der für dieses Gebiet zuständigen Spitex. Die reformierte Kirchgemeinde Zürich hat daraus institutionell die Drehscheibe Demenz gegründet. Die römisch-katholische Pfarrei Guthirt in Zürich-Wipkingen betreibt in Zusammenarbeit mit Alzheimer Zürich (ALZ) den Weischno-Chor sowie ein «Gipfeltreffen» für Betroffene. Daneben unterstützt die katholische Kirche Projekte wie beispielsweise «riCORdi» von Alzheimer Zürich. Wie es der Name andeutet, handelt es sich bei «riCORdi» um Konzerte zum Mitsingen für italienisch sprechende Personen mit und ohne Demenz.

*Für Ihre Forschung haben Sie sich im benachbarten Ausland nach vorbildlichen Modellen umgeschaut. Gab es für Sie da Augenöffner? Falls ja, inwiefern?*
Ich hatte zu Beginn meiner Arbeit die Situationen in Köln, Berlin, Reutlingen, Düsseldorf, Graz und Wien studiert und in Gesprächen Konzepte und Erfahrungen erfragt. Grundsätzlich lässt sich sagen, dass überall die Dringlichkeit der Thematik angesichts des künftigen Ausmasses erkannt wird. Teilweise waren katholische Bistümer, teilweise evangelische Kirchenkreise die treibenden Kräfte, manchmal waren es auch politische Organe oder regional wirkende zivilgesellschaftliche Institutionen. Manche Projekte haben sich nach einiger Zeit ausgelebt, andere Initiativen werden nachhaltig weitergeführt. Ob einem Projekt langfristig Erfolg beschieden ist, lernte ich, hängt nicht nur von den institutionell-organisatorischen Voraussetzungen ab. Wesentliche Faktoren sind einerseits die vor Ort engagierten Personen, andererseits die finanziellen Mittel, um einen nachhaltigen Betrieb nach der anfänglichen Begeisterung sicherzustellen. Gerade die Finanzierung, so wurde mehrfach bestätigt, ist in den erwähnten Regionen jeweils eine grosse Herausforderung.

*Wie unterschiedlich sind die genannten Orte in Bezug auf Demenz aufgestellt?*
Das Demenznetz Köln Innenstadt wird zum Beispiel durch eine breite Anzahl von zivilgesellschaftlichen, behördlichen und kirchlichen Institutionen betrieben und soll vor allem innerhalb der verschiedenen Stadtbezirke

die Vernetzung und die Zusammenarbeit der teilweise parallel arbeitenden Verbände fördern. In Berlin-Tempelhof-Schöneberg gibt es das Geistliche Zentrum Demenz. Dieses wird durch den gleichnamigen evangelischen Kirchenkreis und die – ebenfalls evangelische – Johannesstift Diakonie betrieben. Nebst einer allgemeinen Sensibilisierung bezweckt es z. B. die Erarbeitung von gemeindespezifischen Massnahmen zur Unterstützung von Menschen mit Demenz und zur Entlastung ihrer Angehörigen. In Reutlingen bietet die Anlaufstelle für Demenz und Lebensqualität (ADELE) auf der Grundlage des christlichen Menschenbildes Hilfestellungen, damit Menschen mit Demenz möglichst lange in ihrem vertrauten Umfeld leben können und als Persönlichkeit ernst genommen werden. Kooperationspartner sind katholische und evangelische Kirchgemeinden und Seniorenzentren in der Region.

*Wie sieht es in Düsseldorf, Graz und Wien aus?*
Düsseldorf ist mit dem Verein Diakonie Düsseldorf gut aufgestellt. Er wird von den dortigen 23 Evangelischen Kirchgemeinden getragen und betreibt ein Kompetenzzentrum Demenz. Dieses organisiert Beratung und Betreuung, vermittelt Plätze in «Demenz-WGs» und bietet Unterstützungsangebote für pflegende Angehörige. In der Stadt Graz konnte ich zwar keinen direkten kirchlichen Bezug finden, dafür hat die steirische Hauptstadt mit der Steirischen Alzheimerhilfe (SALZ) einen Demenz-Wegweiser herausgegeben. Dieser informiert über Krankheitsverläufe und passende Unterstützungsmöglichkeiten, um Menschen mit Demenzdiagnose und ihren Angehörigen Handlungsmöglichkeiten aufzuzeigen. In Wien thematisiert die Erzdiözese in einer Broschüre, wie man auf der Ebene einzelner Kirchgemeinden auf Demenzbetroffene zugehen kann und wie Menschen mit Demenz in das gemeinschaftliche Leben integriert werden können. Ebenfalls werden logistische Aspekte wie beispielsweise bauliche Erleichterungen in Kirchengebäuden oder die Organisation von Personentransporten angesprochen und Empfehlungen für liturgische Abläufe und gottesdienstliche Inhalte abgegeben. Daneben bietet der Wiener Caritas Beratungsservice kostenlos Auskünfte zu allen Fragen rund um Pflege und Demenz.

*Sie haben zahlreiche Interviews mit Vertreter:innen zivilgesellschaftlicher, staatlicher und kirchlicher Institutionen geführt. Haben Sie hierbei besondere Aha-Erlebnisse gehabt?*

Ein Punkt wurde immer wieder betont: Wie wichtig es ist, die Erkrankten in ihrer menschlichen Würde ernst zu nehmen, sie also weiterhin als eigene Persönlichkeit zu respektieren. Ich halte mir immer wieder vor Augen, dass alle, die vom Schicksal Demenz geschlagen sind, einst genauso in der Mitte unserer Gesellschaft standen wie wir jetzt. Viele waren fürsorgliche Väter und Mütter, gestandene Berufsleute, tragende Mitglieder in Gemeinden, Kirchen oder Vereinen.

*Immer stärker wird man sich bewusst, wie wichtig auch bauliche Aspekte sind, damit sich Demenzerkrankte möglichst lange möglichst gut orientieren können. Worum geht es da genau?*

Nebst behindertengerechten Zugängen zu Räumlichkeiten sind leicht zu erinnernde und gut erkennbare Orientierungspunkte, etwa ein markanter Kirchturm, eine grosse Hilfe. Aber das Bauliche allein ist nur eine Seite: Genauso wichtig sind ein persönlicher Empfang und die Vermittlung des Gefühls, an einem Ort willkommen zu sein.

*Über christliche Kirchen hinausgeschaut: Welche konstruktive Rolle können Religion und Spiritualität Ihres Erachtens insgesamt spielen, wenn es um Demenz geht?*

Zwei meiner Interviewpartner, ein evangelischer Pfarrer und ein katholischer Sozialarbeiter, haben mir im Interview gesagt, dass Menschen durch eine demenzielle Erkrankung, also ein vermindertes oder ausbleibendes kognitives Denken, emotional viel feinfühliger und dadurch spirituell empfänglicher sind. Ich empfand diese Aussagen als inspirierende Erkenntnis!

*Zurück zur Katholischen Kirche im Kanton Zürich: Wo und wie können Sie in Ihrer Funktion als Synodalrat dem Anliegen einer möglichst demenzfreundlichen Kirche mehr Gehör verschaffen und zu grösserer Sensibilität verhelfen?*

Ich kann beispielsweise bei allen sich bietenden Gelegenheit auf die aktuelle und die prognostizierte Bedeutung dieser schnell wachsenden Bevölkerungsgruppe hinweisen. Natürlich kann ich auch immer wieder die Nöte der Erkrankten und ihrer Angehörigen erwähnen. Ich kann versuchen, interessante Projekte von zivilgesellschaftlichen Institutionen oder

Initiativen von Einzelpersonen zu unterstützen. Tatsächlich wurde die Thematik auch in verschiedenen Ressorts von der katholischen Körperschaft in deren Schwerpunktemassnahmen für die laufende Legislatur (2023–2027) aufgenommen.

*Bewegt Sie als Theologe ein besonderer Wunsch?*

Als römisch-katholischer Theologe ist es mir nicht zuletzt ein Anliegen, die Stärken der katholischen Liturgie zu betonen. Mit ihrem repetitiven Ablauf und ihren auf Empfindungen basierenden Ritualen vermag sie manchen Erkrankten einen spirituellen Zugang zu eröffnen. Gerade wenn z. B. der sprachliche Inhalt der Predigt nicht mehr verstanden werden kann, bleibt es möglich, an musikalische oder sinnliche Erinnerungen anknüpfen.

*Die Fragen stellte Veronika Bachmann.*

# Demenz auf der Leinwand
## Film als Ressource und Medium der Auseinandersetzung

Kirsten Jäger

Eine Möglichkeit, sich dem Thema Demenz in der Gemeinde- und Bildungsarbeit anzunähern, sind Filme. Sie sind geeignet, um Informationen zu erhalten, sich an das Thema heranzutasten oder mit anderen darüber ins Gespräch zu kommen. Filme können Demenzerkrankte und Mitbetroffene, z. B. Angehörige oder Freund:innen, in ihrer Situation ansprechen. Sie können beruflich mit Demenz Beschäftigten wie Pflegefachpersonen, Sozialarbeiter:innen oder Vertreter:innen von Behörden und Ämtern wertvolle Impulse liefern und, wo nötig, zur Sensibilisierung beitragen. Und sie können Menschen, die keinen näheren Bezug zum Phänomen haben, an das Thema heranführen, Hemmschwellen und Berührungsängste abbauen. Relativ neu ist, dass es eigens für Menschen mit Demenz konzipierte Filme gibt. Filme können hier zum Wohlbefinden beitragen, beruhigend oder aktivierend wirken.

In diesem Beitrag gehe ich zunächst auf Spielfilme ein, in denen Demenz eine Rolle spielt (1), dann, sehr viel knapper, auf dokumentarische Formate zum Thema (2) und schliesslich auf ein speziell auf demenzerkrankte Personen ausgerichtetes Format (3). Den Abschluss bilden einige praktische Hinweise zur Arbeit mit Filmen (4).

### 1 Spielfilme mit dem Thema Demenz

Um das Thema Demenz drehen sich mittlerweile zahlreiche Spielfilme:[1] Langspielfilme, manche davon oscarprämiert, ebenso wie kürzere Filme, die sich besonders für den Bildungskontext eignen. Die Intentionen und Zielrichtungen können dabei sehr unterschiedlich sein. Während die Demenz

---

1   Dennis Henkel spricht mit Blick auf die letzten Jahre sogar von einer «explosionsartig ansteigenden Zahl an Filmproduktionen», die zudem mit einer starken Erweiterung des Genre-Spektrums einhergehe, siehe Henkel (Hg.), Demenz im Film V.

in manchen Filmen – nicht nur, aber auch – im Dienst der Erzählstruktur (Storyline) steht, geht es in anderen Filmen vorranging darum, eine Annäherung an das Thema zu ermöglichen. Aus dieser grossen Bandbreite werden im Folgenden markante Beispiele exemplarisch vorgestellt.

*(a) Unterhaltende Filme, die für das Thema sensibilisieren*
Auch wenn die Demenzerkrankung einer Haupt- oder Nebenfigur in einem Film vor allem narrative Funktion hat, kann die Demenz feinfühlig und treffend dargestellt sein, sowohl was die Symptomatik und die Folgen der Erkrankung (für die Person selbst und für ihr Umfeld) als auch was den Umgang der Umgebung mit der demenzerkrankten Person angeht. Ausserdem werden in der Demenz mitunter allgemeinmenschliche, zwischenmenschliche, gesellschaftliche oder politische Fragen verdichtet.

**Small World**
*F/D, 2010; 93 Min.; Regie und Drehbuch: Bruno Chiche*
Im Drama *Small World*, der Verfilmung von Martin Suters gleichnamigem Roman, schafft die Alzheimer-Demenz der Hauptfigur eine bestimmte Ausgangslage und treibt die Erzählung zugleich voran. So bringt die Verschlechterung seines Zustands es mit sich, dass der Hauptcharakter Konrad bei seiner Familie einzieht. Typische demenzielle Symptome wie Lücken im Kurzzeitgedächtnis zusammen mit verstärkten Erinnerungen an die weit zurückliegende Vergangenheit (Kindheit) machen die Familie zunehmend nervös, weil dadurch deren dunkles Geheimnis ans Licht zu kommen droht. Die Darstellung greift somit charakteristische Symptome der Demenz auf, zugleich dienen diese der Story (Rückkehr eines verdrängten Familiengeheimnisses). Erinnern und Vergessen bzw. Zeit und Vergangenheit sind indes auch Kernthemen der Geschichte. Die beiden zentralen Figuren Thomas Senn (Niels Arestrup) und Konrad Lang (Gérard Depardieu) sind durch einen gegensätzlichen Umgang mit dem Erinnern bzw. mit der Vergangenheit gekennzeichnet. Thomas versucht verzweifelt zu vergessen – was ihm mit Hilfe von Alkohol auch einigermassen gelingt – und flüchtet sich in die Gegenwart, Konrad hingegen verliert die Gegenwart zunehmend und lebt immer mehr in der Vergangenheit. Er ist gleichsam Anwalt der Erinnerung.

Der Film bemüht sich um eine glaubwürdige und sorgfältige Darstellung von Demenz. Durch die tragikomische Hauptfigur schafft er Verständnis für die Lebenssituation eines an Demenz Erkrankten. Die junge Simone

Senn (Alexandra Maria Lara) ist ein positives Beispiel dafür, wie ein taktvoller und würdigender («validierender»[2]) Umgang mit Demenzbetroffenen aussehen kann. Dies im Kontrast zu Simones zynischem Verlobten Philippe und anderen Familienmitgliedern. Auch die Wiederannäherung der beiden ungleichen «Brüder» Thomas und Konrad am Ende des Films hat etwas Versöhnendes und Hoffnungsvolles.

Der Film bietet somit Modelle für einen wertschätzenden Umgang mit dem Thema Demenz und schlägt gleichzeitig den Bogen zu allgemeineren Themen (Älterwerden, Zeit, Werden und Vergehen, Beziehungen), die zur *conditio humana* gehören.[3] Dank seiner Themenbreite ist der Film vielseitig einsetzbar, im Bildungs- wie auch im Gemeindekontext.

**Honig im Kopf**
*D, 2014; 139 Min.; Regie: Til Schweiger, Lars Gmehling; Drehbuch: Hilly Martinek, Til Schweiger*

Dem Genre Tragikomödie zuzuordnen ist der Film *Honig im Kopf*. Mit seiner heiteren Grundstimmung tendiert er eher in Richtung Komödie,[4] wohl auch deshalb, weil er sich gleichermassen an ein kindliches, jugendliches und erwachsenes Zielpublikum richtet.

Erzählt ist der Film aus der Perspektive der 11-jährigen Tilda. Sie schildert die sich immer deutlicher zeigenden Eigenarten ihres Opas Amandus, die sich im Laufe des Films als Folgen einer Alzheimererkrankung heraus-

---

2   Validation ist eine von Noemi Feil begründete, auf Wertschätzung basierende Kommunikationsmethode, die die Realität des Gegenübers respektiert. Vgl. Angela Mühlegg-Weibel, «Man muss es eben so nehmen, wie es kommt» – Einfühlende Kommunikation mit Menschen mit Demenz, in: Bopp-Kistler (Hg.), Demenz 268–270. Vgl. zur Methode auch die Ausführungen von Samuel Vögeli in diesem Band S. 143.

3   In ähnlicher Weise tun dies die *Kommissar-Wallander*-Filme nach den Kriminalromanen von Henning Mankell. Das Älterwerden wird dort wiederholt thematisiert, bevor in den letzten Episoden die Alzheimerdiagnose des Kommissars ins Spiel gebracht wird. Vgl. *Mankells Wallander* (S, bis 2014; SF Films/ARD Degeto u.a.; Hauptdarsteller: Krister Henriksson) und *Kommissar Wallander* (GB, bis 2016; BBC; Hauptdarsteller: Kenneth Branagh).

4   Anders als etwa der Film *Die Vergesslichkeit der Eichhörnchen* (D, 2020; 109 Min.; Regie und Drehbuch: Nadine Heinze, Marc Dietschreit), der schonungslos und bissig Problemanzeigen und Missstände in der häuslichen Pflege von betagten und demenzkranken Personen vorführt.

stellen. Von Tilda, die die Diagnose durchaus versteht, werden diese Symptome immer wieder aus kindlicher Perspektive umgedeutet (so ist Opa eben «ein bisschen anders als andere Opas»).[5] Anders als ihre Mutter, die die Verhaltensauffälligkeiten von Amandus als Defizite benennt, und ihr Vater, der diese einfach ignoriert, findet Tilda einen Weg, diese mit einem verständnis- und liebevollen Blick zu betrachten. Immer wieder reagiert sie mit Heiterkeit, würdigt aber auch die eigentümliche Weisheit, die in manchen Aussagen ihres Opas liegt.

Einige Kritiker werfen dem Film *Honig im Kopf* Verharmlosung vor.[6] An Tildas Reaktionen wird jedoch ebenfalls ein validierender[7] Umgang mit der demenzerkrankten Person illustriert. Am Ende lassen sich die Eltern von ihr überzeugen, sich Amandus gleichfalls mit mehr Verständnis zuzuwenden und sich Zeit für die Betreuungsaufgabe freizuschaufeln. Ein weiterer Kritikpunkt ist der wertkonservative Zug der Story.[8] Von der Schwiegertochter wird erwartet, dass sie ihre beruflichen Ambitionen zurückstellt, um den erkrankten Schwiegervater zu pflegen oder zumindest zu unterstützen, was sie schliesslich auch tut. Enkelin Tilda erfüllt ebenfalls genderbezogene Erwartungen, indem sie liebevoll und fürsorglich agiert – und dafür schon auch mal die Schule vernachlässigt. Im Film erwähnt, aber nicht vertieft, wird die Frage von Sexualität im Alter und speziell bei Demenz.[9]

---

5   In der Terminologie der Systemischen Therapie könnte man von einem Reframing sprechen. Vgl. auch Stuck, Seelsorge für Menschen mit Demenz 66–86.
6   Vgl. z. B. David Hugendick, «Alzheimer im Film: Ich vergisst sich», in: ZEIT online, 25. Februar 2015. URL: https://www.zeit.de/kultur/film/2015-02/alzheimer-film-still-alice-honig-im-kopf/komplettansicht (29.2.2024). Hannah Poltrum vermutet, dass die geschönte Darstellung aus Rücksicht auf das auch aus Kindern bestehende Publikum erfolgt. Vgl. Hannah Poltrum, Das Mädchen mit dem Opa, der *Honig im Kopf* hat, in: Henkel (Hg.), Demenz im Film 53–66, 64.
7   Vgl. Anm. 2.
8   Vgl. Hannah Poltrum, Das Mädchen mit dem Opa, der *Honig im Kopf* hat, in: Henkel (Hg.), Demenz im Film 53–66, 64, mit Bezug auf Herwig, Filmische Tragikomödien über Demenz 37–66, 55.
9   Vgl. die Ausführungen in Stuck, Demenz und Gender, v. a. 85.

**Romys Salon**
*NL/D, 2019; 90 Min.; Regie: Mischa Kamp; Drehbuch: Tamara Bos*

*Honig im Kopf* und ebenso der in den Niederlanden spielende Film *Romys Salon* sind nicht nur Filme über Demenz, sondern gleichzeitig auch Coming-of-age-Filme, die sich um eine jugendliche Hauptfigur drehen. In dieser Hauptfigur wird zum einen die Demenz der betroffenen Person gespiegelt, zum anderen die Reaktion des (erwachsenen) familiären Umfelds.

Während dies in *Honig im Kopf* Sohn und Schwiegertochter sind, sind es in *Romys Salon* Tochter und Ex-Schwiegersohn der Erkrankten: Stine, eine selbstbewusste, schöne Frau und stolze Betreiberin eines Frisörsalons, kümmert sich, anfangs widerwillig, um ihre Enkelin Romy, lernt deren Gesellschaft und Unterstützung im Frisörsalon jedoch zunehmend schätzen. Erst nach einer Weile lenkt der Film die Aufmerksamkeit auf kleine «Ausfälle» von Stine. Sie kann die Kasse nicht mehr machen – und delegiert diese Aufgabe kurzerhand an Romy. Diese geniesst es, von Stine «gebraucht» zu werden, ist aber durch die Last der Verantwortung und durch Stines Verhalten teilweise überfordert. Ihre berufstätige alleinerziehende Mutter ebenso wie der sporadisch auftauchende Vater fallen als Ansprechpersonen weitgehend aus.

In den Blick genommen wird auch hier hauptsächlich das Umfeld und dessen Umgang mit der demenzerkrankten Person. Einblicke in das Erleben der Betroffenen werden in *Romys Salon* wie auch in *Honig im Kopf* konsequent aus der Perspektive des Mädchens erzählt. Wie in anderen Filmen[10] wird der schleichende Beginn der Alzheimererkrankung dargestellt und der Prozess hin zur allmählichen Akzeptanz der eigenen Lage gezeigt, wobei sich das «Verdrängen» bzw. das Fokussieren auf das, was man alles noch kann, durchaus auch als Form der Selbstsorge begreifen lässt.[11]

Beiden Filmen, *Honig im Kopf* und *Romys Salon*, ist eine humorvolle Leichtigkeit eigen. Ohne die schwierigen Aspekte der Situation auszublenden, wird eine konsequent positive und lebensbejahende[12] Herangehens-

---

10 V. a. *Still Alice*, vgl. S. 237–239.
11 Vgl. zum Stichwort Selbstsorge den Beitrag von Franzisca Pilgram-Frühauf in diesem Band, S. 85–94. Zu den zahlreichen Aspekten von Selbstsorge vgl. Heinrich Grebe, Selbstsorge von Menschen mit Demenz – ein Überblick, in: Zimmermann/Peng-Keller (Hg.), Selbstsorge bei Demenz 33–58.
12 Dies obwohl oder vielleicht gerade weil Stine im Film *Romys Salon* auch die Suizidthematik offen anspricht.

weise gewählt. Die Filme eignen sich daher als Familienunterhaltung mit Tiefgang oder für Generationenanlässe in der Gemeinde. Ausschnittweise lassen sie sich auch im Bildungskontext einsetzen – zur kritischen Betrachtung wie auch, um wesentliche Themen im Zusammenhang mit Demenz herauszuarbeiten und zu besprechen.

*(b) Biografische Filme über eine erkrankte Person*
Einen weiteren Typus von Spielfilm bilden biografische Porträts, in denen Demenz eine Rolle spielt.[13] Sie würdigen eine reale Person (ihr Leben oder Teile bzw. Aspekte daraus) und fokussieren zugleich auf die Herausforderungen der Demenzerkrankung in deren vorletztem oder letztem Lebensabschnitt.

**Iris**
*GB/USA, 2001; 87 Min.; Regie: Richard Eyre; Drehbuch: Richard Eyre, Charles Wood*

Ein gutes Beispiel für eine solche Darstellung ist *Iris*. Der ausgesprochen poetische Film erzählt aus dem Leben der Schriftstellerin und Philosophin Iris Murdoch.[14] Dabei verschränkt er Rückblenden auf ihr Leben als junge Frau (Kate Winslet) mit der Gegenwart, in welcher die nun ältere Iris (Judi Dench) einerseits Erfolge feiert, andererseits erste Anzeichen einer Demenz vom Typ Alzheimer zeigt. Besonders beleuchtet wird – in der Gegenwart wie auch in der Vergangenheit – die Partnerschaft zwischen Iris und ihrem Ehemann John Bayley. Porträtiert wird zuallererst ihrer beider Liebe. Auch Schwieriges wird dabei nicht verschwiegen. Etwa Iris' Affären mit Männern und Frauen, die für ihren Mann sehr herausfordernd sind, und natürlich die Belastungen durch die Erkrankung, die eindrücklich geschildert werden (Verlust der Ehefrau als Partnerin,[15] anstrengende Sym-

---

13 Dabei handelt es sich oft nicht um klassische *Biopics*, die in fiktionalisierter Form das Leben einer historischen Figur darstellen. Vgl. dazu auch Axel Karenberg/Hans Förstl, Vom familiären Drama in *Iris*, in: Henkel (Hg.), Demenz im Film 13–24, 14.
14 Der Film basiert auf dem Buch *Elegy for Iris: A Memoir*, das ihr Ehemann John Bayley nach Murdochs Tod veröffentlichte.
15 Vgl. Irene Bopp-Kistler, Einmal nach nirgendwo, in: dies. (Hg.), Demenz 131–140; Boss, Da und doch so fern, v. a. 32–65.

ptome wie Shadowing[16], Verwahrlosung des Hauses aufgrund der überfordernden Situation). *Iris* streicht an zahlreichen Stellen den Kontrast heraus, dass ausgerechnet sie, die grosse Literatin, die sprachliche Banalitäten denkbar schlecht ertrug, durch die Erkrankung die Gabe der Sprache mehr und mehr verliert. Zugleich wird gezeigt, dass sie gleichsam eine neue Sprache lernt bzw. auf einer anderen, nicht verbalen Ebene Fähigkeiten hinzugewinnt.

Der Film würdigt auf ernsthafte und kunstvolle Weise eine bedeutende Person und Schriftstellerin. Wir erfahren, was für ein Mensch sie war, was ihr wichtig war, aber auch, wie sich ihre Prioritäten durch und während ihrer Demenzerkrankung verschoben haben. Geeignet ist der Film mit seiner Fülle an poetischen Aussprüchen und Zitaten nicht nur für die Gemeindearbeit, sondern auch für die kirchliche oder schulische Bildungsarbeit.

*(c) Fiktionale Lebensgeschichten*
Den biografischen Filmen verwandt sind fiktionale Filme über eine an Demenz erkrankte Person. Diese können biografisch oder autobiografisch inspiriert sein. Auch hier wird auf das Leben und die Krankheitsgeschichte der Person geblickt und zugleich auf die Beziehungen, die angesichts der demenziellen Erkrankung herausgefordert sind: Ehe oder Partnerschaft, Mutter-Tochter-Beziehung, Vater-Sohn-Beziehung etc.

**Still Alice – Mein Leben ohne Gestern**
*USA, 2014; 101 Min.; Regie und Drehbuch: Richard Glatzer, Wash Westmoreland*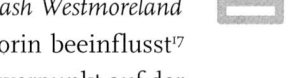
Der Spielfilm *Still Alice* ist von Erfahrungen der Autorin beeinflusst[17] und beschreibt eine fiktive Lebensgeschichte mit dem Schwerpunkt auf der Lebensphase, in der die Demenz einsetzt: Die Linguistikprofessorin Alice Howland erkrankt im Alter von 50 Jahren an Alzheimer mit frühem Beginn

---

16  Vgl. Irene Bopp-Kistler, Von Sein und Verhalten, in: Bopp-Kistler (Hg.), Demenz 154–160, 154: «Wenn Demenzbetroffene sich verloren fühlen, hängen sie sich auf Schritt und Tritt wie ein Schatten an die Angehörigen (‹shadowing›).»
17  Der dem Film zugrunde liegende Roman der Neurowissenschaftlerin Lisa Genova trägt autobiografische Züge. Vgl. Tobias Eichinger, Wie fühlt es sich wohl an, dement zu werden? Der untypische Genre-Klassiker *Still Alice*, in: Henkel (Hg.), Demenz im Film 38–51, 40.

(auch familiäre Alzheimer-Krankheit genannt[18]). Der frühe Beginn ist denn auch einer der in diesem Film besonders eindrücklich dargestellten Aspekte der Erkrankung. Eine Person, die mitten im Leben steht und berufliche wie familiäre Aufgaben stets souverän gemeistert hat, verliert allmählich die Kontrolle über Dinge, die ihr bislang aussergewöhnlich leichtfielen.

Der Film gibt medizinischen Informationen viel Raum. Neben Diagnose und Prognose der Erkrankten geht es auch um ethische Fragen, z. B. die zur genetischen Diagnostik für möglicherweise ebenfalls betroffene Angehörige. Berührend ist die Situation der positiv getesteten Tochter Anna, die nun ihre ganz eigenen Herausforderungen zu meistern hat, im Hinblick auf ihr Leben und auf das ihrer (zukünftigen) Kinder. Auch die Situation des an sich unterstützungswilligen Ehemannes John erscheint nachvollziehbar, der dennoch seine Karriere nicht aufgeben möchte oder zumindest eine Auszeit braucht. Umso mehr beeindruckt die innerhalb der Familie eher am Rand stehende Tochter Lydia, die bereit ist, sich unvoreingenommen auf alles, was kommt, einzulassen.

Im Film werden zahlreiche Facetten des Demenzkomplexes aufgegriffen, so z. B. das Gefühl der Scham. Alice fühlt sich durch ihre Erkrankung stigmatisiert und isoliert. Gezeigt werden aber auch Formen der Selbstsorge und Selbstkompetenz.[19] So nutzt Alice gezielt technische Hilfsmittel (wie das Scrabble-Spiel mit ihrer Tochter und die Erinnerungsfunktion ihres Handys), um ihre Kognition zu trainieren und nachlassende Leistungen zu kompensieren.

Die aus dem Film *Honig im Kopf* bekannte Frage «Wie fühlt sich das an?»[20] begegnet auch in *Still Alice*. Hier ist es Lydia, die die Mutter fragt. Diese würdigt die Frage mit den Worten «Danke, dass du gefragt hast».[21] Als zentrales Motiv im Film kristallisiert sich die Frage nach den Beziehun-

---

18   Andere Bezeichnungen sind Early-onset Alzheimer-Demenz oder Early-onset FAD (Familiar Alzheimer Disease). Die Vererbbarkeit dieses Typs von Alzheimer ist ein wichtiger Aspekt, der im Film thematisiert wird.
19   Vgl. Heinrich Grebe, Selbstsorge von Menschen mit Demenz – ein Überblick, in: Zimmermann/ Peng-Keller (Hg.), Selbstsorge bei Demenz 33–58, 43.
20   Dort stellt die Enkelin (Tilda) die Frage ihrem Grossvater (Amandus), worauf dieser mit den titelgebenden Worten antwortet.
21   Zum ganzen Dialog vgl. Tobias Eichinger, Wie fühlt es sich wohl an, dement zu werden? Der untypische Genre-Klassiker *Still Alice*, in: Henkel (Hg.), Demenz im Film 38–51, 51.

gen heraus, die für die an Demenz erkrankte Person tragend sind und die Schwere der täglichen Herausforderungen zu lindern vermögen. Zusammengefasst wird dies im letzten Dialog des Films zwischen Alice und Lydia. Als die Tochter, die Schauspielerin ist, ihre Mutter fragt, worum es in einem von ihr rezitierten Text[22] geht, antwortet diese: «Love». Die Tochter bekräftigt: «Yeah, Mom. It was about love»![23]

Der Film *Still Alice* richtet sich an ein breites Publikum und ist daher für jeden interessant, der sich dem Thema annähern mag. Fiktionale Lebensgeschichten wie diese ermöglichen Identifikation. Die Einfühlung in die aktive und selbstbestimmte Alice Howland fällt auch jüngeren Menschen leicht. Ihr Schicksal trifft genau die Ängste, die viele Menschen mit Blick auf Demenz haben. Der Film, der auch Suizidgedanken offen anspricht, zeigt, dass ein Leben mit Demenz nicht das Ende bedeuten muss. Insbesondere wenn liebende Menschen einem zur Seite stehen und sich in diesen Beziehungen durch die Erkrankung auch neue, hoffnungsvolle Möglichkeiten auftun.

*(d) Dramen rund um Demenz*
Filmische Dramen drehen sich oft um familiäre Beziehungen und erlauben die Identifikation mit Angehörigen einer demenzerkrankten Person; in «guten» wie «schlechten», in glücklichen wie verzweifelten, in kompetenten wie auch heillos überforderten Momenten.[24]

---

22 Einer Passage aus dem Theaterstück *Angels in America* von Tony Kushner.
23 Wie wichtig solche Formen der Resonanz sind, beschreiben Harm-Peer Zimmermann und Simon Peng-Keller in ihren Ausführungen zur Tanz- und Bewegungstherapie. Vgl. dies. (Hg.), Selbstsorge bei Demenz 26 f.
24 Vgl. z. B. die Filme *Nebelgrind – Eine berührende Geschichte über das Vergessen* (CH, 2012; 89 Min.; Regie: Barbara Kulcsar; Drehbuch: Josy Meier, Eveline Stähelin) und *Mein Vater* (D, 2003; 90 Min.; Regie: Andreas Kleinert; Drehbuch: Karl-Heinz Käfer).

**The Father**

*GB/F/USA, 2020; 98 Min.; Regie: Florian Zeller; Drehbuch: Christopher Hampton, Florian Zeller*

Einen anderen Fokus wählt der vielfach nominierte und ausgezeichnete Film *The Father* mit Anthony Hopkins in der Hauptrolle. *The Father* stellt fast ausschliesslich das Erleben des an Demenz Erkrankten ins Zentrum. Die immer wieder anders aussehende Wohnung, Personen, die nicht die sind, die sie zu sein scheinen, durcheinandergeratene Zeitebenen und der Verlust einer klaren Chronologie sind filmisch meisterhaft dargestellt.

Die Hauptfigur lädt zunächst wenig zur Identifikation ein. Zu Beginn fühlt man sich den Angehörigen näher, die offensichtlich unter der belastenden Situation leiden. Mehr und mehr versteht man jedoch die Sicht und das Erleben des Erkrankten. Gefühle der Verwirrtheit, Desorientierung und Beunruhigung beginnen sich auf die Zuschauenden zu übertragen. Am Ende des Films finden wir uns zusammen mit Anthony im Pflegeheim wieder, wo er in herzergreifenden Worten den Zerfall seiner Persönlichkeit verbalisiert («Ich fühle mich, als ob ich alle meine Blätter verlieren würde.»). Das Verständnis und die Umarmung der Pflegerin und die im Vergleich zu vorher stabilere Umgebung lassen auf einen friedlicheren Fortgang der Geschichte hoffen.

Mehr als andere Filme hebt *The Father* somit auf eine Innenperspektive der Demenzerkrankung ab. Kamerafahrten, die nie dort enden, wo man es vermutet, aus dem Nichts kommende Stimmen und aufwühlende Musik machen den Verlust an Realität und Orientierung fühlbar. Nebst Gefühlen macht der Film auch «schwierige» Verhaltensweisen des Protagonisten verständlich und zeigt das Überfordernde mancher Erwartungen auf, die an Demenzerkrankte gerichtet werden.

*The Father* schafft eine beklemmende Atmosphäre. Wo andere Filme in Gefahr sind, zu stark zu harmonisieren und womöglich zu verharmlosen, überlässt dieser Film die Verarbeitung beunruhigender Gefühle weitgehend den Zuschauenden. Durch seine mutige und konsequente Anlage weckt der Film jedoch Verständnis und wirft uns als Betrachtende auf uns selbst zurück. Wie sicher ist unsere Wahrnehmung? Was ist wahr? Vor allem aber: Was gibt Halt, wenn nichts mehr hält? Wen oder was brauchen wir, um eine solche Situation ertragen zu können? Diese Stärke und die grossartige schauspielerische Leistung machen den Film faszinierend und unbedingt sehenswert. Zielgruppe des Films können An- oder Zugehörige von Menschen mit Demenz sein sowie Pflegende und Angehörige anderer Berufsgruppen, die mit Demenzerkrankten arbeiten.

*(e) Kunstfilme im Kurzformat*
Auch Kunstfilme rücken das Erleben demenzbetroffener Personen in den Fokus und streifen dabei Beziehungsthemen oder zeigen Wege auf, wie die Situation der demenzerkrankten Person erleichtert und ihre Würde gewahrt werden kann.

**Late afternoon**
*IRL, 2017; 9 Min.; Regie und Drehbuch: Louise Bagnall*

So z. B. der Kurzanimationsfilm *Late Afternoon*, der die Wahrnehmung der demenzerkrankten Person in Zeichentrickbildern nachvollziehbar macht. Durch eine zweite Person wird ein Beispiel für einen einfühlsamen, wertschätzenden Umgang vorgeführt. Die beiden Figuren erleben schliesslich einen kurzen, aber ergreifenden Moment der Begegnung und des Erkennens.

Der Film weckt Hoffnung. Zwar stellt auch er ohne falsche Versprechungen den Verlust von Erinnerungen und Gedächtnisinhalten dar. Doch durch die Musik und die Zugewandtheit der pflegenden Person – die sich am Schluss des Films als Tochter entpuppt – verlieren die Bilder ihren Schrecken. Dem Verlorengehen oder Abhandenkommen werden lebensgeschichtliche Bilder des Erreichens und Wiederfindens und des Trostes entgegengestellt. Die Zukunft wird anders sein, aber man darf hoffen, dass auch sie in einem geborgenen und mitfühlenden Umfeld situiert sein wird.

**Herbst**
*D, 2020; 14 Min.; Regie: Greta Benkelmann; Drehbuch: Ellen Holthaus*

Zahlreiche Aspekte aller bisher genannten Filme sind im Kurzspielfilm *Herbst* vereint. Auch hier steht die demenzkranke Person mit ihrem Erleben und Handeln im Zentrum. Das macht schon der Anfang des Films deutlich, wo Theo, ein 65-jähriger, topfit wirkender Mann, im Tattoo-Studio sitzt. Erst nach einigen Sekunden sehen wir seine Tätowierung, die auf eine vorhandene Problematik und bereits auch auf eine Form des dezidierten Umgangs damit hindeutet. Quer über seine Brust tätowiert stehen die Worte: «Bitte nicht reanimieren!».

Neben Themen wie Freundschaft, Lebensfreude, Lebenssinn und Glück ist in diesem Film die Frage der Selbstbestimmung zentral. Sie wird, wie so oft im Kurzfilm, in verdichteter Form präsentiert. Was im wirklichen Leben seine Entsprechung in ausführlichen Überlegungen, Gesprächen und schliesslich in Massnahmen rund um Vorsorgethemen[25] hat, komprimiert der Film im Bild der Tätowierung. Was ist das Leben noch, wenn vieles nicht mehr funktioniert und man immer abhängiger wird? Theo schwankt zwischen Momenten, in denen ihn die Lust am Leben verlässt, und Momenten der ausgelassenen Lebensfreude und der Dankbarkeit. Der Film zeigt die Bedeutung des Umfelds auf, in diesem Fall Freunde und Bekannte. Nicht zuletzt sie sind es, die Theo den Lebensmut wiederholt zurückbringen. Theo trägt indes selbst einiges zu diesen sozialen Ressourcen bei, indem er die zu seiner Geburtstagsfeier eingeladenen Freunde über seine Demenzerkrankung informiert. Damit hilft er ihnen, seine Lage zu verstehen und ihn besser unterstützen zu können.[26]

Filme wie *Herbst* zeigen, wie wichtig ein Menschenbild ist, das nicht nur im Falle von Gesundheit, Unabhängigkeit, Fitness etc. «funktioniert», sondern auch im Falle von Krankheit und einem zunehmenden Angewiesensein auf Unterstützung und Pflege.[27] Eindrücklich wird veranschaulicht, wie schwierig der Balanceakt zwischen Autonomie und Interdependenz ist – aber auch wie ein Gleichgewicht gelingen kann.

## 2 Dokumentarische Filme

Für die Arbeit zum Thema Demenz lassen sich auch dokumentarische Formate nutzen. Dazu zählen Informations- und Wissenschaftssendungen wie z. B. *Planet Wissen: Erinnern und Vergessen – So funktioniert unser Gedächt-*

---

25   Etwa Inanspruchnahme von Beratung, Erstellen eines Vorsorgeauftrags, Verfassen einer Patientenverfügung etc.
26   Vgl. Thomas Fuchs, Die leibliche Kontinuität des Selbst, in: Zimmermann/ Peng-Keller (Hg.), Selbstsorge bei Demenz 59–76, 68.
27   Vgl. Sebastian J. Moser/Paul-Loup Weil-Dubuc, Unsichtbare Selbstsorge? Neurodegenerative Erkrankungen zwischen biomedizinischer «Überbelichtung» und *In-der-Welt-sein*, in: Zimmermann/ Peng-Keller (Hg.), Selbstsorge bei Demenz 168–188, 181f., v.a. 181: «Für die Care-Philosophie ist ... der Tatbestand der menschlichen Interdependenz ausschlaggebend dafür, Autonomie und Verantwortung als relativ zu begreifen».

*nis*[28] oder *SRF Puls: Alzheimer hautnah*[29], oder auch Talk-Formate wie z. B. *SRF Sternstunden – Sternstunde Philosophie: Demenz – Wer sind wir, wenn wir alles vergessen?*[30]. Die Sendungen vermitteln Grundkenntnisse zum Thema und liefern Informationen, die auch für Demenzerkrankte und deren An- und Zugehörige wertvoll sein können.[31] Sie greifen Fragen auf, die «auf den Nägeln brennen», sowie gesellschaftliche Debatten und ermöglichen einen emotionalen Zugang zum Thema. Dies gelingt nicht zuletzt dadurch, dass in der Sendung Demenzbetroffene zu Wort kommen oder porträtiert werden (etwa durch Filmausschnitte) und der Thematik gewissermassen ein Gesicht geben.

Daneben gibt es Reportagen, die auf Einzelaspekte der Demenz fokussieren und häufig gesellschaftlich etwas in Bewegung bringen wollen, und Dokumentarfilme, die einen sachlich-informierenden oder einen (auto-)biografischen Zugang haben können. Zu nennen ist z. B. der ausgesprochen persönlich gestaltete Film *Vergiss mein nicht – Wie meine Mutter ihr Gedächtnis verlor und meine Eltern die Liebe neu entdeckten*[32]. Hier gestaltet ein Sohn, David Sieveking, ein filmisches Porträt seiner Mutter Gretel, die ihm durch

---

28  *Planet Wissen: Erinnern und Vergessen – So funktioniert unser Gedächtnis*, Sendung vom 28. Juni 2023 (Wiederholung vom 2. November 2022), 59:17 Min., UT, verfügbar bis 02.11.2027 SWR. URL: https://www.planet-wissen.de/video-erinnern-und-vergessen--so-funktioniert-unser-gedaechtnis-100.html (29.02.2024).

29  *SRF Puls: Alzheimer hautnah*. Reihe in sieben Folgen (aus Puls-Sendungen zwischen 2012 und 2016); auf der Website verlinkt sind weitere Videos, Artikel und Audios zum Thema. URL: https://www.srf.ch/sendungen/puls/serien/alzheimer-hautnah-2 (29.02.2024).

30  *SRF Sternstunden – Sternstunde Philosophie: Demenz – Wer sind wir, wenn wir alles vergessen?*, Sendung vom 10. September 2023. Barbara Bleisch im Gespräch mit Irene Bopp-Kistler, Geriaterin und Demenz-Expertin, und mit Michael Jungert, Philosoph und Biologe. URL: https://www.srf.ch/play/tv/sternstunde-philosophie/video/demenz---wer-sind-wir-wenn-wir-alles-vergessen?urn=urn:srf:video:9b028df9-3e52-4aa1-9971-4f6bf1dd3f8d (29.02.2024).

31  Zum Beispiel Kontakt- und Anlaufstellen für (Mit-)Betroffene. Hier lohnt es sich jeweils, die zur Sendung gehörigen Websites zu konsultieren.

32  *Vergiss mein nicht – Wie meine Mutter ihr Gedächtnis verlor und meine Eltern die Liebe neu entdeckten* (D, 2012; 88 Min. + Zusatzfilme; Regie: David Sieveking).

ihre Alzheimererkrankung immer ferner rückt.[33] Ein Dokumentarfilm, der beim Porträtieren zurückhaltender und sehr sorgfältig vorgeht, ist *Glück im Vergessen?*[34] von Marianne Pletscher. *Glück im Vergessen?* begleitet Menschen, die eine Demenzdiagnose erhalten haben, und zeigt sie in ihrem Lebensalltag. Daneben erhält die Expert:innensicht, vertreten vor allem durch Irene Bopp-Kistler, viel Gewicht und hilft, die gezeigten Situationen sowie die Aussagen der Demenzbetroffenen und ihrer Angehörigen einzuordnen.[35]

### 3 Filme für Menschen mit Demenz

Unbedingt zu erwähnen ist eine weitere Art von Filmen, die seit einigen Jahren am Entstehen ist: Filme, die für Demenzbetroffene produziert werden. Kennzeichen dieser Produktionen sind ein langsames Tempo, wenig gesprochener Kommentar (dafür z. T. Einsatz von Musik), vertraute Themen und Situationen sowie die Verwendung von Leichter Sprache.[36]

Beispiele finden sich auf der Website *Ilses weite Welt*[37]. Im Clip *Unser schöner Garten* kann einer Hobbygärtnerin bei der Gartenarbeit zugeschaut werden, der Clip *Hunde – unsere treuen Freunde* begleitet Vierbeiner in verschiedenen Alltagssituationen. Beim Zuschauen und Zuhören – auf der Tonspur erklingt angenehme klassische Musik – können die Filme beruhigend oder auch aktivierend wirken. Der Clip *Musik – gemeinsam*

---

33 Kritisch zu bemerken ist, dass die Mutter bei Beginn des Filmprojekts bereits nicht mehr einwilligungsfähig war und heiklen Entscheidungen (z. B. dem Lesen und Zitieren ihrer Tagebücher) nicht zustimmen oder widersprechen konnte. Solche heiklen Punkte und damit verbundene ethische Fragestellungen sollten angesprochen werden, wenn der Film in der Gemeinde- oder Bildungsarbeit eingesetzt wird. Im Bonusmaterial auf der DVD finden sich Interviews und Podiumsgespräche, die das Thema aufnehmen.

34 *Glück im Vergessen? Geschichten von Demenzkranken und ihren Betreuern* (CH, 2009; 50 Min.; Regie: Marianne Pletscher).

35 Unter Marianne Pletschers vielseitigem Schaffen zum Thema Demenz finden sich weitere Filme, z. B. *Sinn und Hoffnung finden im Umgang mit Demenzkranken* (2013). Ein neuer Film mit dem (vorläufigen) Titel «Es tut nicht weh». *Birgittas Leben für und mit Alzheimer* ist derzeit in Arbeit; URL: https://marianneplet scher.ch/pagina.php?0,0,0 (29.02.2024).

36 Zu den Prinzipien und Regeln der Leichten Sprache vgl. URL: https://www.leichte-sprache.org/ (29.02.2024).

37 *Ilses weite Welt*, Verantwortlichkeit: Sophie Rosentreter, Verlag: medhochzwei, URL: https://ilsesweitewelt.de/ (29.02.2024).

*singen* lädt dazu ein, in bekannte Lieder wie z. B. «Alle Vögel sind schon da» mit einzustimmen.[38]

## 4 Praktische und rechtliche Hinweise

Mit ihren höchst unterschiedlichen Herangehensweisen regen alle erwähnten Filme zur Auseinandersetzung und zu neuen Sichtweisen auf das Thema Demenz an. Eine Zusammenstellung der besprochenen, aber auch weiterer empfehlenswerter Filme findet sich in der Themensammlung auf der Homepage des in Zürich angesiedelten religionspädagogischen Medienzentrums *Relimedia* unter dem folgenden Link:

https://www.relimedia.ch/themensammlung/filme-zum-thema-demenz/

Das Medienzentrum *Relimedia* bietet insgesamt Medien für die Bereiche Religionen, Kirche, Ethik, Lebenskunde, (Religions-)Pädagogik und Didaktik an. Die Medien sind in Verleih, Verkauf und Download/Streaming erhältlich. Zielgruppen sind Unterrichtende im kirchlichen und schulischen Unterricht sowie Personen, die in der Bildungs- und Gemeindearbeit tätig sind. Die Nutzungsbedingungen können je nach Kantonalkirche unterschiedlich sein. Auskunft hierüber erhalten Sie direkt bei *Relimedia* bzw. auf der Website www.relimedia.ch.

Bei der Filmvorführung sind die rechtlichen Vorgaben zu beachten: Wenn Filme im Familien- und Freundeskreis sowie im schulischen oder kirchlichen Unterricht gezeigt werden, genügen dafür die *privaten Vorführrechte* (P-Rechte). Im Handel erhältliche und auch manche der in den Mediatheken angebotenen DVDs verfügen über private Vorführrechte. Wenn Filme ausserhalb eines klar umrissenen Unterrichtscurriculums und einer geschlossenen Gruppe (Kurs oder Klassenverband) gezeigt werden, braucht es dafür die *nichtgewerblichen öffentlichen Vorführrechte*. Diese müssen, sofern

---

38 Trailer finden sich auf YouTube, URL: https://www.youtube.com/watch?v=9OkFVRHxHdM; https://www.youtube.com/watch?v=elPRMNxp2MI; https://www.youtube.com/watch?v=3JYGfjyL-TE (29.02.2024).

nicht eine Mediathek die entsprechende Lizenz besitzt und im Verleih anbieten kann, käuflich erworben werden, z. B. bei einer Lizenzgesellschaft (in der Schweiz MPLC[39]), beim Filmproduzenten oder bei den Autor:innen.[40]

**Literatur**

Irene Bopp-Kistler (Hg.), Demenz. Fakten, Geschichten, Perspektiven, Zürich ³2022.

Pauline Boss, Da und doch so fern. Vom liebevollen Umgang mit Demenzkranken, hg. von Irene Bopp-Kistler, Marianne Pletscher, aus dem Amerikanischen von Theda Krohm-Linke, Zürich 2014.

Dennis Henkel (Hg.), Demenz im Film. Wie das Kino vergessen lernte, Berlin 2023.

Henriette Herwig, Filmische Tragikomödien über Demenz, in: dies./Maria Stuhlfauth-Trabert (Hg.), Alter(n) in der Populärkultur, Bielefeld 2022, 37–66.

David Hugendick, «Alzheimer im Film: Ich vergisst sich», in: ZEIT online, 25. Februar 2015, URL: https://www.zeit.de/kultur/film/2015-02/alzheimer-film-still-alice-honig-im-kopf/komplettansicht.

Lukas Stuck, Demenz und Gender – Praktisch-theologische Perspektiven, in: Die Geschlechter des Todes. Theologische Perspektiven auf Tod und Gender, hg. von Angela Berlis u. a., Göttingen 2022, 81–90.

Lukas Stuck, Seelsorge für Menschen mit Demenz. Praktisch-theologische Perspektiven im Kontext von spiritueller Begleitung, Stuttgart 2020.

Harm-Peer Zimmermann/Simon Peng-Keller (Hg.), Selbstsorge bei Demenz. Alltag, Würde, Spiritualität, Frankfurt a. M. 2021.

---

39   URL: https://ch.mplc.com/.
40   Weitere Angaben zum Urheberrecht finden sich bei URL: https://www.rkz.ch/was-wir-finanzieren/urheberrecht/ (29.02.2024) und https://www.evref.ch/wp-content/uploads/2023/04/202307_Merkblatt_Urheberrecht_d.pdf (29.02.2024).

# Weiterführende Informationen und Kontaktmöglichkeit

Die Dienststelle der römisch-katholischen Spital- und Klinikseelsorge des Kantons Zürich hat eine Webseite mit ausgewählten Literaturempfehlungen, Erfahrungsberichten, Podcasts und themenspezifischen Hinweisen eingerichtet. Die Inhalte der Seite werden kontinuierlich aktualisiert. Die Seite findet sich unter

URL: http://www.spitalseelsorgezh.ch/demenz

Demenzbetroffenen und Angehörigen, die ein spezifisches Seelsorgeangebot suchen, hilft die Dienststelle bei der Vermittlung einer geschulten Seelsorgeperson in der entsprechenden Wohnregion. Für Kirchgemeinden bietet sie Referate zum Themenfeld an. Anfragen sind über das Kontaktformular möglich.

URL: https://www.spitalseelsorgezh.ch/ueber-uns/kontakt

# Dank

Dieses Buch verdankt seine Existenz vielen Einzelpersonen, Gremien und Institutionen. Der grösste Dank gebührt den neunzehn Autorinnen und Autoren für ihr engagiertes Mitwirken, das Teilen ihres Wissens und ihrer Erfahrungen, aber auch der Katholischen Kirche im Kanton Zürich, die die Reihe herausgibt und die Einzelbände finanziert.

Ausdrücklich danken möchte ich allen, die dazu beitrugen, dass Kirche auch, aber nicht nur «römisch-katholisch» in den Blick kommt. Für den Praxisteil boten die Drehscheibe Demenz sowie das ökumenische Medienzentrum, für den Theorieteil Mitarbeitende des Theologischen Seminars der Universität Zürich einer ökumenischen Öffnung Hand. Eine Perspektivenöffnung über kirchliche Kontexte hinaus ermöglichte die Zugewandtheit von Fachleuten wie Irene Bopp-Kistler und Samuel Vögeli, aber z. B. auch Alzheimer Zürich.

Organisatorisch danke ich für die vertrauensvolle Zusammenarbeit mit der Fachkommission Buchproduktion des Synodalrats, namentlich ihren zwei Köpfen, Synodalrat Tobias Grimbacher und Susanne Brauer als Bereichsleiterin Soziales und Bildung. Die Mitglieder der Echogruppe, unter ihnen Sabine Zgraggen, Leiterin der römisch-katholischen Spital- und Klinikseelsorge im Kanton Zürich, haben bei der Entwicklung des Buchkonzepts und beim Finden passender Autor:innen mitgeholfen. Dafür, dass ich im Rahmen meiner Anstellung an der Paulus Akademie genügend Freiraum für die publizistische Leitung hatte, gebührt ihrem Direktor, Csongor Kozma, grosser Dank. Von Seiten des TVZ-Verlags her wurde die Buchentstehung vom Verlagslektor für die Edition NZN bei TVZ, Markus Zimmer, professionell und umsichtig betreut.

Demenz fordert heraus, über das Leben nachzudenken und einen neuen Blick darauf zu entwickeln. Ruhe, Leere und Weite, um dies zu tun, strahlt das Coverbild «Blaue Luft» der Winterthurer Künstlerin Katharina Rapp aus. Himmel und Erde berühren sich hier stärkend. Mein letzter Dank geht zu ihr und zur Kunsthistorikerin Marietta Rohner, der ich Entdeckung und Erschliessung des Bildes verdanke.

*Veronika Bachmann, im August 2024*

# Autorinnen und Autoren

*Susanne Altoè*, Jahrgang 1979, ist röm.-kath. Theologin. Sie arbeitet als Spital- und Klinikseelsorgerin in der Langzeitpflege.

*Veronika Bachmann*, PD Dr. theol., Jahrgang 1974, ist Leiterin des Fachbereichs Theologie und Religion an der Paulus Akademie in Zürich und Privatdozentin für Altes Testament an der Katholisch-Theologischen Fakultät der Universität Tübingen.

*Irene Bopp-Kistler*, Jahrgang 1956, Dr. med. FMH Innere Medizin mit Schwerpunkt Geriatrie. Ehemalige leitende Ärztin Memory Clinic Stadtspital Waid, Demenzexpertin, mediX Gruppenpraxis Zürich.

*Daniel Johannes Frei*, Jahrgang 1967, ist Pfarrer im Kirchenkreis sechs der Evangelisch-reformierten Kirchgemeinde Zürich.

*Monika Hänggi*, Jahrgang 1960, Sozialpädagogin und Sozialdiakonin, Co-Leiterin der Drehscheibe Demenz der Evangelisch-reformierten Kirchgemeinde Zürich.

*Kirsten Jäger*, Jahrgang 1973, ist ev.-ref. Theologin und arbeitet als Medienberaterin (Schwerpunkt Film) beim ökumenischen Medienzentrum Relimedia.

*Birgit Jeggle-Merz*, Dr. theol., Jahrgang 1960, ist Professorin für Liturgiewissenschaft an der Theologischen Hochschule Chur und an der Theologischen Fakultät der Universität Luzern.

*Tonja Jünger*, Jahrgang 1969, Theologin und Sozialarbeiterin, war langjährig in der röm.-kath. Pfarrei Bruder Klaus, Zürich, und als Seelsorgerin in den Zürcher Pflegezentren Irchelpark und Riesbach tätig.

*Ralph Kunz*, Dr. theol., Jahrgang 1964, ist Professor für Praktische Theologie am Theologischen Seminar der Universität Zürich.

*Petra Mühlhäuser*, Jahrgang 1968, ist Seelsorgerin in der röm.-kath. Pfarrei Guthirt, Zürich-Wipkingen.

*Joachim Negel*, Dr. theol., Jahrgang 1962, ist Professor für Fundamentaltheologie an der Theologischen Fakultät der Universität Freiburg i.Üe.

*Daniel Otth*, Jahrgang 1960, ist röm.-kath. Theologe, Synodalrat der katholischen Kirche im Kanton Zürich mit Ressort Soziales und Ökologie sowie Mitarbeiter beim Forschungsprojekt «Demenzfreundliche Kirchgemeinden in der Stadt Zürich».

*Simon Peng-Keller*, Dr. theol., Jahrgang 1969, ist Professor für Spiritual Care an der Universität Zürich und begleitet Kontemplative Exerzitien in St. Peter im Schwarzwald und im Lassalle-Haus bei Zug.

*Franzisca Pilgram-Frühauf*, Dr. phil., Jahrgang 1977, ist Germanistin und ev.-ref. Theologin und arbeitet im ökumenischen Medienzentrum Relimedia.

*Hella Sodies*, Jahrgang 1980, ist röm.-kath. Theologin, Co-Pfarreileiterin der Pfarrei Johannes XXIII Greifensee-Nänikon-Werrikon sowie geistliche Begleiterin und Kontemplationslehrerin der via integralis.

*Samuel Vögeli*, MScN, Jahrgang 1965, ist Pflegefachmann und arbeitet als selbständiger Berater und Dozent für vögeli-beratung GmbH sowie als Pflegeexperte für die Pflegewohngruppen der Gesundheitszentren für das Alter der Stadt Zürich.

*Marcel von Holzen*, Jahrgang 1971, ist Pfarrer der röm.-kath. Pfarrei Guthirt in Zürich-Wipkingen.

*Melanie Werren*, PD Dr. theol., Jahrgang 1982, ist Privatdozentin für Systematische Theologie mit Schwerpunkt in Ethik an der Theologischen Fakultät der Universität Zürich und Dozentin für interprofessionelle Lehre und Praxis an der Zürcher Hochschule für Angewandte Wissenschaften (ZHAW).

*Roland Wuillemin*, Dr. theol., Jahrgang 1967, ist Pfarrer im Kirchenkreis sechs und Co-Leiter der Drehscheibe Demenz der Evangelisch-reformierten Kirchgemeinde Zürich.

*Sabine Zgraggen*, Jahrgang 1969, ist Theologin und Leiterin der römisch-katholischen Spital- und Klinikseelsorge im Kanton Zürich.